本书出版得到"南开大学中国特色社会主义经济建设协同创新中心"和南开大学经济学院"新结构主义经济学研究"的资助。

本书为教育部人文社会科学研究规划基金项目"全球创新保护新形势下的我国民营企业 OFDI 对策研究（批准号：19YJA790100，主持人：薛军)"、南开大学"国际经济贸易系社会服务研究团队资助 2018~2020"的中期成果。

年度报告课题组总负责人：薛 军

课题组专家咨询委员会主任：佟家栋
课题组专家咨询委员会主要成员（按姓氏笔画为序）：

王永进	包 群	刘 杉	孙浦阳	李坤望	李飞跃	李 磊	佟家栋
严 兵	张伯伟	张 兵	周云波	周 申	冼国明	胡昭玲	高乐咏
盛 斌	梁 琪	曹吉云	彭支伟	葛顺奇	蒋殿春	谢娟娟	戴金平

课题组承办单位：南开大学全球经济研究中心(NK-GERC)
课题组协作单位：南开大学国际经济贸易系
　　　　　　　　　南开大学国际经济研究所
　　　　　　　　　南开大学跨国公司研究中心
　　　　　　　　　凤凰财经研究院

课题组主要成员：

常君晓	常露露	李金永	申喆良	解彤彤	郭城希	赵 娜
曹鲁杰	吴雨婷	郭亚南	徐玉兰	李婉爽	苏二豆	陈晓林
郑毓铭	陈培如	樊 悦	李建文	周鹏冉		

中国民营企业海外直接投资指数年度报告（2020）

Chinese Private Enterprises Overseas Direct Investment Index 2020

薛军　等　著

人 民 出 版 社

前　言

这是继 2017 年之后我和我们团队推出的第四本关于中国民营企业海外直接投资（以下简称 OFDI）的指数年度报告。

关于中国的民营企业的现状，除了国民经济相关的"五六七八九"一说之外，在走出去方面，民营企业海外直接投资近年来已经成为中国 OFDI 的主体构成，越来越受到国内外各界的关注和重视。在我国对外直接投资中，无论是项目数量还是金额，民营企业的占比早已超越国有企业许久，尽管在融资以及国家政策的扶持力度等方面民企都受到歧视，但这个差距还在不断拉大；同时，近期中美贸易摩擦中美方对中国国有企业的指责更让民企在中国企业走出去中的重要地位备受关注。近年来民企 OFDI 也展现出其自身一些独有的特征以及问题，如何结合国内外现状，寻找一条适合民企走出去的发展之路，不仅关系到民企自身更关系到今后中国经济的健康有序发展。本指数年度报告不仅可以填补我国关于民企 OFDI 研究数据不足的空白，还可以更好地系统分析整理我国民企 OFDI 的行为特点，进而为我国民企建立一套可持续走出去的长效机制提供重要依据，为国内政府部门提供政策咨询选择，更为科研院所及各大高校等相关机构的有关研究提供了一个可靠的参考数据，从而开辟了关于我国企业走出去新的研究领域。同时该指数推出以来相信对国际上的有关研究机构也成为一个新的咨询来源。

本报告首先界定我国所有 OFDI 企业的所有制性质，即按照所有制不同将企业分为民营、国有、港澳台和外资四种类型的所有制企业，在此基础上构建"中国民营企业海外直接投资指数"的六级指标体系，根据南开大学全球经济研究中心数据库（NK-GERC 数据库），将 2005—2019 年合计 15 年的我国 OFDI 民营企业按照并购和绿地两大分类分别筛选整理得出企业规模、投资模式、投资来源地、投资标的国、标的行业等数据，其中"一带一路"沿线国家按照官方标准划分。与前三年的报告一样，我们着重从不同角度进行大数据分析，在此基础上，我们在补论 1 中对比国有企业等其他三类所有制企业，剖析了民营企业 OFDI 的基本特征；在补论 2 中简明扼要地分析了民企 OFDI 与我国宏观经济指标的协动性关系；在补论 3 中我们仍然尝试尽可能将 OFDI 走势预测做到准确，尽管这在新冠肺炎疫情暴发加国际环境变幻莫测大背景下看起来相当困难。

　　本指数年度报告与往年的共同特点在此不再赘述，与前三本报告最大的不同之处在于，我们一改以往三本报告只局限于分析民企 500 强数据，今年开始转而以整个中国（即全样本）的民营企业作为研究对象，更为精确的反映了中国民企海外直接投资在入世以来的发展趋势。

　　本报告使用了我们团队自己筛选匹配的中国企业 OFDI 全样本数据，这也再次做到了全国"唯一"。之所以讲全国"唯一"，是因为要研究中国企业走出去，就必须掌握企业层面的 OFDI 数据，但是众所周知，具体到中国企业层面的 OFDI 全样本数据目前只有商务部、国家外管局等少数几家政府部门拥有且不对外公布。我们研究团队以中国企业海外直接投资为研究主体，从 2017 年开始，通过从 BvD-Zephyr 并购数据库和 fDi Markets 绿地数据库中筛选出参与海外投资的中国企业，并按照企业所有制不同将企业划分为民营、国有、港澳台和外资四种类型，整理出包含企业投资模式、投资来源地、投资标的国（地区）、投资标的行业的全样本中国企业 OFDI 数据库（简称 NK-GERC 数据库），并在今年得以使用。

　　本年度指数报告采用的 NK-GERC 数据库与商务部、国家统计局和国家外管局每年发布的《中国对外直接投资统计公报》的数据存在着一定程度的差异，这一差异在中国对外直接投资流量和中国对外并购投资流量都有显著体现。下边我们对比《中国对外直接投资统计公报》和 BvD-Zephyr 并购数据库之间的不同来分析造成这一差异的主要原因。第一，数据的涵盖范围不同。商务部、国家统计局和国家外汇管理局公布的数据是当年成功完成并且经过正式报备的中国海外投资交易，而 BvD-Zephyr 数据库公布的数据除了已完成的并购交易，还包括新宣布但处于磋商阶段的并购交易以及交易双方基本达成交易意向但还未走完交易流程的并购交易。第二，数据来源不同。商务部、国家统计局和国家外汇管理局公布的数据来源于境内企业进行海外直接投资的申报资料，可能会遗漏部分境内企业通过境外子公司完成境外融资和境外投资的交易。而 BvD-Zephyr 数据库的数据来源为各大交易所的公告信息、网上信息、企业官网公告甚至是传闻信息等，资料来源较为零散，可能存在夸大交易金额和遗漏小规模交易的情况。第三，数据统计方式不同。鉴于海外并购投资交易可能持续不止一年时间，BvD-Zephyr 数据库公布的数据存在重复统计问题，而商务部、国家统计局和国家外汇管理局公布的数据不存在这一现象。第四，统计口径的差异。NK-GERC 数据库根据学术界的一般做法，将对外直接投资分为并购投资和绿地投资，并从 BvD-Zephyr 数据库中取得中国企业海外并购投资数据，从 fDi Markets 数据库中获得中国企业海外绿地投资数据，二者均以个体企业投资行为为统计口径，而商务部、国家统计局和国家外汇管理局公布的中国对外直接投资流量由新增股权、当期收益再投资和债务工具投资三个方面构成，主要是从资金流动方面进行统计。尽管上述这些差异真实地存在并提醒我们今后需要坚持不懈地不断地完善和提高数据的精确度，但是这些差异并不影响我们发布的各种指数以及根据这些指数开展实证分析的正确性。

同时我们也注意到，虽然 OFDI 全样本数据可以更为精确的反映中国民企海外直接投资在入世以来的发展趋势，但是我们的 NK-GERC 数据库仍然存在一些需要提高和进一步完善的方面。主要原因有以下三点。第一，由于 BvD-Zephyr 数据库和 fDi Markets 数据库中投资方企业名称均用英文表示，没有直接对应的中文名称，因此存在部分企业无法匹配到中文名称的情况，本研究团队对于这种情况采取模糊判断法划分企业所有制（在 NK-GERC 数据库中，2005—2019 年内使用模糊判断法进行所有制判断的企业在全部企业中约占 3.41%），这也许可能会引起企业所有制划分的偏误。第二，BvD-Zephyr 数据库和 fDi Markets 数据库均按交易案件对每年的企业海外投资活动进行统计，无法从数据库中直接得到投资存量，若进行估算需要结合企业海外投资的资本折旧率、资本变卖率和利润汇回率，估算得出的结果将存在较大误差，因此本报告所使用的投资项目数量和金额均为流量概念。第三，由于本系列报告是国内首次针对民营全样本企业海外直接投资的报告，出于学术目的我们尝试性地通过对大数据进行筛选，并对企业所有制进行界定，构建出关于中国企业海外直接投资活动的数据库（NK-GERC 数据库），统计测算了不同所有制企业在投资来源地、标的国（地区）、标的行业等方面的指标，但在此过程中不可避免地受到原始数据库统计缺失、企业信息获取不易、企业所有制形式判定复杂度高等困难影响，因此无论是在数据来源获得还是样本整理方面本报告可能存在误差、遗漏问题。今后本研究团队还会通过包括实地考察、发放调查问卷等方式不断对 NK-GERC 数据库进行补充和完善。

我们希望有关部门和学者等各界同仁提出宝贵意见，并给予大力支持。同时，本报告难免有许多不足之处甚至错误，希望读者给予批评指正，我们表示热烈欢迎。

目　录

图 索 引

图 索 引

序　章　中国民营企业海外直接投资
指数体系的构建及说明

第一节　关于中国民营企业海外直接
投资指数的研究架构

本研究团队以中国企业海外直接投资（即"走出去"的直接投资，本文亦简称 OFDI）为研究主体，通过 BvD-Zephyr 数据库和 fDi Markets 数据库筛选出参与 OFDI 的中国企业，并按照企业所有制的不同将企业划分为民营、国有、港澳台和外资四种类型，整理出包含企业投资模式、投资来源地、投资标的国（地区）、投资标的行业的全样本中国企业海外直接投资数据库（南开大学"全球经济研究中心"数据库，以下简称 NK-GERC 数据库）。

本书以 NK-GERC 数据库为基础构建出中国民营企业海外直接投资指数体系，在与其他不同所有制企业对比的基础上从全方位、多视角探究民企 OFDI 的变化特征。

相较于《中国民营企业海外直接投资指数报告》2017—2019 年度版，从 2020 年度开始，摒弃了过往 3 年只研究民企 500 强的局限性，转而以整个中国（即全样本）的民营企业作为研究对象，更为精确地描述了中国民企 OFDI 在入世以来的发展趋势。

一、范畴界定及数据来源

（一）不同所有制概念界定及关于民营企业定义的补充说明

1. 四种所有制分类及标准

我们将中国的所有制企业分为四种，分别是国有企业、外资企业、港澳台资企业以及民营企业①。首先，参照《企业国有资产交易监督管理办法（2016）》，国有企业包括：

（1）政府部门、机构、事业单位出资设立的国有独资企业（公司），以及上述单位、企业直接或间接合计持股为100%的国有全资企业；

（2）本条第（1）款所列单位、企业单独或共同出资，合计拥有产（股）权比例超过50%，且其中之一为最大股东的企业；

（3）本条第（1）、（2）款所列企业对外出资，拥有股权比例超过50%的各级子企业；

（4）政府部门、机构、事业单位、单一国有及国有控股企业直接或间接持股比例未超过50%，但为第一大股东，并且通过股东协议、公司章程、董事会决议或者其他协议安排能够对其实际支配的企业。

其次，有关外资企业和港澳台资企业的界定可以类比国有企业。

最后，我们参照全国工商联合会以及学术界的界定，将民营企业界定为：在中国境内除国有企业、外资企业和港澳台资企业以外的所有企业，包括个人独资企业、合伙制企业、有限责任公司和股份有限公司。

2. 关于民营企业概念界定的补充说明

民营企业是我国特有的概念。在资本主义国家中，除了部分铁路、邮政、烟草等行业属于国有之外，其他绝大多数行业均是私有企业。正是由于大部分企业都是民间经营的，因此国外很少提"民营企业"一词。需要特别说明的是，目前中国国内关于民营企业（或民营经济）的界定并没有统一的观点，我们将一些主流观点和界定整理如下：

（1）有的观点认为民营企业包括除国有独资、国有控股以外的其他类型的企业。有的观点认为民营企业是由民间私人投资、经营、享受投资收益、承担经营风险的法人经济实体。有的观点认为民营企业有广义和狭义之分，广义上，非国有独资企业（包括国有持股和控股企业）都是民营企业；狭义上，民营企业包括私营企业和以私营企业为主体的联营企业（胡

---

① 该界定由李金永博士整理。

志军，2015）。

（2）党的十五大报告和十六大报告中关于民营企业的提法是采用"非公有制经济"。

（3）国家商务部、国家统计局和国家外汇管理局每年联合发布的《中国对外直接投资统计公报》中没有明确界定，只是提及"非国有企业"。而根据商务部的说明，该"非国有企业"主要是民营企业。

（4）统合中国民营企业的官方机构中华全国工商业联合会将民营企业划定为私营企业、非公有制经济成分控股的有限责任公司和股份有限公司，国有绝对控股企业和外资绝对控股企业（港澳台除外）不在此范围之内。

（5）这里需要特别说明的是，集体所有制企业作为中国特殊历史时期的产物，虽然属于中国公有制经济的一部分，但考虑到其与全民所有制企业在主体、所有权的客体以及权利取得方式上的差异，我们将集体所有制企业归类到民营企业。

（二）数据来源

本研究团队从 BvD-Zephyr 并购数据库和 fDi Markets 绿地投资数据库中筛选出中国企业"走出去"的相关数据作为统计样本，并按照企业性质界定方法对于参与 OFDI 的中国企业进行所有制的判断，形成 NK-GERC 数据库。本报告的所有数据均来源于 NK-GERC 数据库。

BvD-Zephyr 数据库（即全球并购交易数据库）含有全球企业并购的相关数据，不仅包括各国境内并购，而且收录了全球跨国并购的交易案件，其更新频率以小时计算①。fDi Markets 数据库是《金融时报》所提供的专业服务，是目前市场上最全面的跨境绿地投资在线数据库②。我们可以从 BvD-Zephyr 数据库和 fDi Markets 数据库中筛选投资方与标的方企业名称、案件交易时间、标的方所属行业及国别、投资方来源地、交易金额等

---

① BvD-Zephyr 概览，见 https://www.bvdinfo.com/en-gb/our-products/economic-and-m-a/m-a-data/zephyr。

② fDi Markets 概览，见 https://www.fdimarkets.com/。

信息。

（三）统计时间段的选择

本报告的数据统计时间段为 2005—2019 年，共计十五年的时间跨度，相对完整地体现了中国民营企业入世之后海外直接投资的发展特征，也为研究民企 OFDI 提供了更翔实的数据资料。

二、相关数据说明

（一）关于国内外并购数据相差较大的原因

商务部公布的数据与海外数据库商公布的海外并购投资数据相差较大，比如 2016 年商务部公布中国企业共实施对外投资并购项目数为 765 件[①]，而 BvD-Zephyr 数据库统计的项目数为 1309 件[②]。造成如此大的差距，主要在于以下四点原因：

（1）数据的涵盖范围不同。商务部公布的是已经完成交割的中国海外并购交易，而海外数据库商和媒体公布的数据不仅包括已完成交割的并购交易，还包括新宣布的但目前还处于磋商阶段的，以及交易双方基本达成交易意向但还需要通过国家政府部门审核的交易。可见，海外数据库商和媒体公布的数据范围更广[③]。

（2）数据采集来源不同。海外数据库商的资料来源主要是媒体报道、公司披露等，比如，BvD-Zephyr 的并购数据绝大部分都是人工采集，采集渠道为各大交易所公告信息、网上信息、企业官网公告，甚至一些传闻信息等，资料来源较为零散，比较容易夸大交易金额，也容易遗漏交易。

（3）数据统计原则不同。部分企业是通过注册在离岸金融中心的子公司进行并购交易，如果该并购交易完全在海外市场融资完成，就不在我国

---

①　中国商务部、国家统计局、国家外汇管理局：《2015 年度中国对外直接投资统计公报》2016 年版，第 8 页。

②　此处按照 2016 年 1 月 1 日到 2016 年 12 月 31 日为交易日期（含传言日期、宣布日期、完成日期）的统计口径（即"日期"的统计口径）。

③　王碧珺、路诗佳：《中国海外并购激增，"中国买断全球"论盛行——2016 年第一季度中国对外直接投资报告》，《IIS 中国对外投资报告》2016 年第 1 期。

国内监管机构的统计范围之内，因此该笔并购投资不在商务部统计之列；但标的国（地区）仍然将此认为是来自中国的投资，因此 BvD-Zephyr 之类的海外数据库商仍会将其统计在列。

（4）数据的统计方法不同。海外数据库商公布的数据存在重复统计的问题。比如，第一季度新宣布尚未完成的并购交易，第二季度还会统计一次，如果第三季度依旧没有完成，那么第三季度又会重复统计一次。

（二）本书数据的权威可靠性

各方数据都各有千秋。总体来讲，国外的知名数据库即时迅速，而国内政府部门的统计数据比较权威。但也有学者提出国内数据很难有效地反映中国对外直接投资特征[①]，且国内政府部门公布的信息存在范围窄、数据量少、缺乏系统性的缺陷。

本书选择采用的 BvD-Zephyr 和 fDi Markets 这两个数据库均为业界公认的权威可靠的数据库。

三、"中国民营企业海外直接投资指数"的六级指标体系和指数构成

（一）"中国民营企业海外直接投资指数"的六级指标体系的建立

本书基于 NK-GERC 数据库，将民企海外直接投资按照投资来源地、投资标的国（地区）、投资标的行业特征进行分类，并将民企投资模式划分为并购和绿地两种，构建"中国民营企业海外直接投资指数"指标体系（见表 0-1），对民营企业海外直接投资，从并购投资和绿地投资两维度分析民企在来源地、标的国（地区）和标的行业的特征。该六级指标体系具体可表示为：

第一级是民营企业海外直接投资。

第二级是按照投资模式的不同划分为并购投资和绿地投资。

第三级有 6 个指标：分别对并购、绿地投资按照投资方来源地、投资

---

① 王永中、徐沛原：《中国对拉美直接投资的特征与风险》，《拉丁美洲研究》2018 年第 3 期。

标的国（地区）、投资标的行业进行划分。

第四级有 20 个指标，为基于第三级指标的拓展，细分规则为：

（1）投资方来源地分为 5 个地区：环渤海地区、长三角地区、珠三角地区、中部地区、西部地区；

（2）投资标的国（地区）分为 3 个区域：发达经济体、发展中经济体、转型经济体；

（3）投资标的行业分为 2 类：制造业和非制造业。

第五级有 56 个指标，为在四级指标基础上的进一步细分：

（1）投资方来源地分为 10 个地区：京津冀和环渤海地区其他区域、上海和长三角地区其他区域、广东和珠三角地区其他区域、华北东北和中原华中地区、西北和西南地区；

（2）投资标的国（地区）根据《世界投资报告2017》[①] 对国别的划分标准进一步分为 9 个区域：发达经济体划分为欧洲、北美洲和其他发达经济体，发展中经济体划分为非洲、亚洲、拉丁美洲和加勒比海地区、大洋洲，转型经济体划分为东南欧和独联体国家；

（3）投资标的行业进一步分为 9 种类别：按照 OECD 对制造业的技术划分标准将制造业划分为高技术制造业、中高技术制造业、中低技术制造业、低技术制造业，根据 2017 年国家统计局公布的《国民经济行业分类》[②] 将非制造业划分为服务业，农、林、牧、渔业，采矿业，电力、热力、燃气及水生产和供应业，建筑业。

第六级共有 582 个指标，均为对第五级指标的再具体化：投资来源地具体至各省（直辖市），投资标的国（地区）具体至各国家（地区），投资标的行业具体至制造业 ISIC 标准的两分位行业和非制造业《国民经济行业分类》标准的两分位行业（见表0-2）。

[①] 詹晓宁：《世界投资报告2017》，南开大学出版社 2017 年版，第 240 页。

[②] 见 http://www.stats.gov.cn/tjsj/tjbz/hyflbz/201710/t20171012_1541679.html。

表 0-1　"中国民营企业海外直接投资指数"指标体系

一级指标	二级指标	三级指标	四级指标	五级指标	六级指标（具体指标见表 0-2）
民营企业海外直接投资	并购投资	投资方来源地	环渤海地区	京津冀	3
				环渤海地区其他区域	2
			长三角地区	上海	1
				长三角地区其他区域	2
			珠三角地区	广东	2
				珠三角地区其他区域	2
			中部地区	华北东北	4
				中原华中	5
			西部地区	西北	5
				西南	6
		投资标的国（地区）	发达经济体	欧洲	36
				北美洲	2
				其他发达经济体	14
			发展中经济体	非洲	54
				亚洲	34
				拉丁美洲和加勒比海地区	35
				大洋洲	14
			转型经济体	东南欧	5
				独联体国家	12
		投资标的行业	制造业	高技术	5
				中高技术	5
				中低技术	5
				低技术	4
			非制造业	服务业	15
				农、林、牧、渔业	5
				采矿业	7
				电力、热力、燃气及水生产和供应业	3
				建筑业	4

续表

一级指标	二级指标	三级指标	四级指标	五级指标	六级指标（具体指标见表0-2）
民营企业海外直接投资	绿地投资	投资方来源地	环渤海地区	京津冀	3
				环渤海地区其他区域	2
			长三角地区	上海	1
				长三角地区其他区域	2
			珠三角地区	广东	2
				珠三角地区其他区域	2
			中部地区	华北东北	4
				中原华中	5
			西部地区	西北	5
				西南	6
		投资标的国（地区）	发达经济体	欧洲	36
				北美洲	2
				其他发达经济体	14
			发展中经济体	非洲	54
				亚洲	34
				拉丁美洲和加勒比海地区	35
				大洋洲	14
			转型经济体	东南欧	5
				独联体国家	12
		投资标的行业	制造业	高技术	5
				中高技术	5
				中低技术	5
				低技术	4
			非制造业	服务业	15
				农、林、牧、渔业	5
				采矿业	7
				电力、热力、燃气及水生产和供应业	3
				建筑业	4

表 0-2　"中国民营企业海外直接投资指数"指标体系中
第五、第六级指标的具体内容

五级指标	六级指标
京津冀	北京、天津、河北
环渤海地区其他区域	辽宁、山东
上海	上海
长三角地区其他区域	江苏、浙江
广东	深圳、广东（不含深圳）
珠三角地区其他区域	福建、海南
华北东北	山西、内蒙古、黑龙江、吉林
中原华中	河南、安徽、江西、湖北、湖南
西北	陕西、甘肃、宁夏、青海、新疆
西南	四川、重庆、云南、广西、贵州、西藏
欧洲	奥地利、比利时、保加利亚、克罗地亚、塞浦路斯、捷克、丹麦、爱沙尼亚、芬兰、法国、德国、希腊、匈牙利、爱尔兰、意大利、拉脱维亚、立陶宛、卢森堡、马耳他、荷兰、波兰、葡萄牙、罗马尼亚、斯洛伐克、斯洛维尼亚、西班牙、瑞典、英国、直布罗陀、冰岛、挪威、瑞士、安道尔、摩纳哥、列支敦士登、圣马力诺
北美洲	美国、加拿大
其他发达经济体	澳大利亚、新西兰、百慕大群岛、开曼群岛、英属维尔京群岛、格陵兰、波多黎各、以色列、日本、韩国、新加坡、中国台湾地区、中国香港地区、中国澳门地区
非洲	阿尔及利亚、埃及、利比亚、摩洛哥、苏丹、突尼斯、贝宁、布基纳法索、佛得角、科特迪瓦、冈比亚、加纳、几内亚、几内亚比绍、利比里亚、马里、毛里塔尼亚、尼日尔、尼日利亚、塞内加尔、塞拉利昂、多哥、布隆迪、喀麦隆、中非共和国、乍得、刚果共和国（简称刚果，又称刚果（布））、刚果民主共和国（又称刚果（金））、赤道几内亚、加蓬、卢旺达、圣多美和普林西比、科摩罗、吉布提、厄立特里亚、埃塞俄比亚、肯尼亚、马达加斯加、毛里求斯、塞舌尔、索马里、乌干达、坦桑尼亚、安哥拉、博茨瓦纳、莱索托、马拉维、莫桑比克、纳米比亚、南非、斯威士兰、赞比亚、津巴布韦
亚洲	朝鲜、蒙古、文莱、柬埔寨、印尼、老挝、马来西亚、缅甸、菲律宾、泰国、东帝汶、越南、孟加拉国、不丹、印度、马尔代夫、尼泊尔、巴基斯坦、斯里兰卡、巴林、阿富汗、伊拉克、伊朗、约旦、科威特、黎巴嫩、阿曼、卡塔尔、沙特、巴勒斯坦、叙利亚、土耳其、阿联酋、也门

续表

五级指标	六级指标
拉丁美洲和加勒比海地区	阿根廷、玻利维亚、巴西、智利、哥伦比亚、厄瓜多尔、圭亚那、巴拉圭、秘鲁、苏里南、乌拉圭、委内瑞拉、伯利兹、哥斯达黎加、萨尔瓦多、危地马拉、洪都拉斯、墨西哥、尼加拉瓜、巴拿马、安圭拉、安提瓜和巴布达、阿鲁巴、巴哈马、巴巴多斯、库拉索岛、多米尼加岛、多米尼加共和国、格林纳达、古巴、海地、牙买加、圣基茨和尼维斯、圣卢西亚岛、圣文森特和格林纳丁斯、特立尼达和多巴哥
大洋洲	库克群岛、斐济、法属波利尼西亚、基里巴斯、马绍尔群岛、密克罗尼西亚、瑙鲁、新喀里多尼亚、帕劳群岛、巴布亚新几内亚、萨摩亚、所罗门群岛、汤加、瓦努阿图
东南欧	阿尔巴尼亚、波黑、黑山、塞尔维亚、马其顿
独联体国家	亚美尼亚、阿塞拜疆、白俄罗斯、哈萨克、吉尔吉斯、摩尔多瓦、俄罗斯、塔吉克、土库曼、乌克兰、乌兹别克、格鲁吉亚
高技术	航空航天
	医药制造
	办公、会计和计算机设备
	广播、电视和通信设备
	医疗器械、精密仪器和光学仪器、钟表
中高技术	其他电气机械和设备
	汽车、挂车和半挂车
	化学品及化学制品（不含制药）
	其他铁道设备和运输设备
	其他机械设备
中低技术	船舶制造和修理
	橡胶和塑料制品
	焦炭、精炼石油产品及核燃料
	其他非金属矿物制品
	基本金属和金属制品

续表

五级指标	六级指标
低技术	其他制造业和再生产品
	木材、纸浆、纸张、纸制品、印刷及出版
	食品、饮料和烟草
	纺织、纺织品、皮革及制鞋
服务业	批发和零售业
	交通运输、仓储和邮政业
	住宿和餐饮业
	信息传输、软件和信息技术服务业
	金融业
	房地产业
	租赁和商务服务业
	科学研究和技术服务业
	水利、环境和公共设施管理业
	居民服务、修理和其他服务业
	教育
	卫生和社会工作
	文化、体育和娱乐业
	公共管理、社会保障和社会组织
	国际组织
农、林、牧、渔业	农业
	林业
	畜牧业
	渔业
	农、林、牧、渔专业及辅助性活动

续表

五级指标	六级指标
采矿业	煤炭开采和洗选业
	石油和天然气开采业
	黑色金属矿采选业
	有色金属矿采选业
	非金属矿采选业
	开采专业及辅助性活动
	其他采矿业
电力、热力、燃气及水生产和供应业	电力、热力生产和供应业
	燃气生产和供应业
	水的生产和供应业
建筑业	房屋建筑业
	土木工程建筑业
	建筑安装业
	建筑装饰、装修和其他建筑业

（二）"中国民营企业海外直接投资指数"的构成

1. 基本指数

按照上述构建的"中国民营企业海外直接投资指数"六级指标体系的划分标准，本书补论以 2011—2015 年民企海外投资项目数量或金额的算术平均数为基期值①，测算出与各指标相对应的项目数量和金额指数，具体内容如下：

---

① 选取 2011 年到 2015 年的算术平均数为基期值，一是因为这五年期间中国民营资本海外"走出去"又进入了一个由低谷到高峰的快速增长时期，2011 年可以称为是中国民营企业"走出去"的"元年"；二是在计算指数时可以确保避免我国企业海外直接投资初期的绝大部分基期值为 0 的问题，从而使指数走势更加平滑。

（1）根据一级指标的划分标准测算了民营企业海外直接投资指数[1]；

（2）根据二级指标的划分标准测算了民营企业海外并购投资指数和绿地投资指数；

（3）根据三级指标的划分标准分别测算出民企海外投资总体、并购投资和绿地投资三种分类下的民营企业投资方来源地别指数、投资标的国（地区）别指数、投资标的行业别指数；

（4）根据四级指标的划分标准测算出民营企业在投资方来源地的 5 个地区、投资标的国（地区）的 3 个区域、投资标的行业的 2 种分类下的指数；

（5）根据五级指标的划分标准进一步测算了民营企业投资方来源地对应的 10 个地区、投资标的国（地区）对应的 9 个大洲（区域）、投资标的行业对应的 9 种分类下的指数；

（6）根据六级指标的划分标准分别测算了各省市、各国别（地区）、各行业的指数。

2. 民营企业"一带一路"海外直接投资指数

为分析中国企业对"一带一路"沿线国家的海外直接投资特征，本书从 NK-GERC 数据库中筛选出对于"一带一路"国家进行投资的民营企业，测算出民营企业"一带一路"海外直接投资指数、"一带一路"海外并购投资指数和绿地投资指数，所有的指数均包含项目数量和金额两方面，指数测算方法与基本指数的测算方法一致。

3. OFDI 综合指数

为综合考虑投资项目数量和金额特征，更全面地分析民营企业 OFDI 的发展变化，本书以基本指数为基础，使用主成分分析法对民营企业海外直接投资项目数量指数和金额指数赋予相应的权重，融合海外投资项目数量指数和金额指数，最终得到民营企业 OFDI 综合指数。在本书第二章第五节，我们使用了同样的方法测算了中国民营企业"一带一路"

---

① 每一指数均可分为投资项目数量和金额指数两类。

OFDI 综合指数①。

<h1 style="text-align:center">第二节　关于本书的统计原则和若干说明</h1>

本书中所使用的 NK-GERC 数据库是在 BvD-Zephyr 并购数据库和 fDi Markets 绿地投资数据库直接检索返回的数据基础上通过进一步筛选和整理而生成的，因此为了准确、全面地进行统计，我们制定了筛选数据源的"统计原则"。

一、统计原则

（一）基本的界定

（1）关于年份：每个年度期限都表示该年度 1 月 1 日到 12 月 31 日；

（2）关于货币转换与计价原则：本书所有案件金额主要以百万美元作为货币单位（部分图表因统计需求将百万美元转换成了亿美元）；

（3）关于来源地别的数据筛选原则：①以 BvD-Zephyr 数据库和 fDi Markets 数据库中所列出的企业投资来源地为准；②若原始数据库中投资来源地未显示，则根据投资企业的注册地为标准；

（4）关于标的行业别的数据筛选原则：由于 BvD-Zephyr 数据库和 fDi Markets 数据库所列行业杂乱无章，无法总结出规律性特征。本书根据原始

---

　①　根据测算，不论是中国企业还是四种所有制分类下的企业，为得到综合指数所赋予项目数量指数和金额指数的权重均为 0.5，即可用公式表示为：OFDI 综合指数 = 0.5 项目数量指数 + 0.5 金额指数。其中，以 2005—2019 年企业海外直接投资项目数量和金额指数进行主成分分析所得的累计贡献率如下：中国企业样本（82.57%）、民营企业样本（92.33%）、国有企业样本（73.80%）、港澳台资企业样本（94.12%）、外资企业样本（89.91%）、中国企业"一带一路"投资样本（84.82%）、民营企业"一带一路"投资样本（96.32%）、国有企业"一带一路"投资样本（72.56%）、港澳台资企业"一带一路"投资样本（70.66%）和外资企业"一带一路"投资样本（84.41%）。主成分分析法的使用，一方面保证了综合指数的科学性和客观性；另一方面根据主成分分析法的原理，所得到的项目数量指数和金额指数的权重 0.5 不会随年份的增加而变化，从而保证了综合指数的跨年可比性。另外，使用项目数量和金额指数合成综合指数的原因在于指数可以有效地解决项目数量、金额量纲不一致的问题。

数据库对于标的行业的表述，在制造业上按照 ISIC Rev. 3 中详述的制造业划分细则对原始数据库的制造业重新进行了行业划分，在非制造业上按照 GB/T 4574—2017《国民经济行业分类标准》中详述的非制造业划分细则对非制造业重新进行了行业划分。另外，本书进一步根据 OECD 制造业技术划分标准，将制造业划分为高技术、中高技术、中低技术和低技术制造业（见表 0-3）。

表 0-3　OECD 制造业技术划分标准

高技术	中高技术	中低技术	低技术
航空航天	其他电气机械和设备	船舶制造和修理	其他制造业和再生产品
医药制造	汽车、挂车和半挂车	橡胶和塑料制品	木材、纸浆、纸张、纸制品、印刷及出版
办公、会计和计算机设备	化学品及化学制品（不含制药）	焦炭、精炼石油产品及核燃料	食品、饮料和烟草
广播、电视和通信设备	其他铁道设备和运输设备	其他非金属矿物制品	纺织、纺织品、皮革及制鞋
医疗器械、精密仪器和光学仪器、钟表	其他机械设备	基本金属和金属制品	

资料来源：根据《OECD 科学、技术、行业 2011 报告》绘制。

（二）关于统计口径设定的原则

BvD-Zephyr 数据库可自由筛选出某年度内交易宣布、完成、传言[①]的任意组合下的所有交易项目，交易日期分别与宣布日期、传言日期、完成日期相对应。不同方式筛选出的交易案件不同。如表 0-4 列出了四种统计口径，第四种为前三种的并集[②]。

为减少因为样本遗漏所导致的统计误差，本书及补论中对并购数据的统计均按照"日期"进行统计。

---

①　传言是指未被证实的消息。
②　并集是指宣布日期、传言日期或完成日期三者中只要有一个是在 Y 年，该交易即会被计入 Y 年的并购交易项目之中。

表 0-4　BvD-Zephyr 不同统计口径下筛选出的并购案件数量

宣布日期	全国并购案件数量（件）	传言日期	全国并购案件数量（件）	完成日期	全国并购案件数量（件）	日期	全国并购案件数量（件）
2005	132	2005	167	2005	69	2005	227
2006	175	2006	196	2006	85	2006	275
2007	206	2007	246	2007	128	2007	331
2008	282	2008	328	2008	210	2008	421
2009	293	2009	378	2009	181	2009	474
2010	283	2010	352	2010	175	2010	439
2011	326	2011	384	2011	175	2011	519
2012	282	2012	371	2012	156	2012	506
2013	284	2013	372	2013	173	2013	535
2014	425	2014	546	2014	267	2014	726
2015	716	2015	875	2015	362	2015	1019
2016	941	2016	1105	2016	475	2016	1332
2017	877	2017	968	2017	430	2017	1287
2018	824	2018	943	2018	479	2018	1403
2019	601	2019	683	2019	359	2019	1118

二、其他若干补充说明

（1）由于 BvD-Zephyr 数据库和 fDi Markets 数据库中投资方企业名称均用英文表示，没有直接对应的中文名称，因此存在部分企业无法匹配到中文名称的情况，本研究团队对于这种情况采取模糊判断法来划分企业所有制[①]，这可能会引起企业所有制划分的偏误；

（2）由于资料来源较为零散，BvD-Zephyr 数据库对并购交易的统计以及 fDi Markets 数据库对绿地交易的统计可能存在遗漏；

（3）BvD-Zephyr 数据库和 fDi Markets 数据库均按交易案件对每年的企

_____

①　在 NK-GERC 数据库中，2005—2019 年内使用模糊判断法进行所有制判断的企业在全部企业中约占 3.41%。

业海外投资活动进行统计，无法从数据库中直接得到投资存量的数据，若进行估算则需要结合企业海外投资的资本折旧率、资本变卖率和利润汇回率，估算结果将存在较大误差，因此本书所使用的投资项目数量和金额均为流量概念。

（4）本研究团队还会通过实地考察、发放调查问卷等方式不断对 NK-GERC 数据库进行补充和完善。

（5）由于本书是国内首次针对民营全样本企业 OFDI 的报告，出于学术目的我们尝试性地通过对大数据进行筛选，并对企业所有制进行界定，构建出关于中国企业海外直接投资活动的数据库（NK-GERC 数据库），统计测算了不同所有制企业在投资方来源地、投资标的国（地区）、投资标的行业等方面的指标，但在此过程中不可避免地受到原始数据库统计缺失、企业信息获取不易、企业所有制形式判定复杂度高等困难的影响，因此，无论是在数据来源获得还是样本整理方面本书可能存在误差、遗漏问题。对于本书中所存在的不足，本研究团队将持续完善改进，也敬请各位读者不吝指正。

第一章 中国企业的海外直接投资指数

本章旨在描述 2005—2019 年中国企业海外直接投资的发展变化，分别从总体、不同所有制企业、不同投资分类方式测算中国企业海外直接投资指数①，全面剖析中国企业海外直接投资的特征。

第一节 中国企业 OFDI 综合指数

本节通过构建中国企业 OFDI 综合指数、中国企业海外直接投资的项目数量指数和金额指数，对 2005—2019 年中国企业海外直接投资进行整体上的描述性统计分析。

一、中国企业海外直接投资概况

2005—2019 年间，中国企业 OFDI 项目数量和金额呈波动上升态势，且均在 2014 年开始大幅增长，于 2019 年同步下跌。从项目数量上看，中国企业 OFDI 在经历 2012 年、2013 年的连续下跌后，2014 年实现 28.82% 的同比增长，项目数量达到 1104 件，随后除 2017 年在政府对非理性海外直接投资限制的影响下出现 5.1% 的下降外，OFDI 项目数量持续增长，2018 年达到峰值 2245 件；从金额上看，2014 年中国企业 OFDI 金额实现

---

① 中国企业海外直接投资指数体系与序章第一节中的中国民营企业海外直接投资指数体系的构建方法一致，只需要将统计样本由民营转化为全部中国企业即可，因此本报告后续关于中国企业 OFDI 综合指数、中国企业海外直接投资项目数量和金额指数等一系列指数的测算方法均可参照序章第一节中的指数测算方法。

306.43%的跳跃式增长，但2015年投资金额回落，2016年至2017年间保持8.88%的平均增长水平，2018年OFDI金额大幅下降37.02%至3000.86亿美元，其原因可能在于2017年政府对企业投资限制产生的滞后效果。

在国际局势变化多端、国际贸易环境不确定性较高的2019年，国内经济下行给企业融资约束带来压力，国外复杂的投资环境抑制了企业海外投资的积极性，企业"走出去"更加审慎，中国企业OFDI规模受到了显著影响，项目数量和金额分别同比下降20.45%、24.41%，金额更是跌至2268.24亿美元，远低于2014—2018年的均值水平。

表1-1-1　2005—2019年中国企业海外直接投资项目数量和金额汇总表

年份	项目数量（件）	同比增长（%）	金额（亿美元）	同比增长（%）
2005	353		237.16	
2006	398	12.75	505.48	113.14
2007	551	38.44	935.00	84.97
2008	697	26.50	925.65	−1.00
2009	814	16.79	1239.66	33.92
2010	793	−2.58	1195.10	−3.59
2011	949	19.67	1624.83	35.96
2012	859	−9.48	1183.38	−27.17
2013	857	−0.23	1671.33	41.23
2014	1104	28.82	6792.73	306.43
2015	1502	36.05	4023.78	−40.76
2016	1964	30.76	4232.59	5.19
2017	1863	−5.14	4764.58	12.57
2018	2245	20.50	3000.86	−37.02
2019	1786	−20.45	2268.24	−24.41
合计	16735		34600.37	

二、中国企业 OFDI 综合指数

中国企业 OFDI 综合指数包含企业海外直接投资项目数量和金额两方面

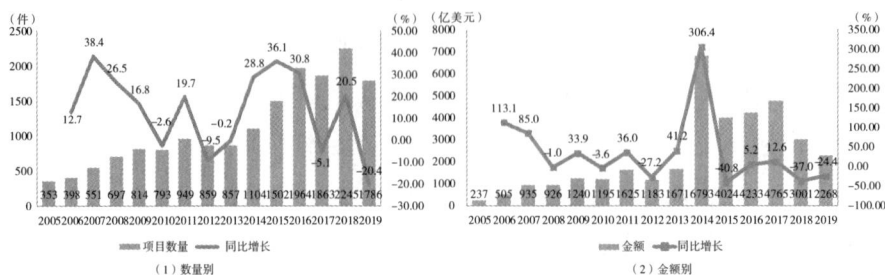

（1）数量别　　　　　　　　　（2）金额别

图 1-1-1　2005—2019 年中国企业海外直接投资项目数量和金额增长变化图

信息，相对综合地描述了中国企业"走出去"的变化。从整体趋势上看，2005—2019 年中国企业 OFDI 综合指数呈上升趋势，其中 2005—2013 年稳步提高，2014 年在政府对企业"走出去"的大力支持以及全球经济逐步复苏的影响下，中国企业 OFDI 综合指数较 2013 年同比跳跃式增长了 140.4%，之后呈现上下波动的走向，近两年则下降趋势明显。特别是受 2017 年政府限制性投资政策的出台以及以中美贸易战为代表的贸易保护主义盛行等诸多不确定因素的影响，中国企业 OFDI 综合指数在 2017 年达到峰值水平后，开始呈现下降的颓势，2018 年、2019 年分别同比下降 6.44%、21.7%。

表 1-1-2　2005—2019 年中国企业 OFDI 综合指数及其同比增长率

年份	中国企业 OFDI 综合指数	同比增长（%）
2005	20.62	
2006	27.14	31.62
2007	41.42	52.61
2008	48.19	16.35
2009	58.87	22.17
2010	57.14	-2.93
2011	71.57	25.24
2012	60.08	-16.05
2013	67.96	13.12
2014	163.38	140.40
2015	137.00	-16.15

续表

年份	中国企业 OFDI 综合指数	同比增长（%）
2016	162.33	18.48
2017	166.23	2.41
2018	155.53	−6.44
2019	121.78	−21.70

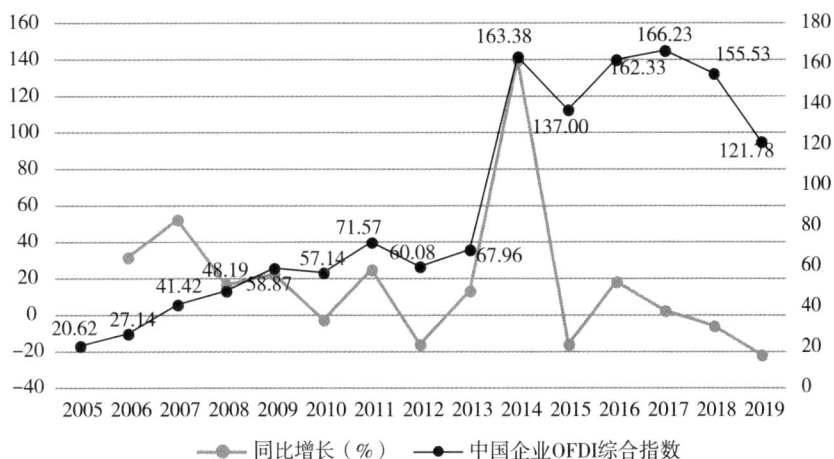

图 1-1-2　2005—2019 年中国企业 OFDI 综合指数变化图

三、中国企业海外直接投资项目数量指数和金额指数

从中国企业 OFDI 项目数量指数和金额指数在 2005—2019 年的变化中可看出，2017 年前 OFDI 项目数量和金额指数呈现出较快的增长趋势，但在经历 2017 年的投资政策限制后，OFDI 规模或在数量上（2017 年）或在金额上（2018 年）出现了一定程度的缩减。2019 年世界经济增长动能放缓，逆全球化和贸易保护主义势力抬头，发达经济体试图通过经贸摩擦、竞争中性、国家安全审查等新手段重塑全球贸易投资规则[1]，中国企业

---

[1]　杨挺、陈兆源、韩向童：《2019 年中国对外直接投资特征、趋势与展望》，《国际经济合作》2020 年第 1 期。

"走出去"的过程面临着更为严格的审查，例如欧盟于 2019 年 4 月颁布的《外资审查条例》，条例明确了欧盟成员国可以合法阻止外资对涉及关键基础设施、技术、原材料和敏感信息的收购交易。在国内外经济环境变动的影响下，中国企业 OFDI 的项目数量指数和金额指数都较 2018 年大幅下降。

表 1-1-3　2005—2019 年中国企业 OFDI 项目数量和金额指数

年份	项目数量指数	金额指数
2005	33.49	7.75
2006	37.75	16.52
2007	52.27	30.56
2008	66.12	30.26
2009	77.21	40.52
2010	75.22	39.07
2011	90.02	53.11
2012	81.48	38.68
2013	81.29	54.63
2014	104.72	222.04
2015	142.48	131.53
2016	186.30	138.36
2017	176.72	155.75
2018	212.96	98.09
2019	169.42	74.14

第二节　中国不同所有制企业海外
直接投资综合指数

本节将参与海外直接投资的企业按照所有制的不同划分为国有、民营、港澳台和外资四种类型，通过测算不同所有制企业 OFDI 综合指数及其对应的项目数量指数、金额指数，从所有制角度分析中国企业海外直接

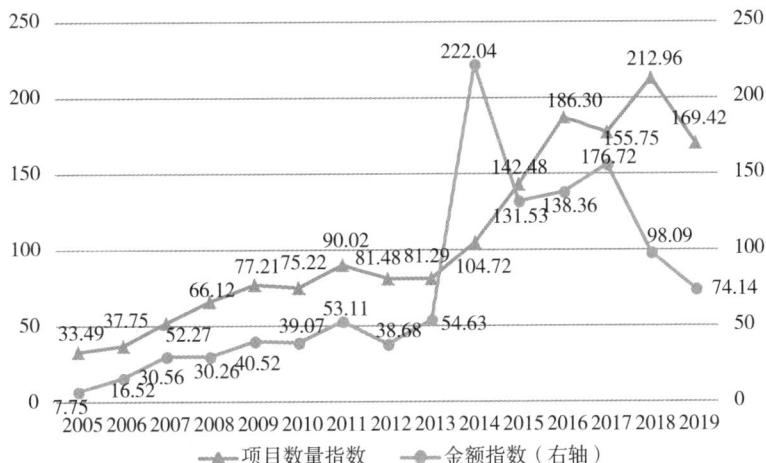

图 1-1-3 2005—2019 年中国企业 OFDI 项目数量及金额指数变化图

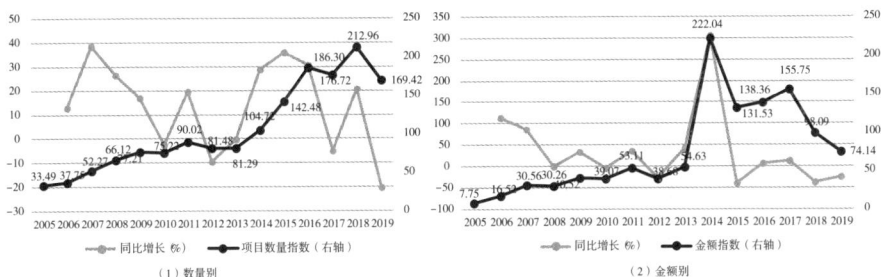

(1)数量别　　　　　　　　　(2)金额别

图 1-1-4 2005—2019 年中国企业 OFDI 项目数量和
金额指数及其同比增长率变化图

投资的特征①。

一、中国不同所有制企业 OFDI 综合指数

在 2005—2013 年间，四种不同所有制企业的 OFDI 综合指数变化趋势

———————

① 中国国有、港澳台、外资企业海外直接投资指数体系与序章第一节中的中国民营企业海外直接投资指数体系的构建方法一致，只需要将统计样本由民营分别转化为其他三种形式的企业即可，因此本报告后续关于其他所有制企业 OFDI 综合指数、项目数量和金额指数等一系列指数的测算方法均可参照序章第一节中的指数测算方法。

大致相同，稳中有小幅上升。2014 年后国有企业与其他所有制走势出现分化，国有企业 OFDI 综合指数在 2014 年达到峰值水平后呈现下降趋势，2015—2018 年综合指数变化方向与其他综合指数相反；民营企业、港澳台资企业和外资企业均在 2014 年后开启快速增长模式，并于 2016 年达到峰值，之后波动下降。从不同所有制企业 OFDI 综合指数的变化图中我们惊讶地发现，2017 年政府出台的针对民企非理性 OFDI 的限制政策后，港澳台资和外资企业的海外投资活动也出现了同步下降趋势；2018 年虽然除了国有企业之外的三类所有制企业均出现了不同程度的反弹，但未能阻止2019 年的下降趋势，2019 年四种所有制企业 OFDI 综合指数同步下降，港澳台资企业 OFDI 综合指数跌幅最大，同比下降 42.42%。

表 1-2-1　2005—2019 年中国不同所有制企业 OFDI 综合指数

年份	OFDI 综合指数			
	民营企业	国有企业	港澳台资企业	外资企业
2005	15.09	24.43	40.64	19.07
2006	18.94	33.77	29.35	79.04
2007	32.06	47.85	48.29	36.24
2008	38.46	56.27	68.27	39.14
2009	32.56	73.95	141.32	45.04
2010	48.05	58.96	103.72	190.79
2011	53.89	83.18	93.04	69.72
2012	50.53	63.90	68.16	51.15
2013	78.13	63.01	56.04	92.91
2014	118.04	176.76	74.68	103.57
2015	199.41	113.15	208.07	182.65
2016	252.24	105.83	366.31	279.08
2017	203.42	127.47	201.55	194.11
2018	213.72	99.98	268.76	232.10
2019	174.67	73.13	154.74	174.14

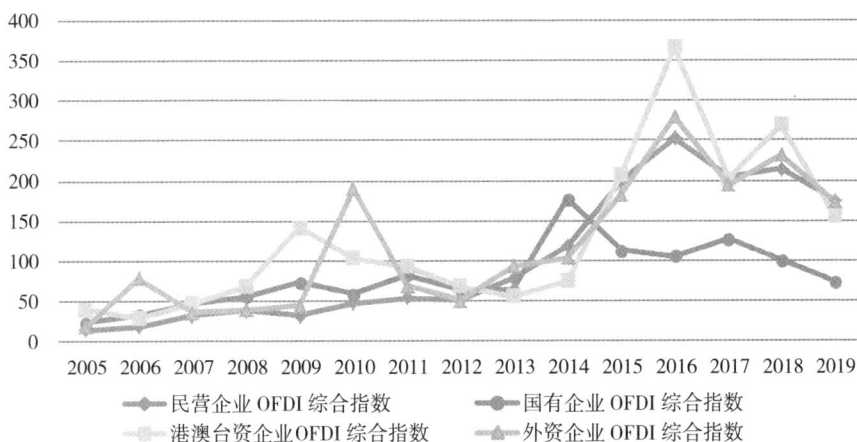

图 1-2-1 2005—2019 年中国不同所有制企业 OFDI 综合指数变化图

二、中国不同所有制企业海外直接投资项目数量指数和金额指数

从 OFDI 项目数量指数的变化可看出，四种所有制企业 OFDI 项目数量指数变化趋势基本一致，总体上都呈现波动上升态势，其中民企 OFDI 项目数量指数在经历 2014—2016 年持续高速增长后，2017—2019 年显著高于其他所有制企业。不同于项目数量指数，四种所有制企业的 OFDI 金额指数的变化趋势自 2014 年后呈现出明显的差异：国企投资金额指数在经历 2014 年的大幅增长后开始波动下降；其余三种所有制企业投资金额指数在 2015—2016 年间先出现快速扩张，后才逐步回落，其中港澳台资企业投资金额指数在 2015 年和 2016 年分别同比增长 427.90% 和 94.23%，外资企业在这两年中同比增长 160.07%、71.94%，两类企业的投资金额指数增幅均高于民企 OFDI 金额指数。

进入 2019 年，四种所有制企业的 OFDI 项目金额指数同步下跌，港澳台资企业和外资企业下降尤为显著，较 2018 年同比下降率超过 40%。然而从项目数量指数角度看，在 2019 年总体投资项目数量下降的背景下，外资企业 OFDI 项目数量指数反而出现了 4.5% 的同比增长，进一步参照从

2016 年开始的数据，发现这两类企业的 OFDI 综合指数始终处于高位，也许暗示着近年来出现了国内经济下行等国内外诸多不确定性因素的压力迫使部分外资企业资本撤离的现象。

表 1-2-2　2005—2019 年中国不同所有制企业海外
直接投资项目数量指数汇总表

年份	海外直接投资项目数量指数			
	民营企业	国有企业	港澳台资企业	外资企业
2005	25.73	40.54	60.19	30.89
2006	28.80	50.00	43.21	50.19
2007	42.26	63.78	67.90	55.98
2008	57.77	80.27	67.90	48.26
2009	59.13	97.84	118.83	73.36
2010	67.48	80.81	89.51	96.53
2011	75.49	108.92	106.48	84.94
2012	78.90	84.86	84.88	73.36
2013	82.65	78.11	80.25	77.22
2014	107.19	99.19	95.68	121.62
2015	155.76	128.92	132.72	142.86
2016	226.48	129.73	182.10	175.68
2017	213.70	124.05	163.58	154.44
2018	267.55	135.95	206.79	171.81
2019	217.96	101.35	123.46	179.54

表 1-2-3　2005—2019 年中国不同所有制企业海外直接投资金额指数汇总表

年份	海外直接投资金额指数			
	民营企业	国有企业	港澳台资企业	外资企业
2005	4.44	8.33	21.09	7.25
2006	9.08	17.55	15.49	107.89
2007	21.86	31.91	28.68	16.49
2008	19.15	32.27	68.63	30.01

年份	海外直接投资金额指数			
	民营企业	国有企业	港澳台资企业	外资企业
2009	5.98	50.05	163.82	16.73
2010	28.61	37.11	117.93	285.05
2011	32.28	57.45	79.61	54.49
2012	22.15	42.94	51.44	28.94
2013	73.61	47.91	31.83	108.60
2014	128.90	254.33	53.69	85.53
2015	243.05	97.38	283.43	222.44
2016	278.01	81.94	550.52	382.47
2017	193.15	130.88	239.52	233.77
2018	159.89	64.01	330.73	292.38
2019	131.37	44.92	186.03	168.75

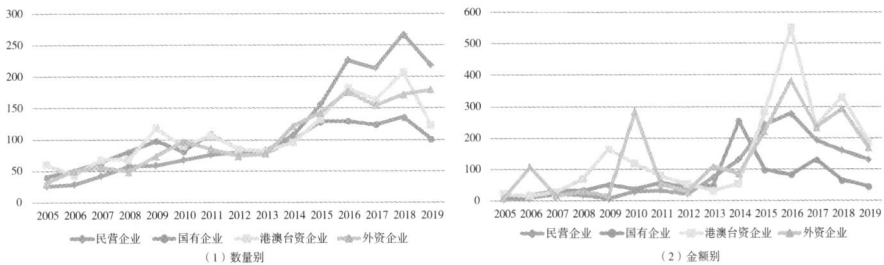

图 1-2-2　2005—2019 年中国不同所有制企业海外直接投资项目数量和金额指数变化图

第三节　不同视角下的中国企业海外直接投资指数

本节从投资模式、投资方来源地、投资标的区域和投资标的行业四个视角来分析中国企业海外直接投资特征。

一、不同投资模式下中国企业海外直接投资指数

本节按照企业海外直接投资模式的不同将中国企业海外直接投资划分

为并购投资和绿地投资两种类型。

在中国企业的海外并购投资中，企业 OFDI 并购项目数量指数和金额指数在 2005—2013 年间稳步上升，变化趋势较为一致，从 2014 年起两个指数出现显著分化：并购金额指数在 2014 年较上年增长 306.21%，达到峰值后开始逐步回落，2019 年跌至 60.8，接近 2013 年的水平；并购数量指数从 2014 年开始大幅增长，2018 年达到峰值之后 2019 年出现大幅下降。

相较于并购投资而言，中国企业绿地投资项目数量指数和金额指数变化基本一致，整体呈现波动上升的趋势，绿地金额指数于 2016 年达到峰值，数量指数于 2018 年达到峰值。由于 2016 年年底以来，我国政府收紧对外投资政策、加强对企业对外投资的合规性审查，2017 年绿地投资项目数量和金额均出现不同程度的下滑，2019 年受变幻莫测的国际经济局势影响，绿地数量指数下降 20.67% 至 169.89，金额指数下降 33.45% 至 180.49。

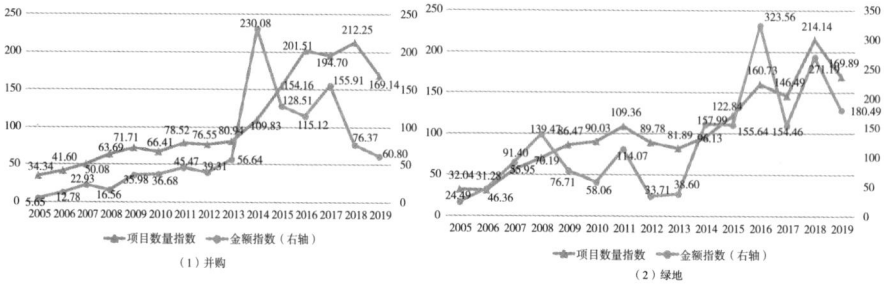

图 1-3-1　2005—2019 年中国企业海外并购和绿地投资项目数量及金额指数变化图

表 1-3-1　2005—2019 年不同模式下中国企业海外
直接投资项目数量和金额指数汇总表

年份	项目数量指数		金额指数	
	并购投资项目数量指数	绿地投资项目数量指数	并购投资金额指数	绿地投资金额指数
2005	34.34	32.04	5.65	24.49
2006	41.6	31.28	12.78	46.36

续表

年份	项目数量指数		金额指数	
	并购投资项目数量指数	绿地投资项目数量指数	并购投资金额指数	绿地投资金额指数
2007	50.08	55.95	22.93	91.40
2008	63.69	70.19	16.56	139.47
2009	71.71	86.47	35.98	76.71
2010	66.41	90.03	36.68	58.06
2011	78.52	109.36	45.47	114.07
2012	76.55	89.78	39.31	33.71
2013	80.94	81.89	56.64	38.60
2014	109.83	96.13	230.08	157.99
2015	154.16	122.84	128.51	155.64
2016	201.51	160.73	115.12	323.56
2017	194.7	146.49	155.91	154.46
2018	212.25	214.14	76.37	271.19
2019	169.14	169.89	60.8	180.49

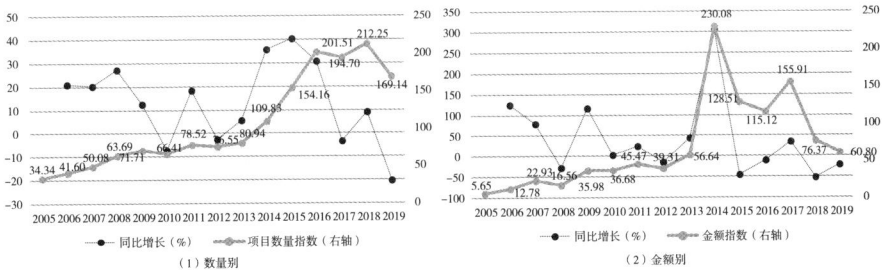

图1-3-2　2005—2019年中国企业海外并购投资项目数量、金额指数及同比增长率变化图

二、不同投资方来源地企业海外直接投资指数

本书按投资方来源地的不同将中国企业海外直接投资划分为环渤海地区投资、长三角地区投资、珠三角地区投资、中部地区投资和西部地区投资五类。

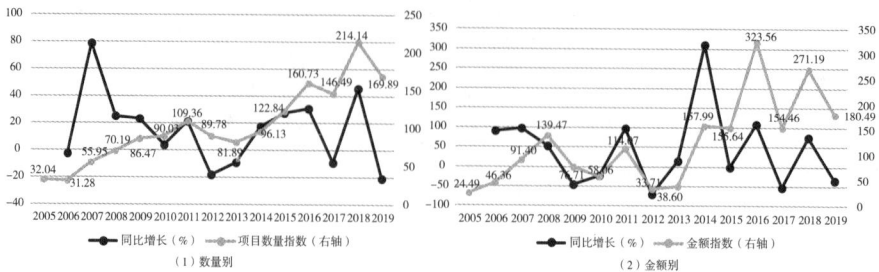

图 1-3-3　2005—2019 年中国企业海外绿地投资项目数量、金额指数及同比增长率变化图

从项目数量角度来看，2005—2018 年环渤海地区一直是五大区域中进行海外投资最多的区域，但自 2014 年起以上海为核心的长三角地区企业参与海外投资活动的积极性出现显著提高，2019 年反超环渤海地区，成为当年度投资项目数量最多的区域。长三角地区企业较高的投资潜力还可以从企业投资项目数量指数变化图中看出，2014 年后长三角地区数量指数增幅显著高于环渤海地区，并于 2018 年达到峰值。尽管珠三角地区的 OFDI 项目数量还不及环渤海和长三角地区，但珠三角地区项目数量指数较高的增长趋势表明珠三角地区企业"走出去"的活跃度日益增强，未来在项目数量上可能出现环渤海、长三角、珠三角"三足鼎立"的局面。

从金额角度来看，在五大投资方来源地中，环渤海地区投资金额规模凭借首都优势始终位居第一位，远超其他四个地区；长三角地区排名第二，近年来波动剧烈；珠三角地区虽然排名第三，但 2015—2019 年的波动平稳。

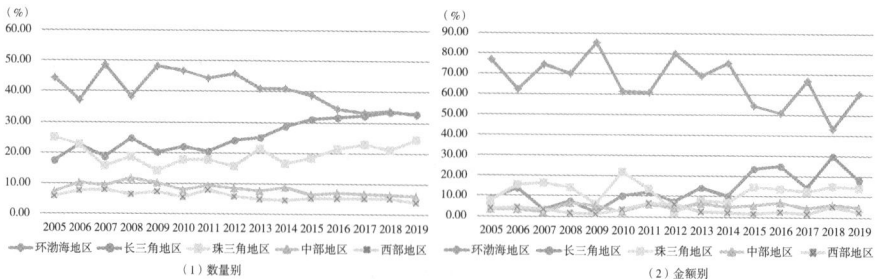

图 1-3-4　2005—2019 年不同投资方来源地海外直接投资项目数量、金额占比变化图

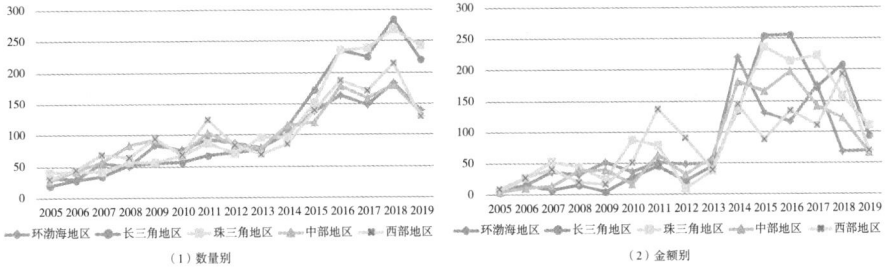

（1）数量别

（2）金额别

图 1-3-5 2005—2019 年不同投资方来源地海外直接投资项目数量指数、金额指数变化图

表 1-3-2 2005—2019 年中国不同投资方来源地海外直接
投资项目数量指数汇总表

年份	项目数量									
	环渤海地区		长三角地区		珠三角地区		中部地区		西部地区	
	占比（%）	指数	占比（%）	指数	占比（%）	指数	占比（%）	指数	占比（%）	指数
2005	44.17	31.11	17.67	19.49	25.09	40.99	7.42	27.56	5.65	29.63
2006	37.19	29.62	22.50	28.06	22.50	41.57	10.31	43.31	7.50	44.44
2007	48.39	56.25	18.63	33.90	15.63	42.15	9.42	57.74	7.92	68.52
2008	38.29	51.27	24.72	51.83	18.59	57.74	11.90	83.99	6.51	64.81
2009	48.07	83.62	20.31	55.34	14.16	57.16	10.16	93.18	7.30	94.44
2010	46.68	76.90	21.90	56.51	17.82	68.13	8.01	69.55	5.59	68.52
2011	44.19	92.83	20.62	67.81	17.89	87.18	9.36	103.67	7.94	124.07
2012	45.82	87.36	24.15	72.10	15.80	69.86	8.36	83.99	5.87	83.33
2013	41.09	79.14	25.19	75.99	21.32	95.27	7.62	77.43	4.78	68.52
2014	41.10	102.29	28.80	112.24	16.70	96.42	8.80	115.49	4.60	85.19
2015	39.02	138.38	30.95	171.86	18.39	151.27	6.39	119.42	5.26	138.89
2016	34.38	163.02	31.81	236.17	21.36	234.99	7.14	178.48	5.30	187.04
2017	33.19	148.83	32.13	225.64	22.86	237.88	6.71	158.79	5.11	170.37
2018	33.72	183.18	33.44	284.49	21.26	267.90	6.28	179.79	5.31	214.81
2019	32.54	139.12	32.95	220.58	24.45	242.49	6.00	135.17	4.07	129.63

表1-3-3 2005—2019年中国不同投资方来源地海外直接投资金额指数汇总表

年份	金额									
	环渤海地区		长三角地区		珠三角地区		中部地区		西部地区	
	占比（%）	指数	占比（%）	指数	占比（%）	指数	占比（%）	指数	占比（%）	指数
2005	76.83	8.28	8.45	4.06	7.51	5.44	3.51	4.71	3.70	9.74
2006	62.34	15.76	14.03	15.83	15.73	26.76	3.41	10.73	4.49	27.80
2007	74.30	35.75	3.56	7.65	16.50	53.42	2.20	13.15	3.44	40.55
2008	69.83	32.19	7.36	15.14	14.32	44.43	6.67	38.26	1.82	20.51
2009	85.49	51.16	2.01	5.37	6.04	24.32	5.31	39.58	1.15	16.83
2010	61.59	36.16	10.42	27.30	22.08	87.22	2.30	16.77	3.62	52.01
2011	61.11	51.01	12.11	45.10	14.00	78.65	6.07	63.02	6.72	137.30
2012	79.89	49.23	7.67	21.08	2.27	9.41	4.13	31.70	6.04	91.14
2013	69.08	49.50	14.11	45.12	7.89	38.03	6.63	59.16	2.29	40.08
2014	75.62	219.70	10.36	134.32	7.00	136.84	4.99	180.43	2.03	144.50
2015	54.48	130.57	23.78	254.37	14.70	237.07	5.56	165.70	1.48	86.98
2016	51.14	115.59	25.34	255.55	14.05	213.06	7.04	198.06	2.43	134.38
2017	66.73	175.26	14.62	171.33	12.60	222.65	4.35	142.07	1.70	109.58
2018	43.44	67.59	29.98	208.17	15.19	159.00	6.31	122.26	5.07	193.09
2019	60.62	70.05	18.17	93.71	14.16	110.09	4.61	66.33	2.44	69.09

三、中国企业在不同标的区域的海外直接投资指数

不论是从项目数量角度还是金额角度看，发达经济体都是中国企业海外直接投资的最主要的投资标的区域。

从项目数量角度看，中国OFDI的标的区域主要集中于发达经济体，2005年至2019年间平均占比73.19%，发展中经济体次之，转型经济体占比最少。三个标的区域的项目数量指数长期均呈现大幅上升态势，2019年均出现不同程度的下降。

从金额角度看，自2014年中国企业对发达经济体的投资金额达到峰值以后，2015—2019年间，除了2018年有所反弹之外，金额指数均处于下

降态势，与发展中经济体、转型经济体投资金额指数的大幅增长呈相反变化。中国企业对发展中经济体的投资项目数量指数和金额指数上的变化，反映了在中国经济结构优化升级、"一带一路"等政策影响下，中国企业在发展中国家（地区）的投资活动日益增多，中国企业的境外投资有向发展中经济体转移的趋势。

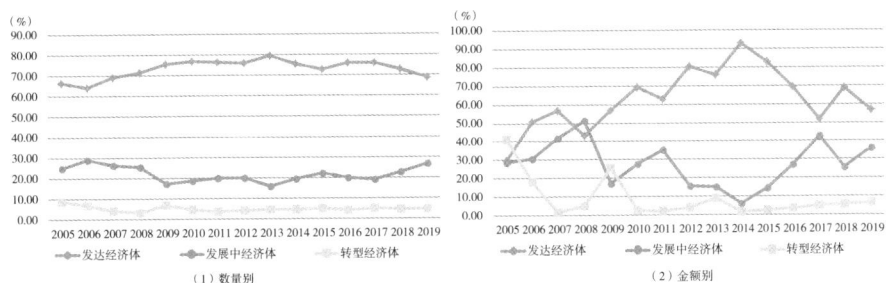

图 1-3-6　2005—2019 年不同标的区域海外直接投资项目数量、金额占比变化图

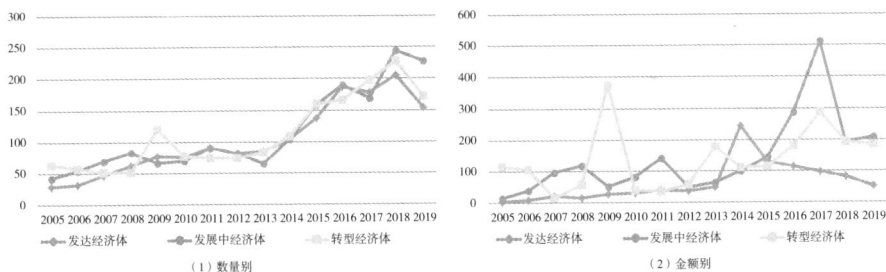

图 1-3-7　2005—2019 年不同标的区域海外直接投资项目数量指数、金额指数变化图

表 1-3-4　2005—2019 年中国不同标的区域海外直接
投资项目数量指数汇总表

年份	项目数量					
	发达经济体		发展中经济体		转型经济体	
	占比（％）	指数	占比（％）	指数	占比（％）	指数
2005	66.57	29.25	24.93	41.79	8.50	63.83
2006	64.16	31.86	29.07	55.08	6.77	57.45
2007	69.20	47.55	26.45	69.33	4.35	51.06

续表

年份	项目数量					
	发达经济体		发展中经济体		转型经济体	
	占比（%）	指数	占比（%）	指数	占比（%）	指数
2008	71.35	61.99	25.21	83.57	3.44	51.06
2009	75.71	76.80	17.30	66.95	6.99	121.28
2010	76.95	76.05	18.51	69.80	4.53	76.60
2011	76.36	90.86	19.98	90.69	3.66	74.47
2012	76.12	82.15	19.84	81.67	4.04	74.47
2013	79.44	85.14	16.03	65.53	4.53	82.98
2014	75.70	104.31	19.69	103.51	4.61	108.51
2015	72.99	137.54	22.06	158.59	4.95	159.57
2016	75.88	187.20	20.18	189.93	3.94	165.96
2017	76.01	177.50	19.03	169.52	4.96	197.87
2018	72.62	205.00	22.66	244.06	4.72	227.66
2019	68.82	154.10	26.68	227.92	4.50	172.34

表 1-3-5   2005—2019 年中国不同标的区域海外直接投资金额指数汇总表

年份	金额					
	发达经济体		发展中经济体		转型经济体	
	占比（%）	指数	占比（%）	指数	占比（%）	指数
2005	29.95	2.74	28.62	16.77	41.43	114.18
2006	50.82	9.89	30.89	38.57	18.30	107.49
2007	56.84	20.51	41.78	96.70	1.37	14.96
2008	43.17	15.39	51.47	117.68	5.36	57.71
2009	57.00	27.22	17.11	52.40	25.89	373.05
2010	69.43	31.97	27.78	82.04	2.79	38.75
2011	62.99	39.58	35.14	141.59	1.87	35.46
2012	80.16	38.24	15.82	48.40	4.02	57.84
2013	75.62	49.06	15.35	63.86	9.03	176.85
2014	92.68	244.21	5.90	99.66	1.43	113.46

年份	金额					
	发达经济体		发展中经济体		转型经济体	
	占比（%）	指数	占比（%）	指数	占比（%）	指数
2015	82.84	128.92	14.68	146.49	2.48	116.38
2016	69.11	113.84	27.26	288.00	3.63	180.67
2017	51.91	96.28	42.97	511.14	5.12	286.64
2018	68.94	80.83	25.59	192.48	5.47	193.48
2019	56.74	50.68	36.40	208.56	6.86	184.80

四、中国企业在不同标的行业的海外直接投资指数

中国作为新兴的发展中大国，对外直接投资活动仍以对非制造业的投资为主。图 1-3-8 显示，非制造业在中国企业 OFDI 项目数量和金额中的占比常年高于制造业，其中企业在两种行业的投资项目数量比例大约为7∶3，投资金额比例有向 6∶4 变动的趋势。

图 1-3-9 显示，从项目数量角度看，制造业和非制造业的走势几乎保持同步，2014 年开始加速上涨，2018 年达到峰值，2019 年回落。然而从金额角度看，虽然都是从 2014 年开始加速上涨，但两者走势波动较大，其中非制造业在 2018 年和 2019 年增幅低于制造业。2019 年，受经济环境影响，中国企业对非制造业的投资规模显著缩减，数量指数和金额指数分别同比下降 22.59%、32.15%，缩减幅度超过制造业，其中以对电力、热力、燃气及水生产和供应业的投资项目数量和金额的下降幅度最为突出。

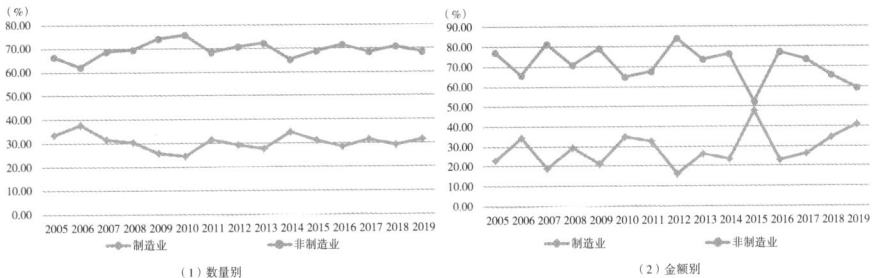

（1）数量别　　　　　　　　　　　　　　（2）金额别

图 1-3-8　2005—2019 年不同标的行业海外直接投资项目数量、金额占比变化图

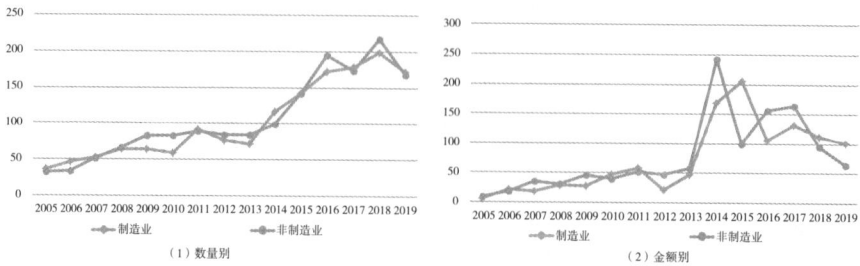

（1）数量别

（2）金额别

图 1-3-9　2005—2019 年不同标的行业海外直接投资项目数量指数、金额指数变化图

表 1-3-6　2005—2019 年中国不同标的行业海外直接
投资项目数量指数汇总表

年份	项目数量			
	制造业		非制造业	
	占比（%）	指数	占比（%）	指数
2005	33.71	36.30	66.29	32.29
2006	37.66	46.06	62.34	34.50
2007	31.45	52.78	68.55	52.03
2008	30.37	64.67	69.63	67.07
2009	25.96	64.06	74.04	82.67
2010	24.50	59.79	75.50	83.36
2011	31.75	91.82	68.25	89.29
2012	29.23	76.88	70.77	84.18
2013	27.68	71.69	72.32	84.74
2014	34.87	117.45	65.13	99.23
2015	31.09	142.16	68.91	142.56
2016	28.67	172.67	71.33	194.31
2017	31.81	178.77	68.19	173.34
2018	29.26	198.90	70.74	217.50
2019	31.54	171.45	68.46	168.37

表 1-3-7 2005—2019 年中国不同标的行业海外直接投资金额指数汇总表

年份	金额			
	制造业		非制造业	
	占比（%）	指数	占比（%）	指数
2005	22.80	5.74	77.20	8.54
2006	34.31	21.08	65.69	17.74
2007	18.63	18.52	81.37	35.56
2008	29.20	28.69	70.80	30.57
2009	20.95	27.57	79.05	45.71
2010	35.02	47.83	64.98	39.00
2011	32.45	57.63	67.55	52.74
2012	16.01	20.53	83.99	47.32
2013	26.33	47.36	73.67	58.25
2014	23.46	169.12	76.54	242.48
2015	47.64	205.37	52.36	99.21
2016	22.92	105.92	77.08	156.56
2017	26.18	132.51	73.82	164.18
2018	34.29	112.08	65.71	94.39
2019	40.81	100.45	59.19	64.04

本章小结

一、中国企业 OFDI 综合指数在 2014 年高速增长后增幅有所回落

从总体上看，在 2005—2019 年间中国企业 OFDI 综合指数呈上升趋势，在 2017 年达到峰值水平后，2018 年和 2019 年开始呈现连续 2 年下降的预势。2014 年是企业境外投资规模扩张的重要转折点：2014 年以前企业 OFDI 综合指数以年均 17.77% 的同比增长率稳步提高，伴随着"一带一

路"战略的推进和政府对企业"走出去"的鼓励，2014 年中国企业 OFDI
综合指数较 2013 年跳跃式增长 140.4%，且主要体现在中国企业海外直接
投资金额的高速增长上。之后，OFDI 综合指数增长趋于平缓，增幅较以前
有回落的趋势。另外，2014 年后的中国企业海外直接投资项目数量指数和
金额指数的走势开始逐渐分化。

二、2019 年中国企业海外投资规模显著下降，且在不同视角均有体现

为保持经济发展的动能，2019 年中国经济结构继续深入调整，经济增
速放缓，与此同时国际经济局势动荡不安，以中美贸易战为代表的贸易保
护主义思潮盛行，地缘政治不确定性增加，尽管政府仍积极鼓励引导企业
"走出去"，例如党的十九届四中全会中强调"健全促进对外投资政策和服
务体系"，但 2019 年国内外经济环境的变化仍导致中国企业海外直接投资
规模显著下降，投资项目数量由 2018 年的 2245 件同比下降 20.45% 至
1786 件，投资金额同比下降 24.41% 至 2268.24 亿美元。

2019 年中国企业境外投资规模的下降在不同投资视角下均有明显体
现。其中，从不同所有制角度看，港澳台资企业 OFDI 综合指数下降最为
突出；从不同投资模式角度看，企业绿地投资项目数量和金额规模的缩减
较并购投资更明显；在不同投资方来源地视角下，以西部地区企业海外直
接投资规模的降幅最高，投资项目数量同比降低 39.66%，投资金额同比
下降 64.22%；从不同投资标的区域视角看，中国企业对发达经济体的投
资显著下降，对发展中经济体的投资项目数量降幅较小，为 6.61%，投资
金额则出现 8.36% 的同比增长；从不同投资标的行业角度看，中国企业海
外投资规模的下降主要体现在对非制造业的投资上。

第二章 中国民营企业海外直接
投资指数：综合篇

本章以民营企业海外直接投资活动为研究主体，基于中国民营企业海外直接投资六级指标体系，分别从总投资、投资方来源地、投资标的国（地区）、投资标的行业角度测算中国企业海外直接投资指数，本章最后一节还以"一带一路"沿线国家为主测算出民营企业"一带一路"海外直接投资指数，从多角度描述 2005—2019 年民营企业海外直接投资的发展特征。

第一节 民营企业 OFDI 综合指数

一、民营企业海外直接投资与全国海外直接投资的比较

自加入 WTO 以来，在"走出去"战略指引下，越来越多的中国企业选择走向海外市场，企业 OFDI 飞速发展，投资规模不断扩大，2005—2019 年间总体呈上升趋势，其中作为市场经济运行重要载体的民营企业在全国企业海外直接投资活动中发挥了关键作用。

从表 2-1-1 和图 2-1-1 中可看出，自统计年份以来民企 OFDI 项目数量持续在中国企业海外投资活动中占据较高比例，2012 年后达到 50% 以上，统计显示 2019 年 71.61%OFDI 项目数量都来源于民企，因此民企在 OFDI 项目数量上的变化基本左右着全国整体的变化趋势。在金额方面，民企 OFDI 金额的波动相对全国企业而言较为平缓，且近年来随着项目数量

的提高，金额逐步赶超其他类型企业投资，全国企业 OFDI 金额的波动受民企金额变化的影响逐渐凸显。统计表明民企 OFDI 金额自 2015 年在全国企业中的占比首次突破 50% 后，2016 年、2018 年、2019 年均在四种所有制企业投资金额排序中占据首位。

表 2-1-1　2005—2019 年中国民营企业海外直接投资项目数量和金额汇总及与全国海外投资的比较

年份	中国民营企业海外直接投资				全国海外直接投资			
	项目数量（件）	同比增长（%）	金额（亿美元）	同比增长（%）	项目数量（件）	同比增长（%）	金额（亿美元）	同比增长（%）
2005	151	—	41.40	—	353	—	237.16	—
2006	169	11.92	84.59	104.32	398	12.75	505.48	113.14
2007	248	46.75	203.66	140.76	551	38.44	935	84.97
2008	339	36.69	178.36	-12.42	697	26.50	925.65	-1.00
2009	347	2.36	55.75	-68.74	814	16.79	1239.66	33.92
2010	396	14.12	266.49	378.01	793	-2.58	1195.1	-3.59
2011	443	11.87	300.75	12.86	949	19.67	1624.83	35.96
2012	463	4.51	206.34	-31.39	859	-9.48	1183.38	-27.17
2013	485	4.75	685.75	232.34	857	-0.23	1671.33	41.23
2014	629	29.69	1200.74	75.10	1104	28.82	6792.73	306.43
2015	914	45.31	2264.12	88.56	1502	36.05	4023.78	-40.76
2016	1329	45.40	2589.74	14.38	1964	30.76	4232.59	5.19
2017	1254	-5.64	1799.26	-30.52	1863	-5.14	4764.58	12.57
2018	1570	25.20	1489.39	-17.22	2245	20.50	3000.86	-37.02
2019	1279	-18.54	1223.8	-17.83	1786	-20.45	2268.24	-24.41
合计	10016		12590.14		16735		34600.37	

单从民企 OFDI 项目数量和金额在 2005—2019 年的变化看，项目数量增长较金额增长更为稳健，在经历 2014 年项目数量的快速提升后，2018年达到 1570 件，为十五年来的峰值水平；民企 OFDI 金额同样于 2014 年开始大幅增长，但该增势仅持续至 2016 年，2017 年后受政府投资限制影响，

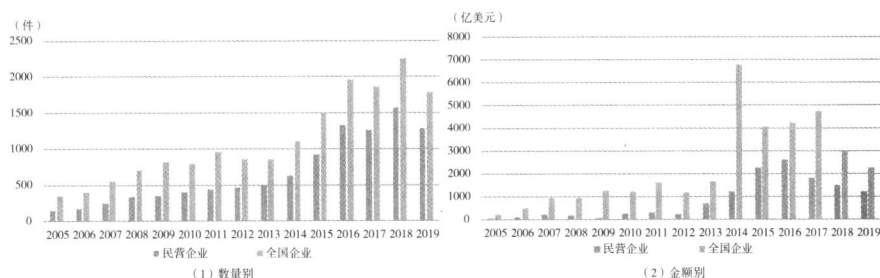

图 2-1-1　2005—2019 年中国民营企业与全国企业海外
直接投资项目数量、金额对比变化图

OFDI 金额快速降低，同比下降 30.52%，且在 2018 年、2019 年持续回落。
结合表 2-1-2 民企不同模式下的 OFDI 情况看，民企投资规模的大幅变化
主要体现在并购投资规模的变化上，不论从项目数量还是金额上看，民企
绿地投资都较并购投资波动幅度小。

表 2-1-2　2005—2019 年中国民营企业不同模式下
海外直接投资项目数量与金额汇总表

年份	项目数量（件）					金额（亿美元）				
	并购	同比增长（%）	绿地	同比增长（%）	合计	并购	同比增长（%）	绿地	同比增长（%）	合计
2005	99	—	52	—	151	23	—	19	—	41
2006	123	24.24	46	-11.54	169	47	104.35	37	94.74	85
2007	141	14.63	107	132.61	248	153	225.53	51	37.84	204
2008	216	53.19	123	14.95	339	104	-32.03	74	45.10	178
2009	190	-12.04	157	27.64	347	32	-69.23	24	-67.57	56
2010	223	17.37	173	10.19	396	199	521.88	67	179.17	266
2011	250	12.11	193	11.56	443	170	-14.57	131	95.52	301
2012	279	11.60	184	-4.66	463	138	-18.82	68	-48.09	206
2013	312	11.83	173	-5.98	485	642	365.22	44	-35.29	686
2014	435	39.42	194	12.14	629	970	51.09	231	425.00	1201
2015	667	53.33	247	27.32	914	1996	105.77	268	16.02	2264
2016	962	44.23	367	48.58	1329	1995	-0.05	595	122.01	2590

续表

年份	项目数量（件）					金额（亿美元）				
	并购	同比增长（%）	绿地	同比增长（%）	合计	并购	同比增长（%）	绿地	同比增长（%）	合计
2017	914	-4.99	340	-7.36	1254	1553	-22.16	246	-58.66	1799
2018	1036	13.35	534	57.06	1570	1092	-29.68	398	61.79	1489
2019	823	-20.56	456	-14.61	1279	802	-26.56	422	6.03	1224
合计	6670		3346		10016	9917		2673		12590

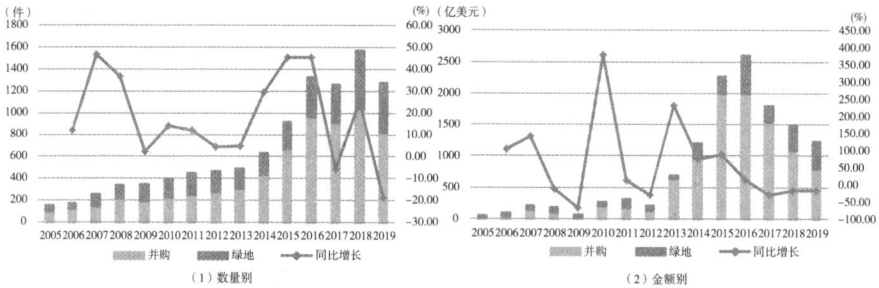

图 2-1-2　2005—2019 年中国民营企业不同模式下海外直接投资
项目数量和金额增长变化图

二、民营企业 OFDI 综合指数

为便于综合分析民企海外直接投资发展特征，本书使用主成分分析法对民企 OFDI 项目数量指数和金额指数进行融合，构建民企 OFDI 综合指数[①]。

在 2005—2016 年间，民企 OFDI 综合指数保持着较为强劲的上升趋势，但受政府对企业海外投资限制性措施出台的影响，2017 年民企 OFDI 增长趋势变缓，综合指数较 2016 年同比下降 19.35%；在经历 2018 年小幅回升后，2019 年综合指数再次出现 18.27% 的下降。可见尽管民企自身实

---

① OFDI 综合指数构建方法详见本书序章第一节。

力的增强和战略调整有效改善了其应对政策冲击的能力，但自 2018 年起在全球贸易投资保护主义不断升级、经济下行风险不断增长、国际环境愈加复杂多变的影响下，民企海外投资活动受到了明显的冲击。

表 2-1-3 2005—2019 年中国民营企业 OFDI 综合指数及其同比增长率

年份	民营企业 OFDI 综合指数	同比增长率（%）
2005	15.09	
2006	18.94	25.53
2007	32.06	69.28
2008	38.46	19.95
2009	32.56	-15.34
2010	48.05	47.56
2011	53.89	12.16
2012	50.53	-6.24
2013	78.13	54.64
2014	118.04	51.08
2015	199.41	68.92
2016	252.24	26.50
2017	203.42	-19.35
2018	213.72	5.06
2019	174.67	-18.27

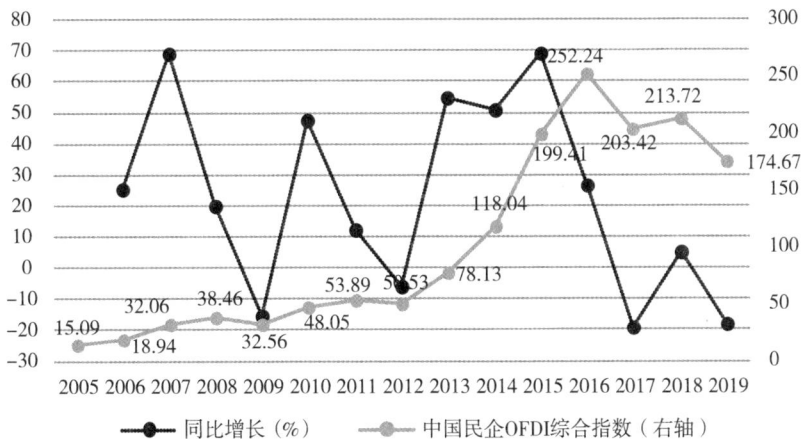

图 2-1-3 2005—2019 年中国民营企业 OFDI 综合指数变化图

三、民营企业海外直接投资项目数量指数和金额指数

从 2005—2019 年民企 OFDI 项目数量和金额指数的变化可以看出，民企 OFDI 项目数量和金额规模总体呈增长趋势，但 2017 年以来两指数分化加剧，项目数量指数增长趋势变缓，金额指数持续下降。

在项目数量指数上，虽然 2019 年项目数量指数出现了 18.54% 的下跌，但在 2005—2019 年间其仍处于高位水平。相较于民企项目数量指数的变化，金额指数在 2017—2019 年内连续三年下跌，2019 年下降至 131.37，较 2016 年的峰值 278.01 下降了 52.74%。

表 2-1-4　2005—2019 年中国民营企业海外直接投资项目数量和金额指数

年份	项目数量指数	金额指数
2005	25.73	4.44
2006	28.80	9.08
2007	42.26	21.86
2008	57.77	19.15
2009	59.13	5.98
2010	67.48	28.61
2011	75.49	32.28
2012	78.90	22.15
2013	82.65	73.61
2014	107.19	128.90
2015	155.76	243.05
2016	226.48	278.01
2017	213.70	193.15
2018	267.55	159.89
2019	217.96	131.37

续表

年份	项目数量指数	金额指数
2011—2015 年均值	100.00	100.00

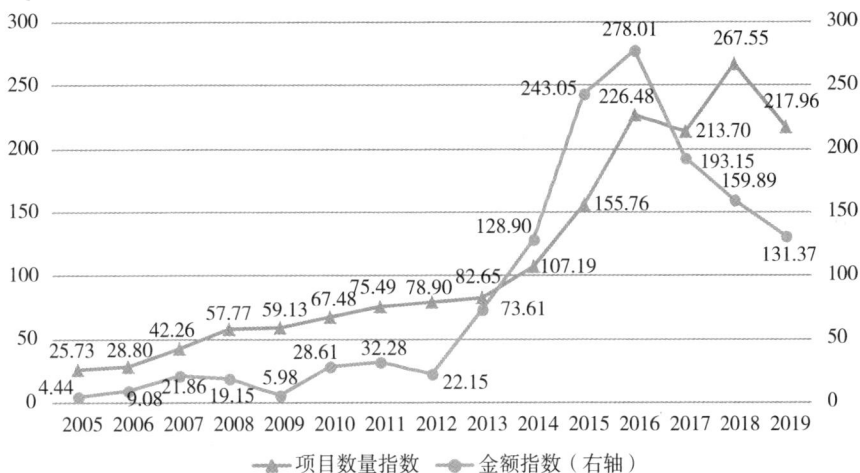

图 2-1-4 2005—2019 年中国民营企业海外直接投资项目数量和金额指数变化图

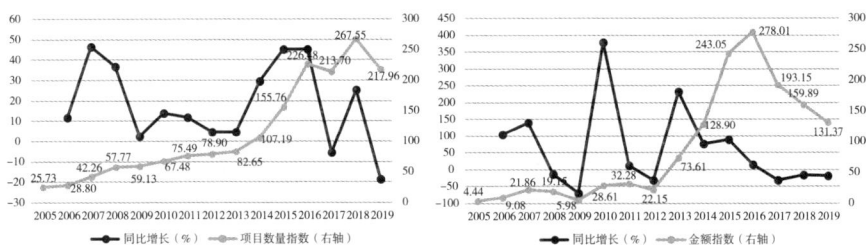

图 2-1-5 2005—2019 年中国民营企业海外直接投资项目
数量和金额指数及其同比增长率变化图

第二节 民营企业海外直接投资来源地别指数

本节对民营企业海外直接投资的项目数量与金额按照投资方来源地进

行统计分析，主要划分为环渤海地区、长三角地区、珠三角地区、中部地区与西部地区五大区域。同时按照各区域特点进一步细分，其中环渤海地区包括京津冀地区和环渤海地区其他区域（辽宁和山东），长三角地区包括上海和长三角地区其他区域（江苏和浙江），珠三角地区包括深圳、广东（不含深圳）与珠三角地区其他区域（福建和海南），中部地区包括华北东北地区和中原华中地区，西部地区包括西北地区和西南地区，涵盖 31 个省区市和深圳经济特区①。

一、民营企业海外直接投资项目数量在不同投资方来源地的分布

从民企 OFDI 项目数量在不同投资方来源地的分布情况来看，在五大区域中，每年 80% 以上的投资方来源于环渤海地区、长三角地区和珠三角地区。2019 年，长三角地区民企 OFDI 项目数量在五大区域排列首位，共计进行 417 件交易，珠三角地区、环渤海地区紧随其后，项目数量分别为 341 件、330 件，三大区域投资合计占比达到 91.25%，中、西部地区占比不到 10%，可见区域经济发展不平衡的现象在民企 OFDI 项目数量上亦有着明显的体现。

各地区民企 OFDI 项目数量指数的变化趋势大致相同，2014—2015 年为项目数量快速增长的转折阶段，随后除 2017 年增速有所放缓或回落外，其余年份均维持高速增长模式，但进入 2019 年各地区项目数量指数均出现明显下滑。表 2-2-1 显示，2019 年中部地区和西部地区的项目数量降幅较其他地区更为明显，相比 2018 年分别降低 38.95%、43.04%；环渤海地区和长三角地区项目数量指数降幅分别为 22.54%、21.02%。珠三角地区 2019 年并未和其他地区一致大幅下降，其降幅仅为 5.08%，主要原因在于珠三角地区投资份额较高的广东省 2019 年项目数量仅较 2018 年缩减 7 件，广东地区民企凭借其深厚的资本实力在"走出去"过程中表现出较强的韧性。

---

① 详见序章第一节关于中国民营企业海外直接投资指数六级指标体系和指数的构成的内容。

表 2-2-1 2005—2019 年中国民营企业海外直接投资项目数量
在不同投资方来源地的分布及指数汇总表

（单位：件）

| 年份 | 环渤海地区 | | | | | | | | | | | |
| | 京津冀 | | | | 其他 | | | | 合计 | | | |
	项目数	同比增长（%）	占比（%）	指数	项目数	同比增长（%）	占比（%）	指数	项目数	同比增长（%）	占比（%）	指数
2005	21	—	55.26	18.58	17	—	44.74	36.80	38	—	36.89	23.87
2006	13	-38.10	56.52	11.50	10	-41.18	43.48	21.65	23	-39.47	21.70	14.45
2007	35	169.23	63.64	30.97	20	100.00	36.36	43.29	55	139.13	29.89	34.55
2008	25	-28.57	73.53	22.12	9	-55.00	26.47	19.48	34	-38.18	17.62	21.36
2009	43	72.00	51.19	38.05	41	355.56	48.81	88.74	84	147.06	32.18	52.76
2010	60	39.53	70.59	53.10	25	-39.02	29.41	54.11	85	1.19	29.93	53.39
2011	67	11.67	60.91	59.29	43	72.00	39.09	93.07	110	29.41	31.16	69.10
2012	78	16.42	65.00	69.03	42	-2.33	35.00	90.91	120	9.09	32.09	75.38
2013	95	21.79	72.52	84.07	36	-14.29	27.48	77.92	131	9.17	31.95	82.29
2014	121	27.37	68.75	107.08	55	52.78	31.25	119.05	176	34.35	33.78	110.55
2015	204	68.60	78.76	180.53	55	0.00	21.24	119.05	259	47.16	31.51	162.69
2016	268	31.37	79.76	237.17	68	23.64	20.24	147.19	336	29.73	26.97	211.06
2017	251	-6.34	75.83	222.12	80	17.65	24.17	173.16	331	-1.49	28.10	207.91
2018	354	41.04	83.10	313.27	72	-10.00	16.90	155.84	426	28.70	28.59	267.59
2019	253	-28.53	76.67	223.89	77	6.94	23.33	166.67	330	-22.54	27.71	207.29
合计	1888		74.39		650		25.61		2538		29.12	
2011—2015 年均值	113.00			100.00	46.20			100.00	159.20			100.00

续表

| 年份 | 长三角地区 | | | | | | | | | | | |
| | 上海 | | | | 其他 | | | | 合计 | | | |
	项目数	同比增长（%）	占比（%）	指数	项目数	同比增长（%）	占比（%）	指数	项目数	同比增长（%）	占比（%）	指数
2005	8	—	42.11	12.62	11	—	57.89	11.46	19	—	18.45	11.92
2006	15	87.50	53.57	23.66	13	18.18	46.43	13.54	28	47.37	26.42	17.57
2007	14	-6.67	25.93	22.08	40	207.69	74.07	41.67	54	92.86	29.35	33.88
2008	14	0.00	18.67	22.08	61	52.50	81.33	63.54	75	38.89	38.86	47.05
2009	18	28.57	23.68	28.39	58	-4.92	76.32	60.42	76	1.33	29.12	47.68
2010	23	27.78	26.74	36.28	63	8.62	73.26	65.63	86	13.16	30.28	53.95
2011	27	17.39	27.00	42.59	73	15.87	73.00	76.04	100	16.28	28.33	62.74
2012	43	59.26	35.83	67.82	77	5.48	64.17	80.21	120	20.00	32.09	75.28
2013	34	-20.93	29.06	53.63	83	7.79	70.94	86.46	117	-2.50	28.54	73.40
2014	81	138.24	49.69	127.76	82	-1.20	50.31	85.42	163	39.32	31.29	102.26
2015	132	62.96	44.44	208.20	165	101.22	55.56	171.88	297	82.21	36.13	186.32
2016	189	43.18	43.85	298.11	242	46.67	56.15	252.08	431	45.12	34.59	270.39
2017	165	-12.70	40.34	260.25	244	0.83	59.66	254.17	409	-5.10	34.72	256.59
2018	200	21.21	37.88	315.46	328	34.43	62.12	341.67	528	29.10	35.44	331.24
2019	159	-20.50	38.13	250.79	258	-21.34	61.87	268.75	417	-21.02	35.01	261.61
合计	1122		38.42		1798		61.58		2920		33.50	
2011—2015年均值	63.40			100.00	96.00			100.00	159.40			100.00

| 年份 | 珠三角地区 | | | | | | | | | | | |
| | 广东 | | | | 其他 | | | | 合计 | | | |
	项目数	同比增长（%）	占比（%）	指数	项目数	同比增长（%）	占比（%）	指数	项目数	同比增长（%）	占比（%）	指数
2005	27	—	84.38	27.84	5	—	15.63	24.51	32	—	31.07	27.26
2006	35	29.63	87.50	36.08	5	0.00	12.50	24.51	40	25.00	37.74	34.07

| 年份 | 珠三角地区 | | | | | | | | | | | |
| | 广东 | | | | 其他 | | | | 合计 | | | |
	项目数	同比增长(%)	占比(%)	指数	项目数	同比增长(%)	占比(%)	指数	项目数	同比增长(%)	占比(%)	指数
2007	43	22.86	84.31	44.33	8	60.00	15.69	39.22	51	27.50	27.72	43.44
2008	44	2.33	93.62	45.36	3	-62.50	6.38	14.71	47	-7.84	24.35	40.03
2009	50	13.64	83.33	51.55	10	233.33	16.67	49.02	60	27.66	22.99	51.11
2010	69	38.00	87.34	71.13	10	0.00	12.66	49.02	79	31.67	27.82	67.29
2011	73	5.80	80.22	75.26	18	80.00	19.78	88.24	91	15.19	25.78	77.51
2012	64	-12.33	83.12	65.98	13	-27.78	16.88	63.73	77	-15.38	20.59	65.59
2013	103	60.94	82.40	106.19	22	69.23	17.60	107.84	125	62.34	30.49	106.47
2014	102	-0.97	87.18	105.15	15	-31.82	12.82	73.53	117	-6.40	22.46	99.66
2015	143	40.20	80.79	147.42	34	126.67	19.21	166.67	177	51.28	21.53	150.77
2016	263	83.92	82.97	271.13	54	58.82	17.03	264.71	317	79.10	25.44	270.02
2017	251	-4.56	84.51	258.76	46	-14.81	15.49	225.49	297	-6.31	25.21	252.98
2018	301	19.92	83.15	310.31	61	32.61	16.85	299.02	362	21.89	24.30	308.35
2019	294	-2.33	86.22	303.09	47	-22.95	13.78	230.39	341	-5.80	28.63	290.46
合计	1862		84.14		351		15.86		2213		25.39	
2011—2015年均值	97.00			100.00	20.40			100.00	117.40			100.00

| 年份 | 中部地区 | | | | | | | | | | | |
| | 华北东北 | | | | 中原华中 | | | | 合计 | | | |
	项目数	同比增长(%)	占比(%)	指数	项目数	同比增长(%)	占比(%)	指数	项目数	同比增长(%)	占比(%)	指数
2005	2	—	25.00	25.64	6	—	75.00	22.22	8	—	7.77	22.99
2006	1	-50.00	16.67	12.82	5	-16.67	83.33	18.52	6	-25.00	5.66	17.24
2007	5	400.00	31.25	64.10	11	120.00	68.75	40.74	16	166.67	8.70	45.98

续表

年份	中部地区											
	华北东北				中原华中				合计			
	项目数	同比增长（%）	占比（%）	指数	项目数	同比增长（%）	占比（%）	指数	项目数	同比增长（%）	占比（%）	指数
2008	4	-20.00	17.39	51.28	19	72.73	82.61	70.37	23	43.75	11.92	66.09
2009	4	0.00	25.00	51.28	12	-36.84	75.00	44.44	16	-30.43	6.13	45.98
2010	7	75.00	29.17	89.74	17	41.67	70.83	62.96	24	50.00	8.45	68.97
2011	3	-57.14	13.04	38.46	20	17.65	86.96	74.07	23	-4.17	6.52	66.09
2012	12	300.00	30.77	153.85	27	35.00	69.23	100.00	39	69.57	10.43	112.07
2013	6	-50.00	33.33	76.92	12	-55.56	66.67	44.44	18	-53.85	4.39	51.72
2014	8	33.33	18.18	102.56	36	200.00	81.82	133.33	44	144.44	8.45	126.44
2015	10	25.00	20.00	128.21	40	11.11	80.00	148.15	50	13.64	6.08	143.68
2016	20	100.00	21.98	256.41	71	77.50	78.02	262.96	91	82.00	7.30	261.49
2017	16	-20.00	20.00	205.13	64	-9.86	80.00	237.04	80	-12.09	6.79	229.89
2018	22	37.50	23.16	282.05	73	14.06	76.84	270.37	95	18.75	6.38	272.99
2019	10	-54.55	17.24	128.21	48	-34.25	82.76	177.78	58	-38.95	4.87	166.67
合计	130		22.00		461		78.00		591		6.78	
2011—2015年均值	7.80			100.00	27.00			100.00	34.80			100.00

年份	西部地区											
	西北				西南				合计			
	项目数	同比增长（%）	占比（%）	指数	项目数	同比增长（%）	占比（%）	指数	项目数	同比增长（%）	占比（%）	指数
2005	4	—	66.67	54.05	2	—	33.33	11.24	6	—	5.83	23.81
2006	2	-50.00	22.22	27.03	7	250.00	77.78	39.33	9	50.00	8.49	35.71
2007	0	-100.00	0.00	0.00	8	14.29	100.00	44.94	8	-11.11	4.35	31.75
2008	3	n. a.	21.43	40.54	11	37.50	78.57	61.80	14	75.00	7.25	55.56

续表

年份	西部地区											
	西北				西南				合计			
	项目数	同比增长（%）	占比（%）	指数	项目数	同比增长（%）	占比（%）	指数	项目数	同比增长（%）	占比（%）	指数
2009	8	166.67	32.00	108.11	17	54.55	68.00	95.51	25	78.57	9.58	99.21
2010	0	-100.00	0.00	0.00	10	-41.18	100.00	56.18	10	-60.00	3.52	39.68
2011	7	n. a.	24.14	94.59	22	120.00	75.86	123.60	29	190.00	8.22	115.08
2012	5	-28.57	27.78	67.57	13	-40.91	72.22	73.03	18	-37.93	4.81	71.43
2013	5	0.00	26.32	67.57	14	7.69	73.68	78.65	19	5.56	4.63	75.40
2014	6	20.00	28.57	81.08	15	7.14	71.43	84.27	21	10.53	4.03	83.33
2015	14	133.33	35.90	189.19	25	66.67	64.10	140.45	39	85.71	4.74	154.76
2016	26	85.71	36.62	351.35	45	80.00	63.38	252.81	71	82.05	5.70	281.75
2017	21	-19.23	34.43	283.78	40	-11.11	65.57	224.72	61	-14.08	5.18	242.06
2018	28	33.33	35.44	378.38	51	27.50	64.56	286.52	79	29.51	5.30	313.49
2019	12	-57.14	26.67	162.16	33	-35.29	73.33	185.39	45	-43.04	3.78	178.57
合计	141		31.06		313		68.94		454		5.21	
2011—2015年均值	7.40			100.00	17.80			100.00	25.20			100.00

年份	总计			
	项目数	同比增长（%）	占比（%）	指数
2005	103	—	100.00	20.77
2006	106	2.91	100.00	21.37
2007	184	73.58	100.00	37.10
2008	193	4.89	100.00	38.91
2009	261	35.23	100.00	52.62
2010	284	8.81	100.00	57.26
2011	353	24.30	100.00	71.17
2012	374	5.95	100.00	75.40

续表

年份	总计			
	项目数	同比增长（%）	占比（%）	指数
2013	410	9.63	100.00	82.66
2014	521	27.07	100.00	105.04
2015	822	57.77	100.00	165.73
2016	1246	51.58	100.00	251.21
2017	1178	−5.46	100.00	237.50
2018	1490	26.49	100.00	300.40
2019	1191	−20.07	100.00	240.12
合计	8716		100.00	
2011—2015年均值	496.00			100.00

此处存在重复统计问题，故总计部分与表2-1-1、表2-1-2所示不一致。①

二、民营企业海外直接投资金额在不同投资方来源地的分布

在2005—2019年间，五大区域的中国民企 OFDI 金额分布与项目数量分布有较大差异。从十五年来各区域民企 OFDI 金额占比来看，环渤海地区为主要来源地，除2018年民企 OFDI 金额出现大幅下降导致环渤海地区占比降低外，2012—2019年间每年均有40%左右的投资金额来源于环渤海地区；金额规模位居其次的来源地是长三角地区，十五年间该地区民企 OFDI 金额合计在全国民企 OFDI 金额中的占比为29.78%；珠三角地区以

---

① 在本书所使用的 BvD-Zephyr 数据库中，一件并购交易可能存在多个并购投资方，若这些投资方所在地位于不同省份或者投资标的国（地区）不同、投资标的行业不同，本报告在对投资方来源地、标的国（地区）、标的行业进行分类时会重复统计这件交易。譬如现有一件并购交易是由两家企业共同出资完成，但两个企业分别位于北京和河北，那么当对投资方来源地进行划分的时候，这件交易将会既被统计到来源地为北京的并购投资交易中，又会在河北类别中再被统计一次。投资标的国（地区）、投资标的行业出现重复统计的原因及处理办法与投资方来源地的处理一致。另外，此处还需要说明的是，在本报告的表2-1-1、表2-1-2、表3-1-1、表3-1-2所示总计数据以及第四章绿地投资部分数据不存在重复统计问题，重复统计只出现在第二章、第三章分类别汇总表中。

21.94% 的占比位居第三；最后是中部地区和西部地区，2005—2019 年两个地区 OFDI 金额合计 1095.47 亿美元，在总投资中分别占比 5.86% 和 3.88%。

进入 2019 年，在全球经济放缓的影响下中国各区域民企 OFDI 金额分布呈现出新的特点：环渤海地区金额规模一改 2016—2018 年连续下降的颓势，呈现出 39.28% 的同比增长，占 2019 年全年民企 OFDI 金额总和的 45.66%。而其他地区民企 2019 年 OFDI 金额都出现了不同程度的下降，其中长三角地区、珠三角地区和中部地区分别较 2018 年下降 50.87%、21.15% 和 45.63%，西部地区同比降幅在五大区域中最大，达到 70.67%。对比项目数量的变化来看，2019 年五大区域中 OFDI 项目数量最多的长三角地区却是除中西部地区以外金额降幅最高的区域；环渤海地区 2019 年项目数量同比下降 22.54%，是除中西部地区以外下降最多的区域，但其当年金额却出现较大幅度的增长。由此可见 2019 年环渤海地区民企平均投资金额规模较 2018 年有大幅提升，经测算显示，该增长幅度可达 79.80%，每件交易金额规模约为 1.52 亿美元，长三角地区 2019 年民企平均投资金额规模约为 0.7 亿美元，同比下降 37.79%。

表 2-2-2　2005—2019 年中国民营企业海外直接投资金额在
不同投资方来源地的分布及指数汇总表

（单位：百万美元）

| 年份 | 环渤海地区 | | | | | | | | | | | |
| | 京津冀 | | | | 其他 | | | | 合计 | | | |
	金额	同比增长（%）	占比（%）	指数	金额	同比增长（%）	占比（%）	指数	金额	同比增长（%）	占比（%）	指数
2005	254.12	—	71.27	0.88	102.46	—	28.73	2.28	356.58	—	24.28	1.06
2006	1040.53	309.46	92.92	3.59	79.30	-22.60	7.08	1.77	1119.83	214.05	16.79	3.34
2007	1248.81	20.02	64.61	4.30	684.08	762.65	35.39	15.24	1932.89	72.61	9.71	5.77
2008	3544.83	183.86	87.40	12.22	510.93	-25.31	12.60	11.39	4055.76	109.83	27.85	12.10
2009	1024.19	-71.11	44.83	3.53	1260.55	146.72	55.17	28.09	2284.74	-43.67	45.73	6.82
2010	1715.05	67.45	54.76	5.91	1416.67	12.38	45.24	31.57	3131.72	37.07	12.92	9.35

续表

年份	环渤海地区											
	京津冀				其他				合计			
	金额	同比增长（%）	占比（%）	指数	金额	同比增长（%）	占比（%）	指数	金额	同比增长（%）	占比（%）	指数
2011	5264.22	206.94	74.43	18.14	1808.35	27.65	25.57	40.30	7072.57	125.84	25.98	21.11
2012	6885.33	30.79	82.07	23.73	1504.24	-16.82	17.93	33.52	8389.57	18.62	47.32	25.04
2013	15238.57	121.32	91.07	52.51	1493.55	-0.71	8.93	33.28	16732.12	99.44	39.57	49.93
2014	31914.55	109.43	75.45	109.97	10387.10	595.46	24.55	231.46	42301.66	152.82	41.26	126.24
2015	85798.78	168.84	92.21	295.65	7244.87	-30.25	7.79	161.44	93043.65	119.95	45.92	277.68
2016	78851.75	-8.10	87.83	271.71	10927.75	50.83	12.17	243.51	89779.50	-3.51	40.11	267.94
2017	66306.72	-15.91	86.33	228.48	10499.41	-3.92	13.67	233.96	76806.13	-14.45	42.07	229.22
2018	26336.73	-60.28	73.02	90.75	9733.31	-7.30	26.98	216.89	36070.04	-53.04	25.07	107.65
2019	41825.81	58.81	83.25	144.13	8413.85	-13.56	16.75	187.49	50239.66	39.28	45.66	149.93
合计	367249.99		84.75		66066.43		15.25		433316.42		38.53	
2011—2015年均值	29020.29			100.00	4487.62			100.00	33507.91			100.00

年份	长三角地区											
	上海				其他				合计			
	金额	同比增长（%）	占比（%）	指数	金额	同比增长（%）	占比（%）	指数	金额	同比增长（%）	占比（%）	指数
2005	56.10	—	37.32	0.64	94.22	—	62.68	0.70	150.32	—	10.24	0.68
2006	228.05	306.51	34.22	2.62	438.29	365.18	65.78	3.28	666.34	343.28	9.99	3.02
2007	906.14	297.34	31.30	10.41	1988.42	353.68	68.70	14.88	2894.56	334.40	14.54	13.12
2008	705.31	-22.16	27.65	8.11	1845.15	-7.21	72.35	13.81	2550.46	-11.89	17.51	11.56
2009	143.81	-79.61	15.41	1.65	789.54	-57.21	84.59	5.91	933.35	-63.40	18.68	4.23
2010	332.48	131.19	9.37	3.82	3214.87	307.18	90.63	24.05	3547.35	280.07	14.63	16.08
2011	2713.78	716.22	26.49	31.19	7531.00	134.26	73.51	56.35	10244.78	188.80	37.64	46.43
2012	850.02	-68.68	19.37	9.77	3538.78	-53.01	80.63	26.48	4388.80	-57.16	24.75	19.89
2013	9062.13	966.11	61.39	104.16	5698.37	61.03	38.61	42.64	14760.49	236.32	34.91	66.89
2014	12323.14	35.99	64.42	141.64	6805.04	19.42	35.58	50.92	19128.18	29.59	18.66	86.69

续表

年份	长三角地区											
	上海				其他				合计			
	金额	同比增长（%）	占比（%）	指数	金额	同比增长（%）	占比（%）	指数	金额	同比增长（%）	占比（%）	指数
2015	18553.02	50.55	30.02	213.24	43250.98	535.57	69.98	323.62	61804.00	223.10	30.50	280.10
2016	37017.07	99.52	54.17	425.46	31317.29	-27.59	45.83	234.33	68334.36	10.57	30.53	309.69
2017	33618.14	-9.18	59.28	386.40	23093.72	-26.26	40.72	172.79	56711.86	-17.01	31.06	257.02
2018	25119.30	-25.28	42.17	288.71	34447.22	49.16	57.83	257.75	59566.52	5.03	41.39	269.96
2019	16722.03	-33.43	57.14	192.20	12543.74	-63.59	42.86	93.86	29265.76	-50.87	26.60	132.63
合计	158350.52		47.28		176596.62		52.72		334947.13		29.78	
2011—2015年均值	8700.42			100.00	13364.83			100.00	22065.25			100.00

年份	珠三角地区											
	广东				其他				合计			
	金额	同比增长（%）	占比（%）	指数	金额	同比增长（%）	占比（%）	指数	金额	同比增长（%）	占比（%）	指数
2005	333.31	—	99.70	3.59	1.00	—	0.30	0.01	334.31	—	22.77	2.01
2006	4408.63	1222.68	98.23	47.47	79.30	7830.00	1.77	1.07	4487.93	1242.45	67.29	26.92
2007	14431.66	227.35	100.00	155.41	0.40	-99.50	0.00	0.01	14432.06	221.57	72.50	86.56
2008	6047.47	-58.10	95.18	65.12	306.15	76437.50	4.82	4.15	6353.62	-55.98	43.62	38.11
2009	859.51	-85.79	93.39	9.26	60.82	-80.13	6.61	0.82	920.33	-85.51	18.42	5.52
2010	16268.91	1792.81	99.37	175.19	102.50	68.53	0.63	1.39	16371.41	1678.86	67.54	98.20
2011	3395.69	-79.13	40.86	36.57	4915.68	4695.79	59.14	66.55	8311.37	-49.23	30.54	49.85
2012	1270.25	-62.59	87.52	13.68	181.14	-96.32	12.48	2.45	1451.39	-82.54	8.19	8.71
2013	5772.34	354.43	59.75	62.16	3888.20	2046.52	40.25	52.64	9660.54	565.61	22.85	57.94
2014	8115.67	40.60	29.16	87.39	19716.41	407.08	70.84	266.94	27832.08	188.10	27.15	166.94
2015	27877.24	243.50	77.21	300.20	8228.31	-58.27	22.79	111.40	36105.55	29.73	17.82	216.56
2016	20469.20	-26.57	49.01	220.43	21297.58	158.83	50.99	288.35	41766.78	15.68	18.66	250.52
2017	15642.97	-23.58	55.60	168.45	12489.50	-41.36	44.40	169.10	28132.47	-32.64	15.41	168.74
2018	24057.08	53.79	85.03	259.06	4235.82	-66.08	14.97	57.35	28292.90	0.57	19.66	169.70

续表

年份	珠三角地区											
	广东				其他				合计			
	金额	同比增长（%）	占比（%）	指数	金额	同比增长（%）	占比（%）	指数	金额	同比增长（%）	占比（%）	指数
2019	19109.28	-20.57	85.66	205.78	3199.69	-24.46	14.34	43.32	22308.97	-21.15	20.27	133.81
合计	168059.21		68.11		78702.50		31.89		246761.71		21.94	
2011—2015年均值	9286.24			100.00	7385.95			100.00	16672.19			100.00

年份	中部地区											
	华北东北				中原华中				合计			
	金额	同比增长（%）	占比（%）	指数	金额	同比增长（%）	占比（%）	指数	金额	同比增长（%）	占比（%）	指数
2005	250.00	—	79.40	51.99	64.86	—	20.60	2.60	314.86	—	21.44	10.57
2006	6.70	-97.32	4.90	1.39	130.00	100.43	95.10	5.20	136.70	-56.58	2.05	4.59
2007	53.88	704.18	13.44	11.20	347.16	167.05	86.56	13.89	401.04	193.37	2.01	13.46
2008	36.31	-32.61	10.14	7.55	321.76	-7.32	89.86	12.88	358.07	-10.71	2.46	12.02
2009	20.92	-42.39	8.13	4.35	236.28	-26.57	91.87	9.46	257.20	-28.17	5.15	8.63
2010	60.92	191.20	8.50	12.67	656.05	177.65	91.50	26.25	716.97	178.76	2.96	24.06
2011	177.35	191.12	39.20	36.88	275.05	-58.07	60.80	11.01	452.40	-36.90	1.66	15.18
2012	725.00	308.80	56.94	150.76	548.38	99.37	43.06	21.94	1273.38	181.47	7.18	42.73
2013	257.03	-64.55	34.66	53.45	484.51	-11.65	65.34	19.39	741.55	-41.77	1.75	24.89
2014	983.96	282.81	32.17	204.61	2074.49	328.16	67.83	83.01	3058.45	312.44	2.98	102.64
2015	261.17	-73.46	2.79	54.31	9112.43	339.26	97.21	364.65	9373.60	206.48	4.63	314.56
2016	5500.08	2005.94	28.28	1143.70	13951.84	53.11	71.72	558.30	19451.92	107.52	8.69	652.78
2017	1654.68	-69.92	11.15	344.08	13179.41	-5.54	88.85	527.39	14834.09	-23.74	8.13	497.81
2018	2007.29	21.31	21.30	417.40	7415.14	-43.74	78.70	296.73	9422.43	-36.48	6.55	316.20
2019	2134.85	6.35	41.67	443.93	2988.24	-59.70	58.33	119.58	5123.09	-45.63	4.66	171.92
合计	14130.15		21.44		51785.61		78.56		65915.76		5.86	
2011—2015年均值	480.90			100.00	2498.97			100.00	2979.88			100.00

续表

年份	西部地区											
	西北				西南				合计			
	金额	同比增长(%)	占比(%)	指数	金额	同比增长(%)	占比(%)	指数	金额	同比增长(%)	占比(%)	指数
2005	298.89	—	95.71	86.91	13.39	—	4.29	0.46	312.28	—	21.27	9.60
2006	185.80	-37.84	71.75	54.02	73.14	446.23	28.25	2.51	258.94	-17.08	3.88	7.96
2007	0.00	-100.00	0.00	0.00	245.02	235.00	100.00	8.42	245.02	-5.38	1.23	7.53
2008	17.40	n. a.	1.40	5.06	1228.96	401.58	98.60	42.25	1246.36	408.68	8.56	38.32
2009	158.42	810.46	26.38	46.06	442.17	-64.02	73.62	15.20	600.59	-51.81	12.02	18.46
2010	0.00	-100.00	0.00	0.00	473.63	7.11	100.00	16.28	473.63	-21.14	1.95	14.56
2011	449.47	n. a.	39.51	130.69	688.10	45.28	60.49	23.66	1137.57	140.18	4.18	34.97
2012	120.63	-73.16	5.42	35.08	2105.89	206.04	94.58	72.40	2226.52	95.73	12.56	68.45
2013	78.34	-35.06	20.02	22.78	312.90	-85.14	79.98	10.76	391.24	-82.43	0.93	12.03
2014	151.43	93.30	1.48	44.03	10053.99	3113.19	98.52	345.63	10205.42	2508.49	9.95	313.74
2015	919.73	507.36	39.93	267.43	1383.40	-86.24	60.07	47.56	2303.13	-77.43	1.14	70.81
2016	1164.87	26.65	25.85	338.70	3341.46	141.54	74.15	114.87	4506.33	95.66	2.01	138.54
2017	939.56	-19.34	15.45	273.19	5139.82	53.82	84.55	176.70	6079.38	34.91	3.33	186.90
2018	4118.35	338.33	39.03	1197.47	6432.06	25.14	60.97	221.12	10550.41	73.54	7.33	324.35
2019	2721.45	-33.92	87.95	791.30	373.04	-94.20	12.05	12.82	3094.49	-70.67	2.81	95.13
合计	11324.34		25.95		32306.97		74.05		43631.31		3.88	
2011—2015年均值	343.92			100.00	2908.86			100.00	3252.78			100.00

年份	总计			
	金额	同比增长(%)	占比(%)	指数
2005	1468.35	—	100.00	1.87
2006	6669.74	354.23	100.00	8.50
2007	19905.57	198.45	100.00	25.36
2008	14564.26	-26.83	100.00	18.56
2009	4996.22	-65.70	100.00	6.37
2010	24241.08	385.19	100.00	30.89
2011	27218.69	12.28	100.00	34.68
2012	17729.66	-34.86	100.00	22.59

续表

年份	总计			
	金额	同比增长（%）	占比（%）	指数
2013	42285.95	138.50	100.00	53.88
2014	102525.79	142.46	100.00	130.64
2015	202629.93	97.64	100.00	258.20
2016	223838.89	10.47	100.00	285.22
2017	182563.93	-18.44	100.00	232.63
2018	143902.30	-21.18	100.00	183.37
2019	110031.98	-23.54	100.00	140.21
合计	1124572.34		100.00	
2011—2015年均值	78478.00			100.00

此处存在重复统计问题，故总计部分与表2-1-1、表2-1-2所示不一致，重复统计的处理方式与投资项目数量的处理一致。

对应以上数据表格，将其制成如下折线图。

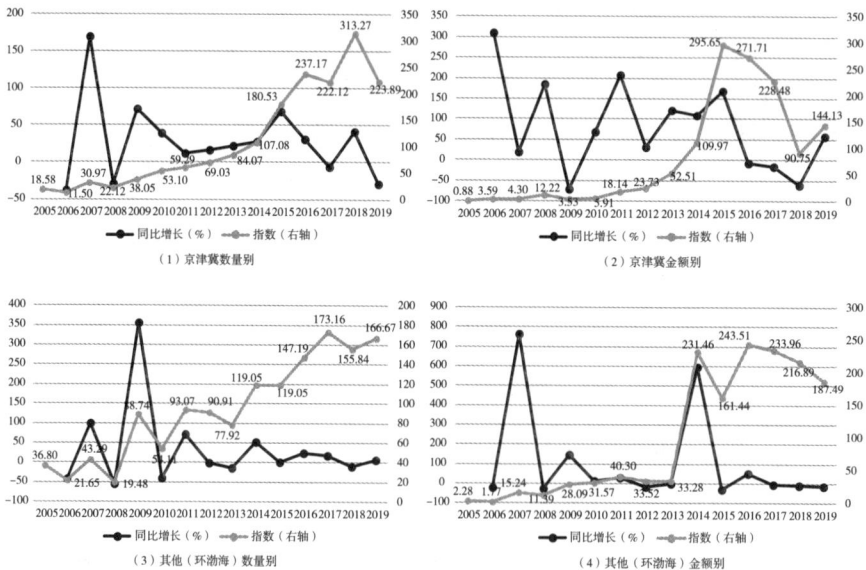

（1）京津冀数量别

（2）京津冀金额别

（3）其他（环渤海）数量别

（4）其他（环渤海）金额别

（5）环渤海地区数量别

（6）环渤海地区金额别

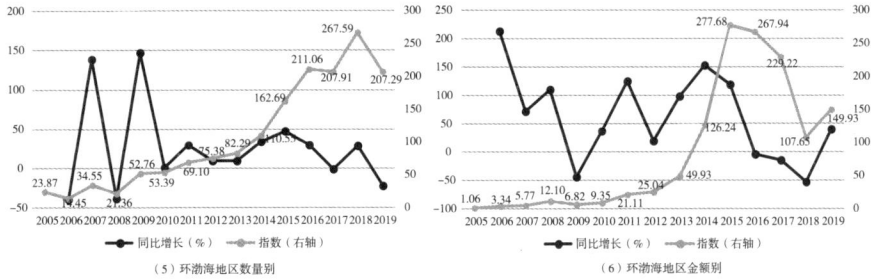

图 2-2-1 2005—2019 年环渤海地区民营企业海外直接投资项目数量和金额指数变化图

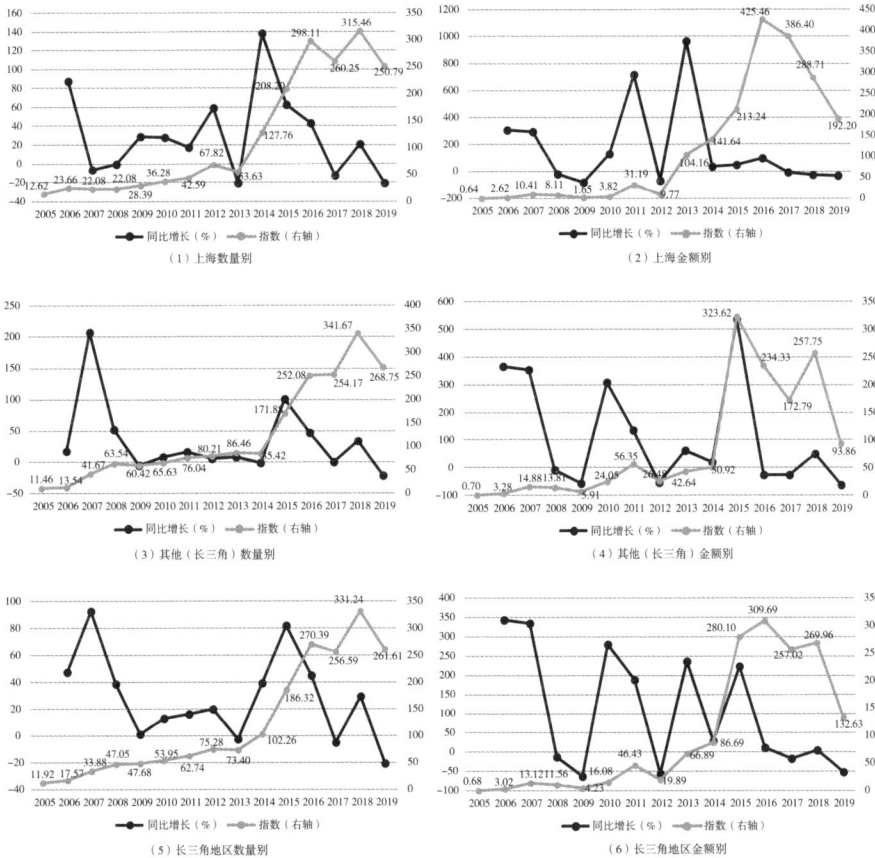

（1）上海数量别

（2）上海金额别

（3）其他（长三角）数量别

（4）其他（长三角）金额别

（5）长三角地区数量别

（6）长三角地区金额别

图 2-2-2 2005—2019 年长三角地区民营企业海外直接投资项目数量和金额指数变化图

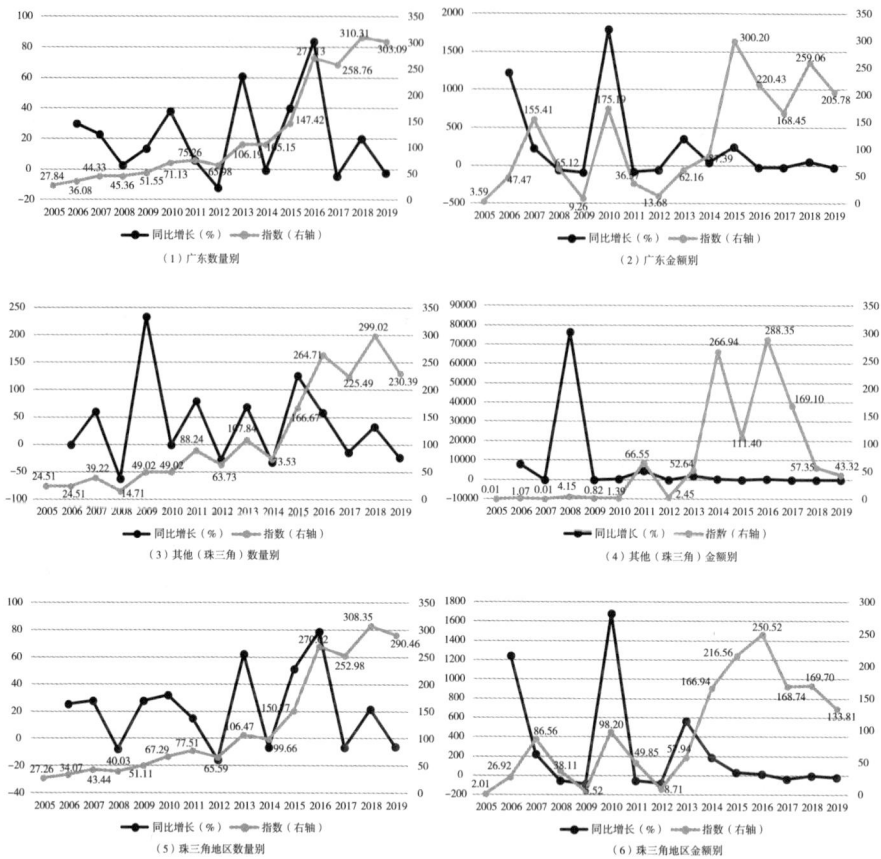

图 2-2-3　2005—2019 年珠三角地区民营企业海外直接投资项目数量和金额指数变化图

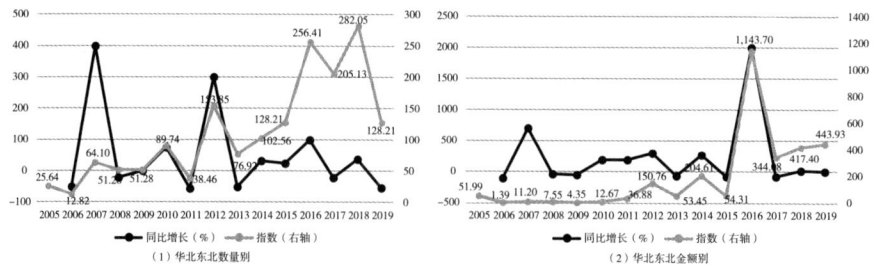

（3）中原华中数量别

（4）中原华中金额别

（5）中部地区数量别

（2）中部地区金额别

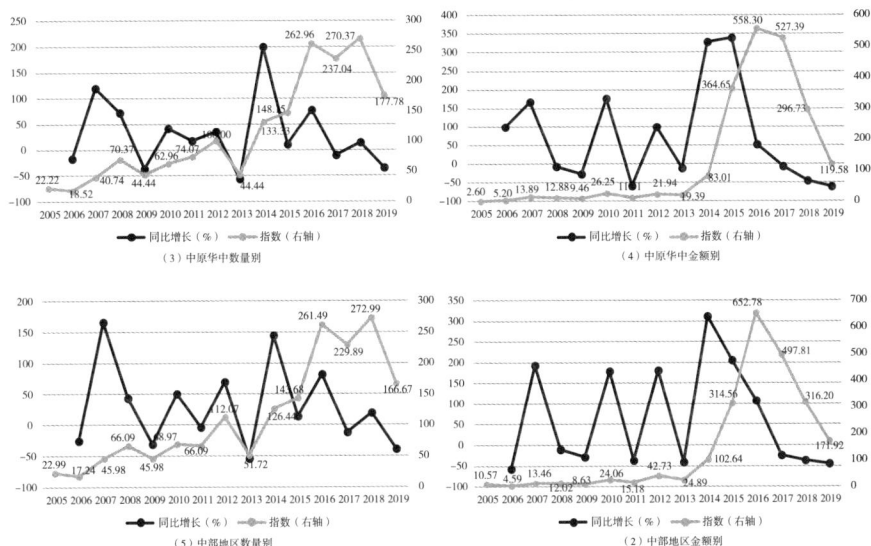

图 2-2-4　2005—2019 年中部地区民营企业海外直接投资项目数量和金额指数变化图

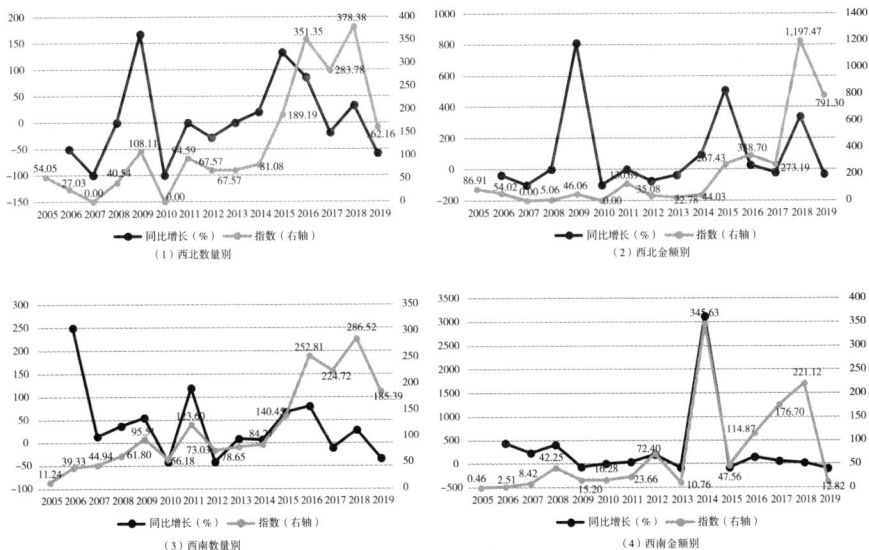

（1）西北数量别

（2）西北金额别

（3）西南数量别

（4）西南金额别

（5）西部地区数量别

（6）西部地区金额别

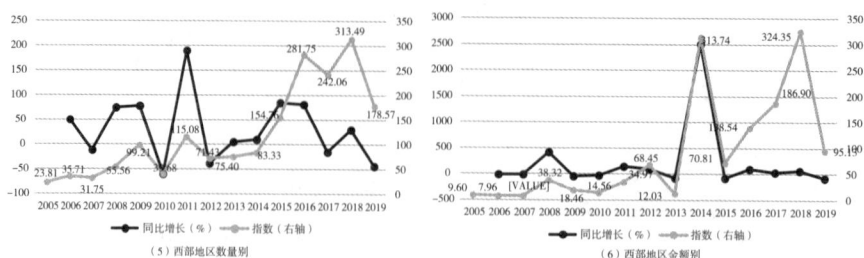

图 2-2-5　2005—2019 年西部地区民营企业海外直接投资项目数量和金额指数变化图

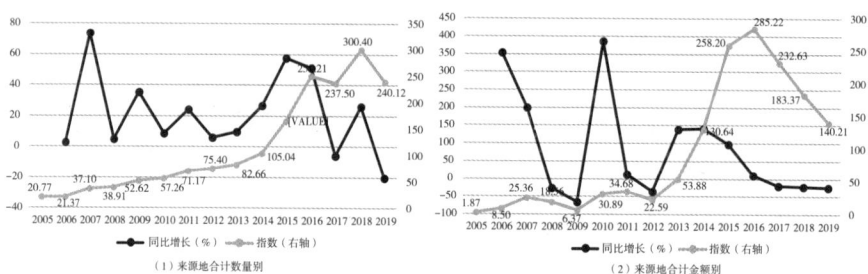

（1）来源地合计数量别

（2）来源地合计金额别

图 2-2-6　2005—2019 年来源地民营企业海外直接投资项目数量和金额指数变化图

第三节　民营企业海外直接投资
标的国（地区）别指数

本节对中国民营企业海外直接投资项目数量与金额规模按照投资标的国（地区）进行划分，其中根据标的国（地区）的经济发展水平不同，将标的国（地区）分为发达经济体、发展中经济体和转型经济体三大类型。

一、民营企业海外直接投资项目数量在不同经济体的分布

从民企 OFDI 在标的国（地区）的分布来看，发达经济体的投资项目数量远超发展中经济体及转型经济体。在 2005—2019 的十五年间，民企共计向发达经济体进行了 7853 件投资，占总投资项目数量的 77.85%；向发展中经济体累计投资 1891 件项目，占比 18.75%；向转型经济体累计投资

343 件项目，仅占总规模的 3.40%，其中 90.09% 投向独联体国家。

2019 年民企在三类经济体的 OFDI 项目数量均出现下降，其中投向发达经济体的项目数量降幅最大，由 2018 年的 1196 件跌至 897 件，特别是作为民企 OFDI 主要标的的美国、英国等国家、中国香港等地区，2019 年项目数量下降显著，同比降幅分别为 36.51%、23.21% 和 29.17%。在民企对发达经济体投资项目数量出现大幅降低的同时，2019 年发展中经济体所接受的项目数量仅降低 0.87%，主要原因在于 2019 年民企在拉丁美洲和加勒比海地区的投资活动增多，如对墨西哥、秘鲁、哥斯达黎加投资项目数量较 2018 年出现约 1 倍的扩张。在转型经济体中，虽然民企对转型经济体的投资项目数量较 2018 年同比下降 4%，但在塞尔维亚和俄罗斯，民企 OFDI 项目数量增幅分别达到 160%、35.29%。

表 2-3-1　2005—2019 年中国民营企业海外直接投资项目数量
在不同经济体的分布及其指数汇总表

（单位：件）

年份	发达经济体							
	欧洲				北美洲			
	项目数	同比增长（%）	占比（%）	指数	项目数	同比增长（%）	占比（%）	指数
2005	38	—	35.51	25.54	11	—	10.28	10.78
2006	22	-42.11	18.18	14.78	23	109.09	19.01	22.55
2007	59	168.18	32.07	39.65	34	47.83	18.48	33.33
2008	69	16.95	25.84	46.37	26	-23.53	9.74	25.49
2009	101	46.38	34.71	67.88	39	50.00	13.40	38.24
2010	102	0.99	30.72	68.55	43	10.26	12.95	42.16
2011	133	30.39	36.04	89.38	59	37.21	15.99	57.84
2012	149	12.03	39.01	100.13	61	3.39	15.97	59.80
2013	142	-4.70	33.65	95.43	78	27.87	18.48	76.47
2014	143	0.70	28.43	96.10	142	82.05	28.23	139.22
2015	177	23.78	24.69	118.95	170	19.72	23.71	166.67
2016	270	52.54	25.26	181.45	260	52.94	24.32	254.90

续表

年份	发达经济体							
	欧洲				北美洲			
	项目数	同比增长（%）	占比（%）	指数	项目数	同比增长（%）	占比（%）	指数
2017	258	-4.44	25.90	173.39	221	-15.00	22.19	216.67
2018	293	13.57	24.50	196.91	272	23.08	22.74	266.67
2019	251	-14.33	27.98	168.68	176	-35.29	19.62	172.55
合计	2207		28.10		1615		20.57	
2011—2015年均值	148.80			100.00	102.00			100.00

年份	发达经济体							
	其他发达经济体				小计			
	项目数	同比增长（%）	占比（%）	指数	项目数	同比增长（%）	占比（%）	指数
2005	58	—	54.21	25.46	107	—	70.86	22.36
2006	76	31.03	62.81	33.36	121	13.08	71.18	25.28
2007	91	19.74	49.46	39.95	184	52.07	74.19	38.45
2008	172	89.01	64.42	75.50	267	45.11	78.76	55.79
2009	151	-12.21	51.89	66.29	291	8.99	83.86	60.80
2010	187	23.84	56.33	82.09	332	14.09	83.84	69.37
2011	177	-5.35	47.97	77.70	369	11.14	82.18	77.10
2012	172	-2.82	45.03	75.50	382	3.52	81.62	79.82
2013	202	17.44	47.87	88.67	422	10.47	87.01	88.17
2014	218	7.92	43.34	95.70	503	19.19	79.84	105.10
2015	370	69.72	51.60	162.42	717	42.54	77.93	149.81
2016	539	45.68	50.42	236.61	1069	49.09	79.60	223.36
2017	517	-4.08	51.91	226.95	996	-6.83	78.74	208.11
2018	631	22.05	52.76	277.00	1196	20.08	75.22	249.90
2019	470	-25.52	52.40	206.32	897	-25.00	69.75	187.42
合计	4031		51.33		7853		77.85	
2011—2015年均值	227.80			100.00	478.60			100.00

续表

年份	发展中经济体							
	非洲				亚洲			
	项目数	同比增长（%）	占比（%）	指数	项目数	同比增长（%）	占比（%）	指数
2005	4	—	12.90	28.17	22	—	70.97	39.29
2006	7	75.00	18.42	49.30	25	13.64	65.79	44.64
2007	10	42.86	17.54	70.42	34	36.00	59.65	60.71
2008	16	60.00	24.24	112.68	41	20.59	62.12	73.21
2009	8	-50.00	20.51	56.34	23	-43.90	58.97	41.07
2010	9	12.50	17.65	63.38	26	13.04	50.98	46.43
2011	8	-11.11	12.90	56.34	34	30.77	54.84	60.71
2012	14	75.00	19.18	98.59	40	17.65	54.79	71.43
2013	8	-42.86	16.67	56.34	28	-30.00	58.33	50.00
2014	19	137.50	17.27	133.80	65	132.14	59.09	116.07
2015	22	15.79	13.02	154.93	113	73.85	66.86	201.79
2016	47	113.64	19.67	330.99	153	35.40	64.02	273.21
2017	43	-8.51	19.28	302.82	142	-7.19	63.68	253.57
2018	62	44.19	18.02	436.62	227	59.86	65.99	405.36
2019	53	-14.52	15.54	373.24	207	-8.81	60.70	369.64
合计	330		17.45		1180		62.40	
2011—2015年均值	14.20		100.00		56.00		100.00	

年份	发展中经济体											
	拉丁美洲和加勒比海地区				大洋洲				小计			
	项目数	同比增长（%）	占比（%）	指数	项目数	同比增长（%）	占比（%）	指数	项目数	同比增长（%）	占比（%）	指数
2005	4	—	12.90	19.05	1	—	3.23	83.33	31	—	20.53	33.55
2006	6	50.00	15.79	28.57	0	-100.00	0.00	0.00	38	22.58	22.35	41.13
2007	12	100.00	21.05	57.14	1	n. a.	1.75	83.33	57	50.00	22.98	61.69
2008	9	-25.00	13.64	42.86	0	-100.00	0.00	0.00	66	15.79	19.47	71.43

续表

年份	发展中经济体											
	拉丁美洲和加勒比海地区				大洋洲				小计			
	项目数	同比增长（%）	占比（%）	指数	项目数	同比增长（%）	占比（%）	指数	项目数	同比增长（%）	占比（%）	指数
2009	8	-11.11	20.51	38.10	0	n.a.	0.00	0.00	39	-40.91	11.24	42.21
2010	13	62.50	25.49	61.90	3	n.a.	5.88	250.00	51	30.77	12.88	55.19
2011	20	53.85	32.26	95.24	0	-100.00	0.00	0.00	62	21.57	13.81	67.10
2012	16	-20.00	21.92	76.19	3	n.a.	4.11	250.00	73	17.74	15.60	79.00
2013	12	-25.00	25.00	57.14	0	-100.00	0.00	0.00	48	-34.25	9.90	51.95
2014	25	108.33	22.73	119.05	1	n.a.	0.91	83.33	110	129.17	17.46	119.05
2015	32	28.00	18.93	152.38	2	100.00	1.18	166.67	169	53.64	18.37	182.90
2016	36	12.50	15.06	171.43	3	50.00	1.26	250.00	239	41.42	17.80	258.66
2017	35	-2.78	15.70	166.67	3	0.00	1.35	250.00	223	-6.69	17.63	241.34
2018	50	42.86	14.53	238.10	5	66.67	1.45	416.67	344	54.26	21.64	372.29
2019	81	62.00	23.75	385.71	0	-100.00	0.00	0.00	341	-0.87	26.52	369.05
合计	359		18.98		22		1.16		1891		18.75	
2011—2015年均值	21.00		100.00		1.20			100.00	92.40			100.00
年份	转型经济体											
	东南欧				独联体国家				小计			
	项目数	同比增长（%）	占比（%）	指数	项目数	同比增长（%）	占比（%）	指数	项目数	同比增长（%）	占比（%）	指数
2005	0	—	0.00	0.00	13	—	100.00	72.22	13	—	8.61	67.01
2006	0	n.a.	0.00	0.00	11	-15.38	100.00	61.11	11	-15.38	6.47	56.70
2007	0	n.a.	0.00	0.00	7	-36.36	100.00	38.89	7	-36.36	2.82	36.08
2008	0	n.a.	0.00	0.00	6	-14.29	100.00	33.33	6	-14.29	1.77	30.93
2009	2	n.a.	11.76	142.86	15	150.00	88.24	83.33	17	183.33	4.90	87.63
2010	1	-50.00	7.69	71.43	12	-20.00	92.31	66.67	13	-23.53	3.28	67.01
2011	1	0.00	5.56	71.43	17	41.67	94.44	94.44	18	38.46	4.01	92.78

续表

年份	转型经济体											
	东南欧				独联体国家				小计			
	项目数	同比增长（%）	占比（%）	指数	项目数	同比增长（%）	占比（%）	指数	项目数	同比增长（%）	占比（%）	指数
2012	1	0.00	7.69	71.43	12	−29.41	92.31	66.67	13	−27.78	2.78	67.01
2013	1	0.00	6.67	71.43	14	16.67	93.33	77.78	15	15.38	3.09	77.32
2014	3	200.00	17.65	214.29	14	0.00	82.35	77.78	17	13.33	2.70	87.63
2015	1	−66.67	2.94	71.43	33	135.71	97.06	183.33	34	100.00	3.70	175.26
2016	2	100.00	5.71	142.86	33	0.00	94.29	183.33	35	2.94	2.61	180.41
2017	4	100.00	8.70	285.71	42	27.27	91.30	233.33	46	31.43	3.64	237.11
2018	5	25.00	10.00	357.14	45	7.14	90.00	250.00	50	8.70	3.14	257.73
2019	13	160.00	27.08	928.57	35	−22.22	72.92	194.44	48	−4.00	3.73	247.42
合计	34		9.91		309		90.09		343		3.40	
2011—2015年均值	1.40			100.00	18.00			100.00	19.40			100.00

年份	总计			
	项目数	同比增长（%）	占比（%）	指数
2005	151	—	100.00	25.58
2006	170	12.58	100.00	28.79
2007	248	45.88	100.00	42.01
2008	339	36.69	100.00	57.42
2009	347	2.36	100.00	58.77
2010	396	14.12	100.00	67.07
2011	449	13.38	100.00	76.05
2012	468	4.23	100.00	79.27
2013	485	3.63	100.00	82.15
2014	630	29.90	100.00	106.71
2015	920	46.03	100.00	155.83
2016	1343	45.98	100.00	227.47
2017	1265	−5.81	100.00	214.26

年份	总计			
	项目数	同比增长（%）	占比（%）	指数
2018	1590	25.69	100.00	269.31
2019	1286	-19.12	100.00	217.82
合计	10087		100.00	
2011—2015年均值	590.40			100.00

此处存在重复统计问题，故总计部分与表2-1-1、表2-1-2所示不一致，重复统计的处理方式与投资来源地部分的处理一致。

二、民营企业海外直接投资金额在不同经济体的分布

民企OFDI金额在不同经济体的分布与项目数量分布大致相同，多投向发达经济体，发展中经济体居其次，转型经济体最少。从不同经济体的金额指数变化来看，民企对发达经济体和发展中经济体的投资趋势变动较为一致，2014—2016年为投资金额的高速增长期，2017年后金额指数快速下降；转型经济体金额指数的变动与其他经济体变化方向相反，在2014—2016年金额指数持续下跌，但在2017年、2019年出现两次高速增长，同比增长率分别达到670.1%、315.05%。

就2019年度而言，民企对发达经济体的投资金额达842.75亿美元，占当年度民企OFDI总金额规模的68.33%；投向发展中经济体的金额为261.09亿美元，在总投资中占比21.17%。尽管民企对转型经济体的投资金额占比一直最少，但在2019年民企OFDI的金额规模整体呈下降趋势的背景下，民企对转型经济体的投资金额同比增加315.05%，为129.49亿美元，其中对俄罗斯的投资金额在2019年达到122.77亿美元，较2018年的3.95亿美元扩张3004.37%。

表 2-3-2　2005—2019 年中国民营企业海外直接投资金额
在不同经济体的分布及其指数汇总表

（单位：百万美元）

| 年份 | 发达经济体 | | | | | | | |
| | 欧洲 | | | | 北美洲 | | | |
	金额	同比增长（%）	占比（%）	指数	金额	同比增长（%）	占比（%）	指数
2005	990.78	—	41.05	2.79	29.25	—	1.21	0.20
2006	1347.50	36.00	26.43	3.79	2942.12	9958.53	57.70	20.44
2007	11719.51	769.72	73.85	32.98	2663.30	-9.48	16.78	18.51
2008	8177.64	-30.22	79.44	23.01	503.01	-81.11	4.89	3.50
2009	724.89	-91.14	18.59	2.04	718.73	42.89	18.43	4.99
2010	16485.56	2174.23	79.93	46.39	886.04	23.28	4.30	6.16
2011	8014.60	-51.38	42.31	22.55	3706.06	318.27	19.57	25.75
2012	4679.06	-41.62	29.23	13.17	5854.93	57.98	36.58	40.68
2013	22296.98	376.53	37.08	62.74	7953.98	35.85	13.23	55.27
2014	65994.89	195.98	61.79	185.70	9762.20	22.73	9.14	67.83
2015	76704.01	16.23	39.25	215.84	44678.71	357.67	22.86	310.46
2016	88313.19	15.14	43.89	248.50	44990.16	0.70	22.36	312.62
2017	67083.28	-24.04	48.68	188.77	28145.51	-37.44	20.42	195.57
2018	27618.93	-58.83	24.71	77.72	16577.51	-41.10	14.83	115.19
2019	16358.77	-40.77	19.41	46.03	18177.85	9.65	21.57	126.31
合计	416509.59		42.05		187589.36		18.94	
2011—2015 年均值	35537.91		100.00		14391.18		100.00	

| 年份 | 发达经济体 | | | | | | | |
| | 其他发达经济体 | | | | 小计 | | | |
	金额	同比增长（%）	占比（%）	指数	金额	同比增长（%）	占比（%）	指数
2005	1393.39	—	57.74	4.72	2413.42	—	58.29	3.04
2006	808.98	-41.94	15.87	2.74	5098.60	111.26	60.25	6.42
2007	1485.73	83.65	9.36	5.03	15868.54	211.23	77.92	19.97
2008	1613.63	8.61	15.68	5.46	10294.28	-35.13	57.72	12.95

续表

年份	发达经济体							
	其他发达经济体				小计			
	金额	同比增长（%）	占比（%）	指数	金额	同比增长（%）	占比（%）	指数
2009	2455.85	52.19	62.98	8.31	3899.47	-62.12	69.95	4.91
2010	3254.41	32.52	15.78	11.02	20626.01	428.94	77.40	25.96
2011	7219.75	121.85	38.12	24.44	18940.41	-8.17	61.68	23.84
2012	5472.27	-24.20	34.19	18.53	16006.26	-15.49	75.36	20.14
2013	29880.50	446.03	49.69	101.17	60131.46	275.67	87.69	75.67
2014	31048.97	3.91	29.07	105.12	106806.06	77.62	88.95	134.41
2015	74056.53	138.52	37.89	250.74	195439.25	82.99	86.15	245.94
2016	67909.57	-8.30	33.75	229.92	201212.92	2.95	77.05	253.21
2017	42574.57	-37.31	30.90	144.15	137803.36	-31.51	74.79	173.41
2018	67592.42	58.76	60.46	228.85	111788.85	-18.88	73.30	140.68
2019	49738.56	-26.41	59.02	168.40	84275.18	-24.61	68.33	106.05
合计	386505.12		39.02		990604.07		77.90	
2011—2015年均值	29535.60		100.00		79464.69		100.00	

年份	发展中经济体							
	非洲				亚洲			
	金额	同比增长（%）	占比（%）	指数	金额	同比增长（%）	占比（%）	指数
2005	22.90	—	5.50	4.44	377.90	—	90.75	4.90
2006	1530.00	6581.22	76.14	296.91	382.44	1.20	19.03	4.96
2007	1330.35	-13.05	33.88	258.16	2181.59	470.44	55.55	28.31
2008	3611.66	171.48	48.84	700.87	1768.87	-18.92	23.92	22.96
2009	303.91	-91.59	24.35	58.98	795.03	-55.05	63.70	10.32
2010	466.50	53.50	8.80	90.53	3620.80	355.43	68.32	46.99
2011	140.70	-69.84	1.43	27.30	8874.71	145.10	89.89	115.18
2012	238.26	69.34	5.14	46.24	3694.53	-58.37	79.67	47.95
2013	161.97	-32.02	16.22	31.43	421.51	-88.59	42.22	5.47
2014	1329.35	720.74	13.65	257.97	3739.30	787.12	38.39	48.53

续表

年份	发展中经济体							
	非洲				亚洲			
	金额	同比增长（%）	占比（%）	指数	金额	同比增长（%）	占比（%）	指数
2015	706.27	-46.87	2.45	137.06	21794.97	482.86	75.71	282.87
2016	23576.13	3238.12	40.82	4575.13	27469.44	26.04	47.56	356.51
2017	3985.08	-83.10	13.40	773.34	17147.32	-37.58	57.65	222.55
2018	6853.94	71.99	18.23	1330.06	21539.41	25.61	57.28	279.55
2019	7819.57	14.09	29.95	1517.45	13148.91	-38.95	50.36	170.65
合计	52076.59		23.09		126956.73		56.29	
2011—2015年均值	515.31			100.00	7705.01			100.00

年份	发展中经济体											
	拉丁美洲和加勒比海地区				大洋洲				小计			
	金额	同比增长（%）	占比（%）	指数	金额	同比增长（%）	占比（%）	指数	金额	同比增长（%）	占比（%）	指数
2005	14.60	—	3.51	0.56	1.00	—	0.24	102.67	416.40	—	10.06	3.85
2006	96.89	563.63	4.82	3.75	0.00	-100.00	0.00	0.00	2009.33	382.55	23.74	18.59
2007	414.54	327.85	10.56	16.03	0.48	n. a.	0.01	49.28	3926.96	95.44	19.28	36.34
2008	2014.89	386.05	27.25	77.91	0.00	-100.00	0.00	0.00	7395.42	88.32	41.46	68.43
2009	149.14	-92.60	11.95	5.77	0.00	n. a.	0.00	0.00	1248.08	-83.12	22.39	11.55
2010	1200.32	704.83	22.65	46.42	11.95	n. a.	0.23	1226.90	5299.57	324.62	19.89	49.04
2011	857.70	-28.54	8.69	33.17	0.00	-100.00	0.00	0.00	9873.11	86.30	32.15	91.36
2012	700.40	-18.34	15.10	27.08	4.10	n. a.	0.09	420.94	4637.29	-53.03	21.83	42.91
2013	414.90	-40.76	41.56	16.04	0.00	-100.00	0.00	0.00	998.38	-78.47	1.46	9.24
2014	4671.11	1025.84	47.96	180.63	0.77	n. a.	0.01	79.06	9740.53	875.63	8.11	90.13
2015	6286.05	34.57	21.84	243.08	0.00	-100.00	0.00	0.00	28787.29	195.54	12.69	266.37
2016	6587.98	4.80	11.41	254.75	120.33	n. a.	0.21	12354.21	57753.88	100.62	22.12	534.40
2017	8601.77	30.57	28.92	332.62	8.40	-93.02	0.03	862.42	29742.57	-48.50	16.14	275.21
2018	9075.63	5.51	24.13	350.95	137.27	1534.17	0.37	14093.43	37606.25	26.44	24.66	347.97

续表

年份	发展中经济体											
	拉丁美洲和加勒比海地区				大洋洲				小计			
	金额	同比增长（%）	占比（%）	指数	金额	同比增长（%）	占比（%）	指数	金额	同比增长（%）	占比（%）	指数
2019	5140.03	-43.36	19.69	198.76	0.00	-100.00	0.00	0.00	26108.50	-30.57	21.17	241.58
合计	46225.94		20.50		284.30		0.13		225543.57		17.74	
2011—2015年均值	2586.03			100.00	0.97			100.00	10807.32			100.00

年份	转型经济体											
	东南欧				独联体国家				小计			
	金额	同比增长（%）	占比（%）	指数	金额	同比增长（%）	占比（%）	指数	金额	同比增长（%）	占比（%）	指数
2005	0.00	—	0.00	0.00	1310.55	—	100.00	43.70	1310.55	—	31.65	40.74
2006	0.00	n. a.	0.00	0.00	1355.00	3.39	100.00	45.18	1355.00	3.39	16.01	42.12
2007	0.00	n. a.	0.00	0.00	570.16	-57.92	100.00	19.01	570.16	-57.92	2.80	17.72
2008	0.00	n. a.	0.00	0.00	146.30	-74.34	100.00	4.88	146.30	-74.34	0.82	4.55
2009	0.00	n. a.	0.00	0.00	427.30	192.07	100.00	14.25	427.30	192.07	7.66	13.28
2010	0.00	n. a.	0.00	0.00	723.10	69.23	100.00	24.11	723.10	69.23	2.71	22.48
2011	0.00	n. a.	0.00	0.00	1892.84	161.77	100.00	63.12	1892.84	161.77	6.16	58.84
2012	0.00	n. a.	0.00	0.00	596.50	-68.49	100.00	19.89	596.50	-68.49	2.81	18.54
2013	0.00	n. a.	0.00	0.00	7445.45	1148.19	100.00	248.27	7445.45	1148.19	10.86	231.46
2014	1035.59	n. a.	29.36	475.36	2491.87	-66.53	70.64	83.09	3527.46	-52.62	2.94	109.66
2015	53.67	-94.82	2.05	24.64	2567.84	3.05	97.95	85.63	2621.51	-25.68	1.16	81.50
2016	55.15	2.76	2.54	25.32	2115.04	-17.63	97.46	70.53	2170.19	-17.22	0.83	67.47
2017	128.93	133.78	0.77	59.18	16583.73	684.08	99.23	552.99	16712.66	670.10	9.07	519.55
2018	1080.15	737.78	34.62	495.82	2039.69	-87.70	65.38	68.01	3119.84	-81.33	2.05	96.99
2019	441.26	-59.15	3.41	202.55	12507.53	513.21	96.59	417.07	12948.79	315.05	10.50	402.54
合计	2794.75		5.03		52772.90		94.97		55567.66		4.37	
2011—2015年均值	217.85			100.00	2998.90			100.00	3216.75			100.00

续表

年份	总计			
	项目数	同比增长（%）	占比（%）	指数
2005	4140.37	—	100.00	4.43
2006	8462.93	104.40	100.00	9.05
2007	20365.66	140.65	100.00	21.78
2008	17836.00	-12.42	100.00	19.08
2009	5574.85	-68.74	100.00	5.96
2010	26648.68	378.02	100.00	28.50
2011	30706.36	15.23	100.00	32.84
2012	21240.05	-30.83	100.00	22.72
2013	68575.29	222.86	100.00	73.35
2014	120074.05	75.10	100.00	128.44
2015	226848.05	88.92	100.00	242.65
2016	261136.99	15.12	100.00	279.32
2017	184258.59	-29.44	100.00	197.09
2018	152514.95	-17.23	100.00	163.14
2019	123332.48	-19.13	100.00	131.92
合计	1271715.30		100.00	
2011—2015年均值	93488.76			100.00

此处存在重复统计问题，故总计部分与表2-1-1、表2-1-2所示不一致，重复统计的处理方式与投资来源地部分的处理一致。

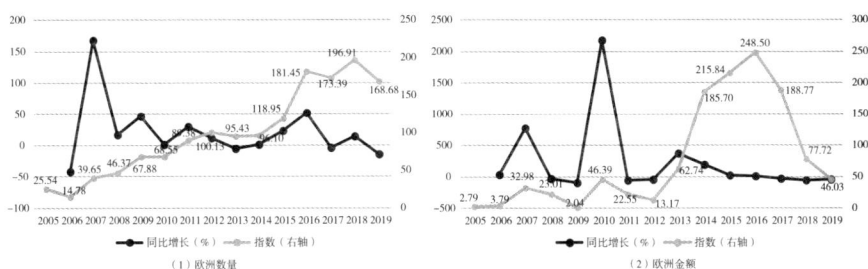

（1）欧洲数量

（2）欧洲金额

（3）北美洲数量

（4）北美洲金额

（5）其他发达经济体数量

（6）其他发达经济体金额

（7）发达经济体合计数量

（8）发达经济体合计金额

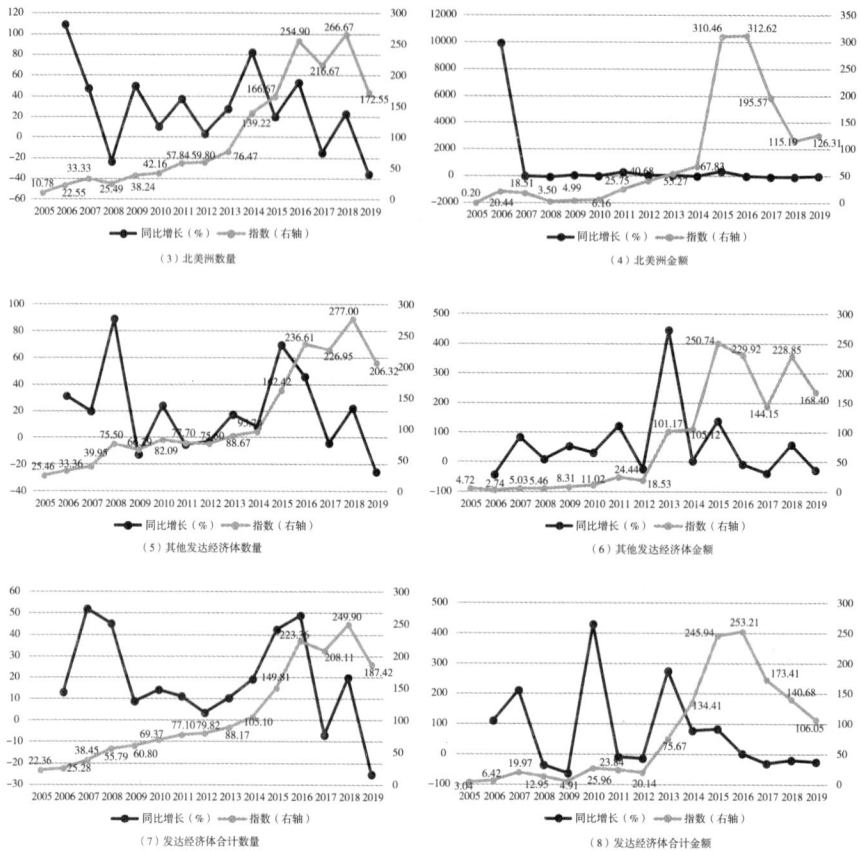

图 2-3-1　2005—2019 年中国民营企业海外直接投资发达经济体项目数量和金额指数变化图

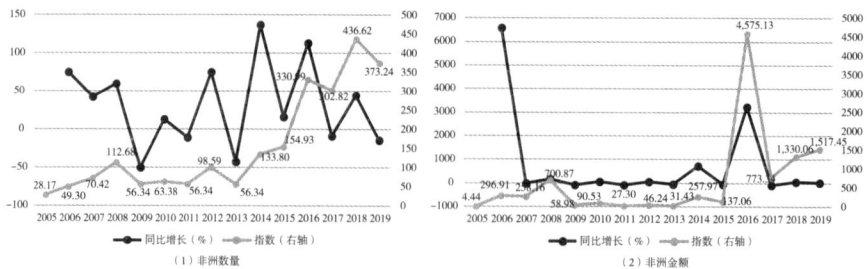

（1）非洲数量

（2）非洲金额

（3）亚洲数量

（4）亚洲金额

（5）拉丁美洲和加勒比海地区数量

（6）拉丁美洲和加勒比海地区金额

（7）大洋洲数量

（8）大洋洲金额

（9）发展中经济体合计数量

（10）发展中经济体合计金额

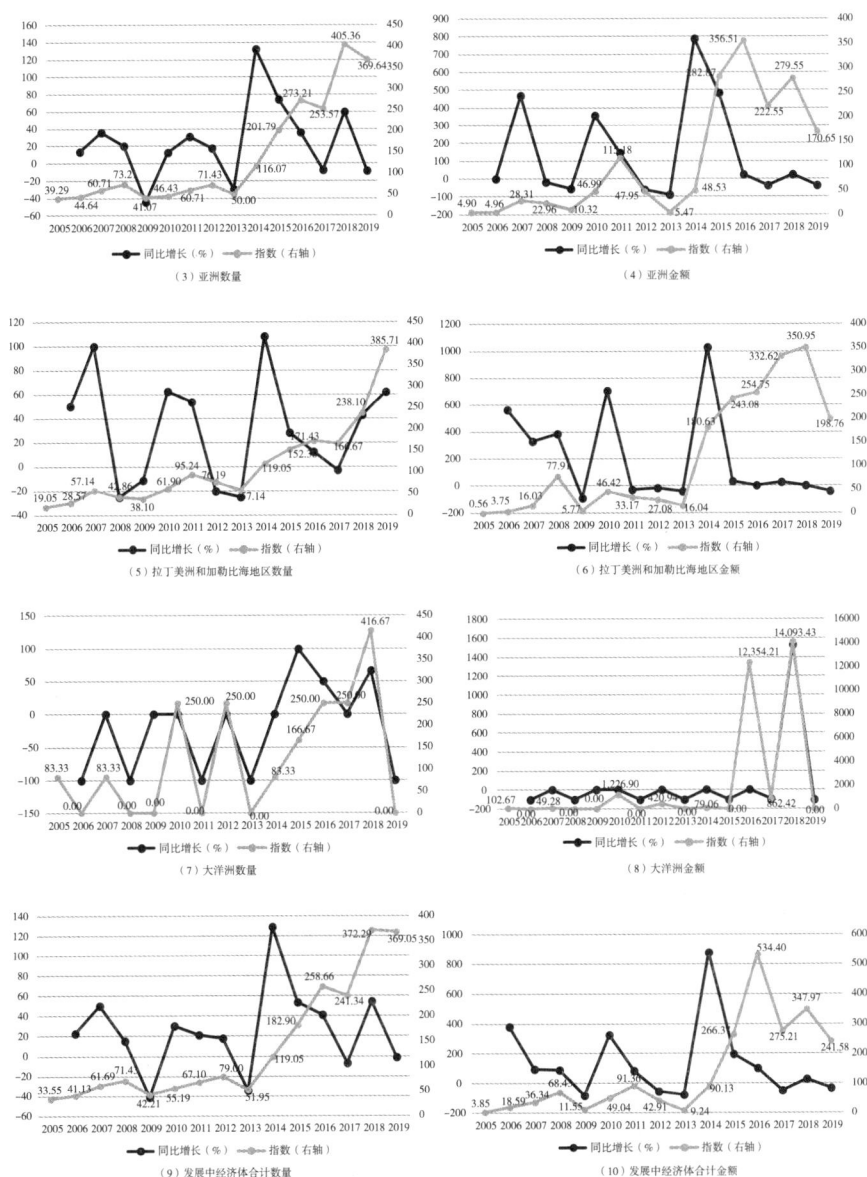

图 2-3-2　2005—2019 年中国民营企业海外直接投资发展中
经济体项目数量和金额指数变化图

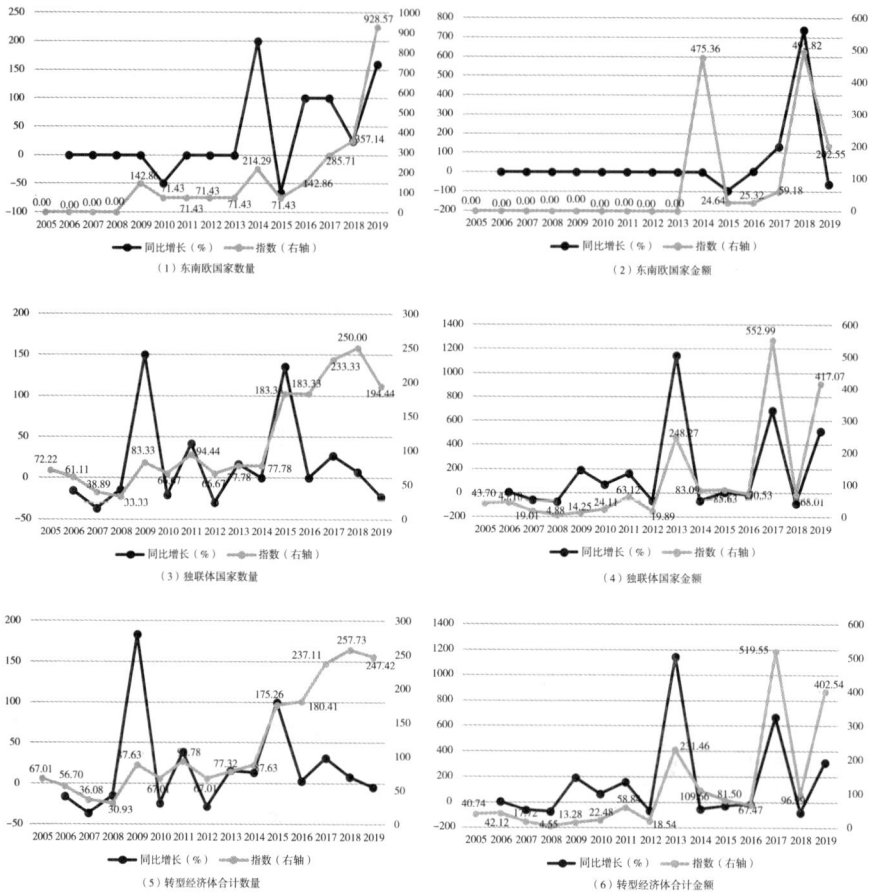

图 2-3-3　2005—2019 年中国民营企业海外直接投资
转型经济体项目数量和金额指数变化图

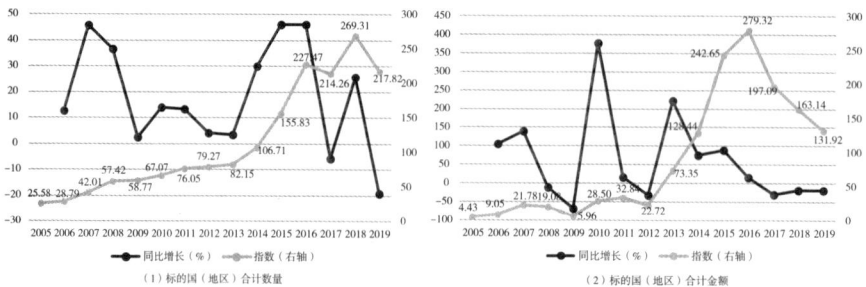

图 2-3-4　2005—2019 年中国民营企业海外直接投资标的国（地区）
项目数量和金额指数变化图

第四节　民营企业海外直接投资行业别指数

本节按照投资标的行业的不同对中国民营企业海外直接投资项目数量和金额分布情况进行分析，将投资标的行业分为制造业和非制造业两大部分。其中制造业按照 OECD 技术划分标准分为 4 大类，分别是高技术、中高技术、中低技术和低技术制造业；非制造业则划分为服务业，农、林、牧、渔业，采矿业，电力、热力、燃气及水生产和供应业，建筑业。

一、民营企业海外直接投资项目数量在标的行业的分布

2005—2019 年间民企对海外制造业、非制造业的投资项目数量基本保持在 3∶7 的比例，十五年间民企合计向非制造业投资 6965 件，占总投资项目数量的 69.77%；向制造业投资则为 3018 件。其中，民企对于制造业的投资项目数量偏向于中高技术和高技术制造业，对于非制造业的投资则集中在服务业，统计年份内每年服务业接受的投资项目数量在非制造业中基本维持在 89% 左右的水平，其他类型非制造业仅占据小部分比例。

从民企 OFDI 项目数量指数变化来看，制造业和非制造业的投资项目数量指数变化基本一致，2014—2018 年为高速增长期，2019 年同步下跌。但 2017 年两类行业指数变化方向出现差异，非制造业项目数量指数同比下降 9.79%，而制造业出现 1.82% 的提升，这可能与政府加强对企业在房地产、酒店、娱乐业、体育俱乐部的境外投资监管力度有关。2019 年受经济环境变化影响，民企对制造业和非制造业的投资项目数量指数分别减少 13.53% 和 19.98%，在制造业中以归属于高技术行业的医药制造业的投资降幅最多，较 2018 年下降 48.65%；在非制造业中，民企对房地产业的投资由 2018 年的 39 件降低至 8 件，且统计显示 2019 年民企未对住宿和餐饮业、黑色金属矿采选业以及水生产和供应业进行投资活动。

**表 2-4-1　2005—2019 年中国民营企业海外直接投资项目数量
在标的行业的分布及指数汇总表**

（单位：件）

年份	制造业											
	高技术				中高技术				中低技术			
	项目数	同比增长（%）	占比（%）	指数	项目数	同比增长（%）	占比（%）	指数	项目数	同比增长（%）	占比（%）	指数
2005	14	—	25.45	25.36	20	—	36.36	29.07	8	—	14.55	26.14
2006	17	21.4	28.33	30.80	28	40.0	46.67	40.70	6	-25.0	10.00	19.61
2007	17	0.0	20.00	30.80	37	32.1	43.53	53.78	13	116.7	15.29	42.48
2008	8	-52.9	8.16	14.49	43	16.2	43.88	62.50	16	23.1	16.33	52.29
2009	17	112.5	18.68	30.80	38	-11.6	41.76	55.23	12	-25.0	13.19	39.22
2010	20	17.6	21.74	36.23	43	13.2	46.74	62.50	13	8.3	14.13	42.48
2011	37	85.0	26.81	67.03	61	41.9	44.20	88.66	27	107.7	19.57	88.24
2012	34	-8.1	24.46	61.59	53	-13.1	38.13	77.03	27	0.0	19.42	88.24
2013	50	47.1	40.65	90.58	36	-32.1	29.27	52.33	13	-51.9	10.57	42.48
2014	63	26.0	28.25	114.13	81	125.0	36.32	117.73	38	192.3	17.04	124.18
2015	92	46.0	30.87	166.67	113	39.5	37.92	164.24	48	26.3	16.11	156.86
2016	122	32.6	31.77	221.01	152	34.5	39.58	220.93	53	10.4	13.80	173.20
2017	110	-9.8	28.13	199.28	167	9.9	42.71	242.73	55	3.8	14.07	179.74
2018	145	31.8	32.15	262.68	157	-6.0	34.81	228.20	70	27.3	15.52	228.76
2019	114	-21.4	29.23	206.52	142	-9.6	36.41	206.40	56	-20.0	14.36	183.01
合计	860		28.50		1171		38.80		455		15.08	
2011—2015年均值	55.20			100.00	68.80			100.00	30.60			100.00

年份	制造业							
	低技术				合计			
	项目数	同比增长（%）	占比（%）	指数	项目数	同比增长（%）	占比（%）	指数
2005	13	—	23.64	43.92	55	—	36.42	29.86
2006	9	-30.8	15.00	30.41	60	9.1	35.71	32.57
2007	18	100.0	21.18	60.81	85	41.7	34.41	46.15

续表

年份	制造业							
	低技术				合计			
	项目数	同比增长（%）	占比（%）	指数	项目数	同比增长（%）	占比（%）	指数
2008	31	72.2	31.63	104.73	98	15.3	28.91	53.20
2009	24	-22.6	26.37	81.08	91	-7.1	26.38	49.40
2010	16	-33.3	17.39	54.05	92	1.1	23.17	49.95
2011	13	-18.8	9.42	43.92	138	50.0	31.29	74.92
2012	25	92.3	17.99	84.46	139	0.7	30.28	75.46
2013	24	-4.0	19.51	81.08	123	-11.5	25.73	66.78
2014	41	70.8	18.39	138.51	223	81.3	35.51	121.06
2015	45	9.8	15.10	152.03	298	33.6	32.22	161.78
2016	57	26.7	14.84	192.57	384	28.9	28.79	208.47
2017	59	3.5	15.09	199.32	391	1.8	31.33	212.27
2018	79	33.9	17.52	266.89	451	15.3	29.06	244.84
2019	78	-1.3	20.00	263.51	390	-13.5	30.68	211.73
合计	532		17.63		3018		30.23	
2011—2015年均值	29.60			100.00	184.20			100.00

年份	非制造业							
	服务业				农、林、牧、渔业			
	项目数	同比增长（%）	占比（%）	指数	项目数	同比增长（%）	占比（%）	指数
2005	88	—	91.67	25.29	1	—	1.04	21.74
2006	95	8.0	87.96	27.30	0	-100.0	0.00	0.00
2007	143	50.5	88.27	41.09	1	n.a.	0.62	21.74
2008	211	47.6	87.55	60.63	0	-100.0	0.00	0.00
2009	221	4.7	87.01	63.51	3	n.a.	1.18	65.22
2010	270	22.2	88.52	77.59	1	-66.7	0.33	21.74
2011	270	0.0	89.11	77.59	1	0.0	0.33	21.74

续表

年份	非制造业							
	服务业				农、林、牧、渔业			
	项目数	同比增长（%）	占比（%）	指数	项目数	同比增长（%）	占比（%）	指数
2012	276	2.2	86.25	79.31	3	200.0	0.94	65.22
2013	302	9.4	85.07	86.78	1	−66.7	0.28	21.74
2014	343	13.6	84.69	98.56	13	1200.0	3.21	282.61
2015	549	60.1	87.56	157.76	5	−61.5	0.80	108.70
2016	848	54.5	89.26	243.68	11	120.0	1.16	239.13
2017	788	−7.1	91.95	226.44	8	−27.3	0.93	173.91
2018	1008	27.9	91.55	289.66	9	12.5	0.82	195.65
2019	816	−19.0	92.62	234.48	7	−22.2	0.79	152.17
合计	6228		89.42		64		0.92	
2011—2015年均值	348.00		100.00		4.60			100.00

年份	非制造业							
	采矿业				电力、热力、燃气及水生产和供应业			
	项目数	同比增长（%）	占比（%）	指数	项目数	同比增长（%）	占比（%）	指数
2005	1	—	1.04	4.72	3	—	3.13	16.67
2006	9	800.0	8.33	42.45	0	−100.0	0.00	0.00
2007	11	22.2	6.79	51.89	3	n.a.	1.85	16.67
2008	16	45.5	6.64	75.47	11	266.7	4.56	61.11
2009	19	18.8	7.48	89.62	7	−36.4	2.76	38.89
2010	24	26.3	7.87	113.21	5	−28.6	1.64	27.78
2011	15	−37.5	4.95	70.75	14	180.0	4.62	77.78
2012	25	66.7	7.81	117.92	9	−35.7	2.81	50.00
2013	24	−4.0	6.76	113.21	19	111.1	5.35	105.56
2014	13	−45.8	3.21	61.32	22	15.8	5.43	122.22
2015	29	123.1	4.63	136.79	26	18.2	4.15	144.44

续表

年份	非制造业							
	采矿业				电力、热力、燃气及水生产和供应业			
	项目数	同比增长（%）	占比（%）	指数	项目数	同比增长（%）	占比（%）	指数
2016	24	-17.2	2.53	113.21	30	15.4	3.16	166.67
2017	27	12.5	3.15	127.36	20	-33.3	2.33	111.11
2018	28	3.7	2.54	132.08	27	35.0	2.45	150.00
2019	21	-25.0	2.38	99.06	9	-66.7	1.02	50.00
合计	286		4.11		205		2.94	
2011—2015年均值	21.20			100.00	18.00			100.00

年份	非制造业											
	建筑业				合计				总计			
	项目数	同比增长（%）	占比（%）	指数	项目数	同比增长（%）	占比（%）	指数	项目数	同比增长（%）	占比（%）	指数
2005	3	—	3.13	29.41	96	—	63.58	23.88	151	—	100.00	25.76
2006	4	33.3	3.70	39.22	108	12.5	64.29	26.87	168	11.3	100.00	28.66
2007	4	0.0	2.47	39.22	162	50.0	65.59	40.30	247	47.0	100.00	42.14
2008	3	-25.0	1.24	29.41	241	48.8	71.09	59.95	339	37.2	100.00	57.83
2009	4	33.3	1.57	39.22	254	5.4	73.62	63.18	345	1.8	100.00	58.85
2010	5	25.0	1.64	49.02	305	20.1	76.83	75.87	397	15.1	100.00	67.72
2011	3	-40.0	0.99	29.41	303	-0.7	68.71	75.37	441	11.1	100.00	75.23
2012	7	133.3	2.19	68.63	320	5.6	69.72	79.60	459	4.1	100.00	78.30
2013	9	28.6	2.54	88.24	355	10.9	74.27	88.31	478	4.1	100.00	81.54
2014	14	55.6	3.46	137.25	405	14.1	64.49	100.75	628	31.4	100.00	107.13
2015	18	28.6	2.87	176.47	627	54.8	67.78	155.97	925	47.3	100.00	157.80
2016	37	105.6	3.89	362.75	950	51.5	71.21	236.32	1334	44.2	100.00	227.57
2017	14	-62.2	1.63	137.25	857	-9.8	68.67	213.18	1248	-6.4	100.00	212.90

年份	非制造业								总计			
	建筑业				合计							
	项目数	同比增长（%）	占比（%）	指数	项目数	同比增长（%）	占比（%）	指数	项目数	同比增长（%）	占比（%）	指数
2018	29	107.1	2.63	284.31	1101	28.5	70.94	273.88	1552	24.4	100.00	264.76
2019	28	-3.4	3.18	274.51	881	-20.0	69.32	219.15	1271	-18.1	100.00	216.82
合计	182		2.61		6965		69.77		9983		100.00	
2011—2015年均值	10.20			100.00	402.00			100.00	586.20			100.00

二、民营企业海外直接投资金额在标的行业的分布

在金额方面，尽管非制造业仍是民企 OFDI 金额的主要标的行业，但自 2017 年起民企对非制造业的投资金额开始持续下降，2017 年金额由 2016 年的 2060.42 亿美元降低 54.04%至 946.96 亿美元，2018 年和 2019 年分别同比下降 3.89%、23.01%，至 2019 年跌至 700.68 亿美元，为 2014 年以来的最低水平。相较于非制造业，民企对制造业的投资金额于 2015 年达到峰值水平 1007.09 亿美元，2016—2019 年呈波动下滑趋势，但总体降幅低于非制造业。因此从近年来制造业金额在总体金额的占比上来看，民企增加了对制造业投资金额的比重，2017—2019 年制造业占比超过 40%，而此前年份制造业金额占比约在 33%左右。

特别需要指出的是，在 2019 年对制造业、非制造业投资金额总体下降的情况下，民企对采矿业的投资金额实现 161.09%的同比增长，由 2018 年的 44.39 亿美元增长至 115.9 亿美元，在所有行业中增幅最为明显；非制造业中还增加了对农、林、牧、渔业的投资，金额同比增长 100.39%。在制造业的金额变化中，民企对低技术制造业的投资结束了 2017—2018 年持

续下滑的趋势，在 2019 年同比提升 10.54%。

**表 2-4-2 2005—2019 年中国民营企业海外直接投资金额
在标的行业的分布及指数汇总表**

（单位：百万美元）

年份	制造业											
	高技术				中高技术				中低技术			
	金额	同比增长(%)	占比(%)	指数	金额	同比增长(%)	占比(%)	指数	金额	同比增长(%)	占比(%)	指数
2005	127.19	—	8.97	0.84	284.43	—	20.06	3.11	313.82	—	22.14	5.57
2006	418.94	229.4	25.35	2.77	1171.04	311.7	70.86	12.79	23.16	-92.6	1.40	0.41
2007	220.59	-47.3	5.02	1.46	1364.19	16.5	31.04	14.90	2517.87	10771.6	57.30	44.72
2008	114.97	-47.9	2.58	0.76	1926.94	41.3	43.22	21.05	2079.58	-17.4	46.64	36.93
2009	317.68	176.3	11.88	2.10	1825.14	-5.3	68.23	19.94	210.00	-89.9	7.85	3.73
2010	608.88	91.7	8.21	4.02	6373.26	249.2	85.98	69.63	202.59	-3.5	2.73	3.60
2011	2556.26	319.8	16.56	16.89	3587.16	-43.7	23.24	39.19	9095.24	4389.5	58.93	161.53
2012	512.40	-80.0	6.91	3.39	3691.36	2.9	49.77	40.33	2495.65	-72.6	33.65	44.32
2013	5054.09	886.4	24.30	33.39	1114.96	-69.8	5.36	12.18	741.84	-70.3	3.57	13.17
2014	13863.26	174.3	33.07	91.59	6374.73	471.7	15.21	69.65	3091.04	316.7	7.37	54.90
2015	53694.63	287.3	53.32	354.74	30996.12	386.2	30.78	338.65	12729.97	311.8	12.64	226.08
2016	21624.56	-59.7	37.74	142.87	22786.73	-26.5	39.77	248.96	5885.58	-53.8	10.27	104.53
2017	11979.89	-44.6	14.05	79.15	59639.22	161.7	69.95	651.59	7321.81	24.4	8.59	130.03
2018	15845.10	32.3	24.33	104.68	25403.67	-57.4	39.00	277.55	18543.81	153.3	28.47	329.33
2019	15882.13	0.2	28.83	104.93	18727.23	-26.3	34.00	204.61	14570.39	-21.4	26.45	258.76
合计	142820.57		30.32		185266.18		39.33		79822.35		16.94	
2011—2015年均值	15136.13			100.00	9152.87			100.00	5630.75			100.00

年份	制造业							
	低技术				小计			
	金额	同比增长(%)	占比(%)	指数	金额	同比增长(%)	占比(%)	指数
2005	692.22	—	48.83	9.43	1417.66	—	34.24	3.81
2006	39.36	-94.3	2.38	0.54	1652.50	16.6	19.78	4.44
2007	291.67	641.0	6.64	3.98	4394.32	165.9	21.59	11.79

续表

年份	制造业							
	低技术				小计			
	金额	同比增长（％）	占比（％）	指数	金额	同比增长（％）	占比（％）	指数
2008	337.38	15.7	7.57	4.60	4458.87	1.5	25.00	11.97
2009	322.01	-4.6	12.04	4.39	2674.83	-40.0	47.98	7.18
2010	228.19	-29.1	3.08	3.11	7412.92	177.1	27.82	19.90
2011	194.65	-14.7	1.26	2.65	15433.31	108.2	51.14	41.42
2012	717.70	268.7	9.68	9.78	7417.11	-51.9	36.85	19.91
2013	13890.48	1835.4	66.78	189.32	20801.37	180.5	30.39	55.83
2014	18593.70	33.9	44.35	253.43	41922.73	101.5	35.08	112.52
2015	3288.24	-82.3	3.27	44.82	100708.96	140.2	44.26	270.31
2016	7005.47	113.0	12.23	95.48	57302.34	-43.1	21 76	153.80
2017	6324.09	-9.7	7.42	86.20	85265.01	48.8	47.38	228.86
2018	5342.08	-15.5	8.20	72.81	65134.66	-23.6	41.71	174.83
2019	5905.25	10.5	10.72	80.49	55084.99	-15.4	44.01	147.85
合计	63172.49		13.41		471081.58		37.00	
2011—2015年均值	7336.95		100.00		37256.70		100.00	

年份	非制造业							
	服务业				农、林、牧、渔业			
	金额	同比增长（％）	占比（％）	指数	金额	同比增长（％）	占比（％）	指数
2005	1667.71	—	61.25	3.70	0.00	—	0.00	0.00
2006	5312.35	218.5	79.25	11.78	0.00	n.a.	0.00	0.00
2007	15193.89	186.0	95.21	33.68	0.19	n.a.	0.00	0.05
2008	7749.17	-49.0	57.93	17.18	0.00	-100.0	0.00	0.00
2009	2151.35	-72.2	74.18	4.77	14.97	n.a.	0.52	3.67
2010	18446.19	757.4	95.89	40.89	4.29	-71.3	0.02	1.05
2011	12339.20	-33.1	83.69	27.35	10.49	144.5	0.07	2.57
2012	8239.49	-33.2	64.81	18.26	500.00	4666.4	3.93	122.51

年份	非制造业							
	服务业				农、林、牧、渔业			
	金额	同比增长（%）	占比（%）	指数	金额	同比增长（%）	占比（%）	指数
2013	29574.09	258.9	62.08	65.55	50.00	-90.0	0.10	12.25
2014	66740.44	125.7	86.03	147.93	1364.04	2628.1	1.76	334.20
2015	108682.32	62.8	85.69	240.90	116.20	-91.5	0.09	28.47
2016	148865.52	37.0	72.25	329.97	202.81	74.5	0.10	49.69
2017	74909.99	-49.7	79.11	166.04	253.33	24.9	0.27	62.07
2018	71966.72	-3.9	79.08	159.52	152.05	-40.0	0.17	37.25
2019	49169.52	-31.7	70.17	108.99	304.69	100.4	0.43	74.65
合计	621007.95		77.41		2973.06		0.37	
2011—2015年均值	45115.11			100.00	408.15			100.00

年份	非制造业							
	采矿业				电力、热力、燃气及水生产和供应业			
	金额	同比增长（%）	占比（%）	指数	金额	同比增长（%）	占比（%）	指数
2005	4.00	—	0.15	0.15	800.34	—	29.39	16.75
2006	954.78	23769.5	14.24	36.68	0.00	-100.0	0.00	0.00
2007	651.82	-31.7	4.08	25.04	47.15	n.a.	0.30	0.99
2008	4812.46	638.3	35.98	184.87	614.73	1203.8	4.60	12.86
2009	597.50	-87.6	20.60	22.95	85.89	-86.0	2.96	1.80
2010	315.82	-47.1	1.64	12.13	190.75	122.1	0.99	3.99
2011	901.91	185.6	6.12	34.65	1441.29	655.6	9.78	30.16
2012	1291.37	43.2	10.16	49.61	1887.94	31.0	14.85	39.51
2013	5270.26	308.1	11.06	202.46	8292.85	339.3	17.41	173.55
2014	532.40	-89.9	0.69	20.45	2929.43	-64.7	3.78	61.31
2015	5019.86	842.9	3.96	192.84	9340.56	218.9	7.36	195.47
2016	7910.03	57.6	3.84	303.86	5586.11	-40.2	2.71	116.90

年份	非制造业							
	采矿业				电力、热力、燃气及水生产和供应业			
	金额	同比增长（%）	占比（%）	指数	金额	同比增长（%）	占比（%）	指数
2017	2659.29	-66.4	2.81	102.16	14902.54	166.8	15.74	311.87
2018	4438.95	66.9	4.88	170.52	6171.65	-58.6	6.78	129.16
2019	11589.72	161.1	16.54	445.22	4114.76	-33.3	5.87	86.11
合计	46950.17		5.85		56405.99		7.03	
2011—2015年均值	2603.16			100.00	4778.41			100.00

年份	非制造业											
	建筑业				小计				总计			
	金额	同比增长（%）	占比（%）	指数	金额	同比增长（%）	占比（%）	指数	金额	同比增长（%）	占比（%）	指数
2005	250.66		9.21	8.36	2722.71		65.76	4.87	4140.37		100.00	4.44
2006	435.80	73.9	6.50	14.54	6702.93	146.2	80.22	11.99	8355.43	101.8	100.00	8.97
2007	66.04	-84.8	0.41	2.20	15959.09	138.1	78.41	28.55	20353.41	143.6	100.00	21.85
2008	200.77	204.0	1.50	6.70	13377.13	-16.2	75.00	23.93	17836.00	-12.4	100.00	19.15
2009	50.31	-74.9	1.73	1.68	2900.02	-78.3	52.02	5.19	5574.85	-68.7	100.00	5.98
2010	280.26	457.1	1.46	9.35	19237.31	563.4	72.18	34.41	26650.23	378.0	100.00	28.61
2011	50.44	-82.0	0.34	1.68	14743.33	-23.4	48.86	26.37	30176.64	13.2	100.00	32.39
2012	794.62	1475.4	6.25	26.51	12713.42	-13.8	63.15	22.74	20130.53	-33.3	100.00	21.61
2013	4451.98	460.3	9.35	148.51	47639.18	274.7	69.61	85.22	68440.55	240.0	100.00	73.47
2014	6012.59	35.1	7.75	200.57	77578.90	62.8	64.92	138.78	119501.62	74.6	100.00	128.28
2015	3678.77	-38.8	2.90	122.72	126837.71	63.5	55.74	226.89	227546.67	90.4	100.00	244.26
2016	43478.61	1081.9	21.10	1450.41	206043.09	62.4	78.24	368.58	263345.43	15.7	100.00	282.68
2017	1970.87	-95.5	2.08	65.75	94696.02	-54.0	52.62	169.39	179961.03	-31.7	100.00	193.18
2018	8280.72	320.2	9.10	276.24	91010.09	-3.9	58.29	162.80	156144.75	-13.2	100.00	167.61

续表

年份	非制造业											
	建筑业				小计				总计			
	金额	同比增长（%）	占比（%）	指数	金额	同比增长（%）	占比（%）	指数	金额	同比增长（%）	占比（%）	指数
2019	4889.16	-41.0	6.98	163.10	70067.85	-23.0	55.99	125.34	125152.85	-19.8	100.00	134.34
合计	74891.61		9.34		802228.78		63.00		1273310.36		100.00	
2011—2015年均值	2997.68			100.00	55902.51			100.00	93159.20			100.00

此处存在重复统计问题，故总计部分与表 2-1-1、表 2-1-2 所示不一致，重复统计的处理方式与投资来源地部分的处理一致。

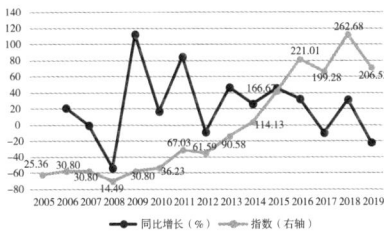

（1）高技术数量别

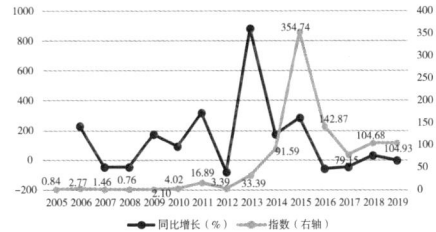

（2）高技术金额别

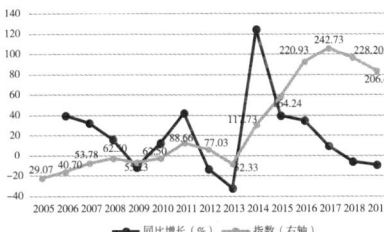

（3）中高技术数量别

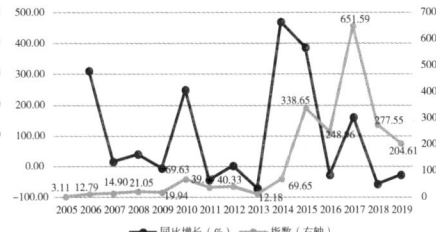

（4）中高技术金额别

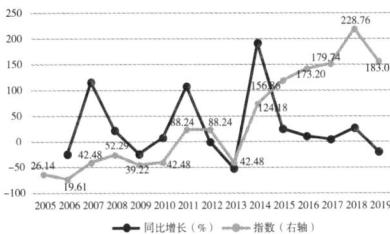

（5）中低技术数量别

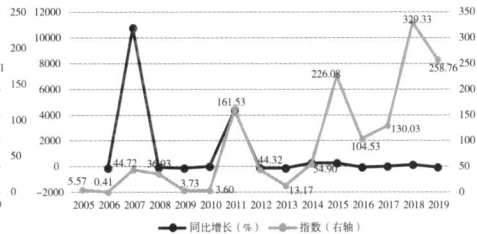

（6）中低技术金额别

（7）低技术数量别

（8）低技术金额别

（9）制造业合计数量别

（10）制造业合计金额别

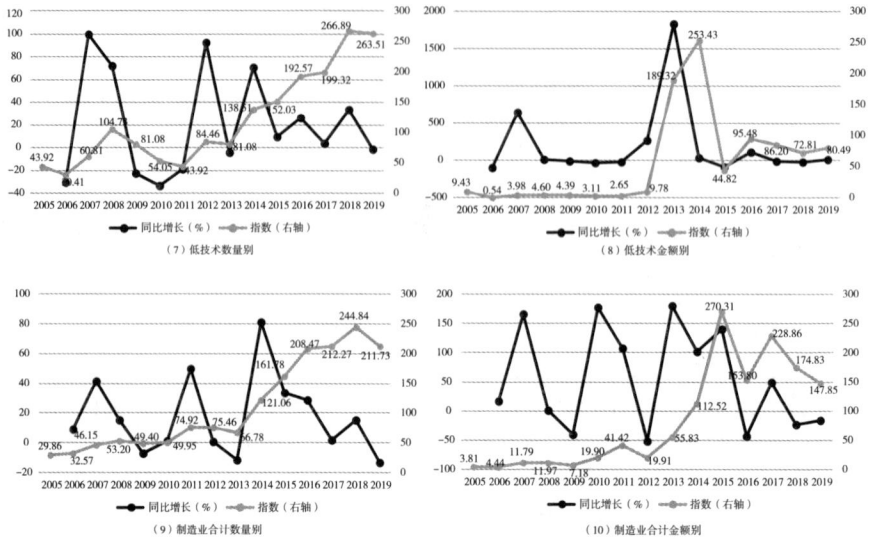

图 2-4-1　2005—2019 年中国民营企业海外直接投资制造业项目数量和金额指数变化图

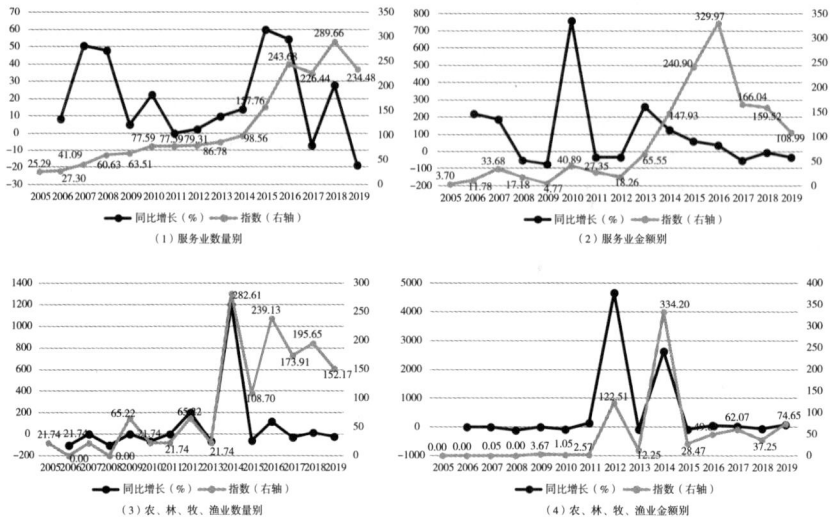

（1）服务业数量别

（2）服务业金额别

（3）农、林、牧、渔业数量别

（4）农、林、牧、渔业金额别

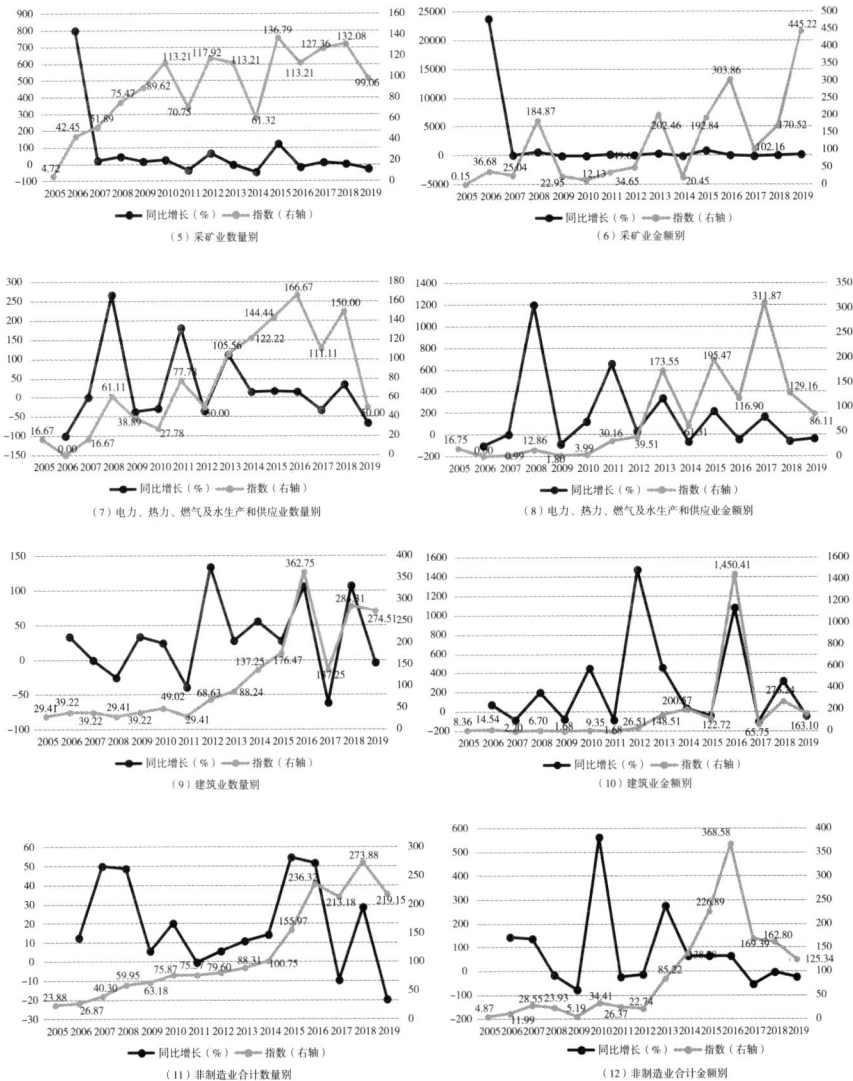

（5）采矿业数量别

（6）采矿业金额别

（7）电力、热力、燃气及水生产和供应业数量别

（8）电力、热力、燃气及水生产和供应业金额别

（9）建筑业数量别

（10）建筑业金额别

（11）非制造业合计数量别

（12）非制造业合计金额别

图 2-4-2   2005—2019 年中国民营企业海外直接投资非制造业
项目数量和金额指数变化图

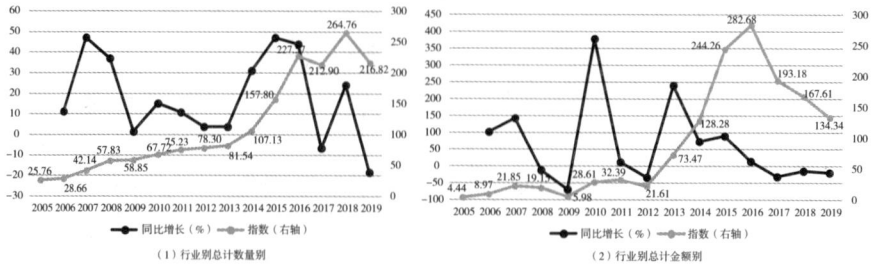

图 2-4-3 2005—2019 年中国民营企业海外直接投资行业别项目数量和金额指数变化图

第五节 民营企业"一带一路"投资指数

本节以对"一带一路"沿线国家进行海外直接投资的民营企业为样本，通过将"一带一路"沿线国家划分为东北亚、东南亚、南亚、西亚北非、中东欧和中亚 6 个地区，对民企在"一带一路"沿线国家的投资特征进行统计描述。

一、"一带一路"沿线国家的区域划分标准

本节中所列举的"一带一路"沿线国家来自中国"一带一路"官方网站①，依据网站基础数据的划分标准将区域分布主要按照国家地理位置、经济体制以及其发展状况进行划分，"一带一路"沿线共 64 个国家，2020 年报告中涉及的"一带一路"标的国家共计 54 个，具体情况如表 2-5-1 所示。

表 2-5-1 中国民营企业海外直接投资所涉及的"一带一路"沿线国家区域划分

所属区域	"一带一路"沿线所涉及国家	本报告所涉及国家	本报告国家个数
东北亚	蒙古、俄罗斯	蒙古、俄罗斯	2
东南亚	新加坡、印尼、马来西亚、泰国、越南、菲律宾、柬埔寨、缅甸、老挝、文莱、东帝汶	新加坡、印尼、马来西亚、泰国、越南、菲律宾、柬埔寨、老挝、缅甸、文莱	10

① 见 https://www.yidaiyilu.gov.cn/，最后查询日期 2020 年 5 月 24 日。

续表

所属区域	"一带一路"沿线所涉及国家	本报告所涉及国家	本报告国家个数
南亚	印度、巴基斯坦、斯里兰卡、孟加拉国、尼泊尔、马尔代夫、不丹	印度、巴基斯坦、斯里兰卡、孟加拉国、尼泊尔、马尔代夫	6
西亚北非	阿联酋、科威特、土耳其、卡塔尔、阿曼、黎巴嫩、沙特、巴林、以色列、也门、埃及、伊朗、约旦、叙利亚、伊拉克、阿富汗、巴勒斯坦、阿塞拜疆、格鲁吉亚、亚美尼亚	阿联酋、科威特、土耳其、卡塔尔、阿曼、黎巴嫩、沙特、巴林、以色列、埃及、伊朗、约旦、伊拉克、阿塞拜疆、格鲁吉亚、亚美尼亚	16
中东欧	波兰、阿尔巴尼亚、爱沙尼亚、立陶宛、斯洛维尼亚、保加利亚、捷克、匈牙利、马其顿、塞尔维亚、罗马尼亚、斯洛伐克、克罗地亚、拉脱维亚、波黑、黑山、乌克兰、白俄罗斯、摩尔多瓦	波兰、爱沙尼亚、立陶宛、斯洛维尼亚、保加利亚、捷克、匈牙利、塞尔维亚、罗马尼亚、斯洛伐克、克罗地亚、拉脱维亚、乌克兰、白俄罗斯、阿尔巴尼亚、波黑、马其顿、白俄罗斯	18
中亚	哈萨克、吉尔吉斯、土库曼、塔吉克、乌兹别克	哈萨克、乌兹别克、吉尔吉斯、塔吉克	4

资料来源："一带一路"沿线所涉及国家根据中国"一带一路"官方网站整理。

二、民营企业在"一带一路"沿线国家投资概况

自"一带一路"倡议提出以来，中国民营企业积极主动地加强与"一带一路"沿线国家的投资合作，对"一带一路"国家的投资项目数量和金额在民企总投资中的占比呈现出上升趋势，其中数量占比由 2013 年的 16.08%增长至 2019 年的 26.51%，金额占比由 2013 年的 12.66%增长至 34%。民企发展快速并具有较强的投资潜力，这使得民企逐步成为中国"一带一路"投资活动中的主力军。在 2014—2019 年的六年中，全国企业对"一带一路"沿线国家的投资项目数量 50%以上来自于民企，特别是在国内外投资环境恶化的 2019 年，民企对"一带一路"国家共计进行 339 件交易，金额为 416.1 亿美元，在全国企业对"一带一路"的总投资中的占比分别达到 69.04%、69.17%，为历年来最高。

表 2-5-2　2005—2019 年中国民营企业"一带一路"投资项目数量、金额及占比汇总表

年份	民企"一带一路"投资项目数量			民企"一带一路"投资金额		
	项目数量（件）	在"一带一路"总投资中占比（%）	在民企总投资中占比（%）	金额（亿美元）	在"一带一路"总投资中占比（%）	在民企总投资中占比（%）
2005	51	43.59	33.77	18.61	12.29	44.95
2006	45	38.14	26.63	18.33	8.56	21.67
2007	52	35.86	20.97	27.35	10.32	13.43
2008	62	39.49	18.29	25.27	8.82	14.17
2009	62	35.63	17.87	14.55	3.04	26.10
2010	73	43.20	18.43	49.40	24.52	18.54
2011	73	39.25	16.48	108.70	36.80	36.14
2012	81	48.21	17.49	43.91	40.11	21.28
2013	78	44.83	16.08	86.79	33.53	12.66
2014	122	53.74	19.40	85.90	27.10	7.15
2015	215	56.58	23.52	295.30	40.45	13.04
2016	294	60.87	22.12	549.33	50.29	21.21
2017	290	66.51	23.13	407.09	18.85	22.63
2018	398	64.09	25.35	359.48	40.47	24.14
2019	339	69.04	26.51	416.10	69.17	34.00
合计	2235	55.24	22.31	2506.10	31.13	19.91

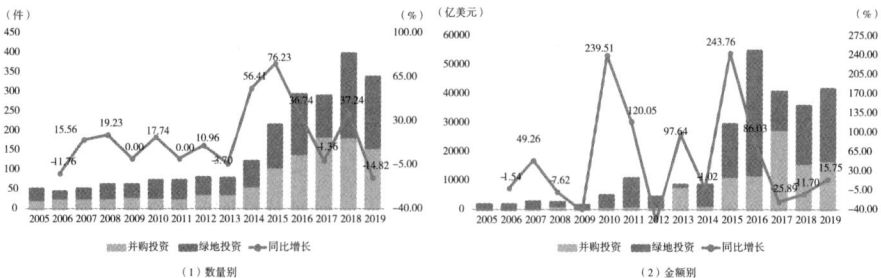

图 2-5-1　2005—2019 年中国民营企业"一带一路"海外直接投资
项目数量和金额增长变化图

　　不同于民企在全球总投资中倾向于并购的特点，在民企对"一带一

（1）在全国企业"一带一路"总投资中占比

（2）在民企总投资中占比

图 2-5-2　2005—2019 年中国民营企业"一带一路"海外直接投资在全国
企业"一带一路"总投资、民企总投资的占比变化图

路"投资项目数量和金额分布中，并购和绿地投资规模相差不大，近年来
才逐渐分化，且民企"一带一路"绿地投资规模逐渐呈现出高于并购的情
况。绿地投资在民企开展"一带一路"OFDI 活动中发挥重要作用，特别
是在金额方面，2016 年、2019 年民企"一带一路"绿地投资金额达到
429.96 亿美元和 245.41 亿美元，在当年度全国企业"一带一路"投资中
分别贡献了 39.36% 和 40.80%。

表 2-5-3　2005—2019 年不同投资模式下中国民营企业"一带一路"
项目数量、金额及占比汇总表

年份	民企"一带一路"并购投资				民企"一带一路"绿地投资			
	并购数量（件）	在"一带一路"总投资中占比（%）	并购金额（亿美元）	在"一带一路"总投资中占比（%）	绿地数量（件）	在"一带一路"总投资中占比（%）	绿地金额（亿美元）	在"一带一路"总投资中占比（%）
2005	24	20.51	1.59	1.05	27	23.08	17.02	11.24
2006	27	22.88	1.60	0.75	18	15.25	16.73	7.82
2007	28	19.31	4.91	1.85	24	16.55	22.44	8.47
2008	27	17.20	12.82	4.47	35	22.29	12.45	4.34
2009	32	18.39	3.64	0.76	30	17.24	10.91	2.28
2010	30	17.75	9.07	4.50	43	25.44	40.32	20.02
2011	27	14.52	13.21	4.47	46	24.73	95.49	32.33
2012	39	23.21	9.15	8.35	42	25.00	34.77	31.76

年份	民企"一带一路"并购投资				民企"一带一路"绿地投资			
	并购数量（件）	在"一带一路"总投资中占比（%）	并购金额（亿美元）	在"一带一路"总投资中占比（%）	绿地数量（件）	在"一带一路"总投资中占比（%）	绿地金额（亿美元）	在"一带一路"总投资中占比（%）
2013	39	22.41	81.32	31.42	39	22.41	5.47	2.11
2014	58	25.55	14.37	4.53	64	28.19	71.53	22.57
2015	108	28.42	114.09	15.63	107	28.16	181.20	24.82
2016	142	29.40	119.37	10.93	152	31.47	429.96	39.36
2017	187	42.89	277.13	12.83	103	23.62	129.96	6.02
2018	185	29.79	160.98	18.12	213	34.30	198.50	22.35
2019	157	31.98	170.68	28.37	182	37.07	245.41	40.80
合计	1110	27.43	993.94	12.35	1125	27.81	1512.17	18.78

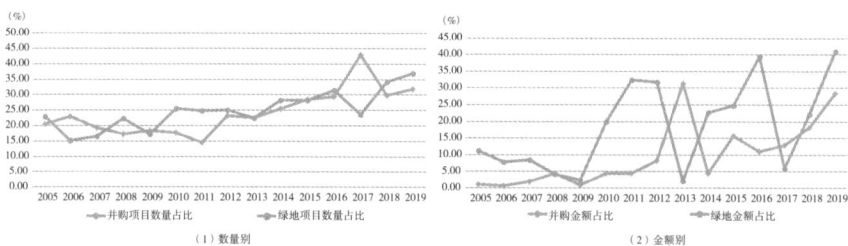

图 2-5-3　2005—2019 年中国民营企业"一带一路"并购、
绿地投资在"一带一路"总投资的占比变化图

三、民营企业"一带一路"海外直接投资指数

从民营企业"一带一路"OFDI 项目数量和金额指数变化来看，自 2013 年"一带一路"倡议提出以来，项目数量和金额指数都呈现大幅上升的趋势，尤其在 2014—2016 年间均持续高速增长。2017 年后，民企对"一带一路"沿线国家投资的数量指数和金额指数开始出现明显分化，数量指数呈波动上升趋势，而金额指数则在 2017—2018 年后持续下滑。进入 2019 年，在国内经济下行以及国际经济局势复杂多变的影响下，民企海外

直接投资活动整体受到显著影响，总投资项目数量指数和金额指数分别较2018年降低18.54%和17.83%，对"一带一路"投资的项目数量指数也同步出现14.82%的下降。但在对"一带一路"沿线国家的投资金额上，民企逆势而行，2019年改变自2017年后金额下降的颓势，由2018年的359.48亿美元增长至416.1亿美元，同比提高15.75%，其中以对俄罗斯122.77亿美元的投资金额为最，较2018年同比增长96.78%，对新加坡的投资居其次，为105.28亿美元。

表2-5-4　2005—2019年中国民营企业"一带一路"海外
直接投资项目数量、金额汇总表

年份	民企"一带一路"海外直接投资项目数量指数	同比增长（%）	民企"一带一路"海外直接投资金额指数	同比增长（%）
2005	44.82		15.00	
2006	39.54	−11.78	14.76	−1.60
2007	45.69	15.55	22.04	49.32
2008	54.48	19.24	20.36	−7.62
2009	54.48	0.00	11.72	−42.44
2010	64.15	17.75	39.80	239.59
2011	64.15	0.00	87.58	120.05
2012	71.18	10.96	35.38	−59.60
2013	68.54	−3.71	69.92	97.63
2014	107.21	56.42	69.21	−1.02
2015	188.93	76.22	237.91	243.75
2016	258.35	36.74	442.58	86.03
2017	254.54	−1.36	327.98	−25.89
2018	349.74	37.24	289.62	−11.70
2019	297.89	−14.83	335.24	15.75

自2013年"一带一路"倡议提出以来，民企"一带一路"并购投资、绿地投资项目数量的增长变化较为一致，呈现出高速增长趋势。直到2017年伴随着政府投资限制性政策的出台，民企"一带一路"并购投资继续高

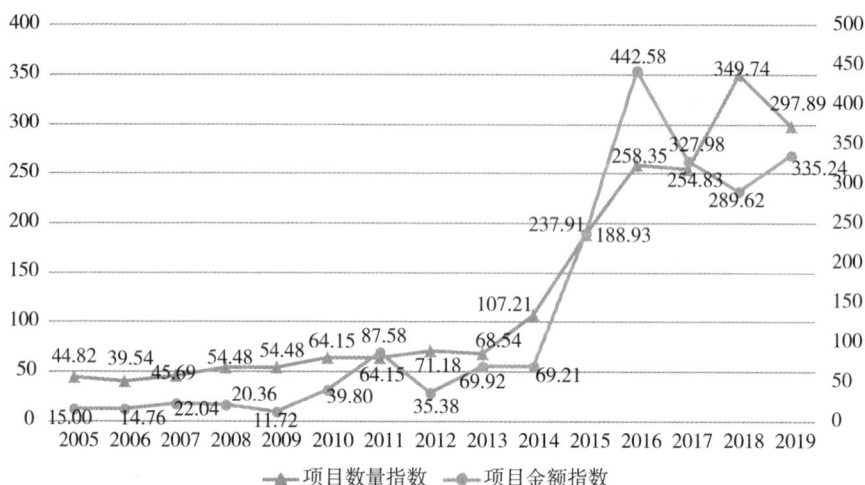

图 2-5-4　2005—2019 年中国民营企业"一带一路"海外直接投资
项目数量和金额指数变化图

速增长达到十五年来的峰值水平，但绿地投资项目数量却大幅下降，金额
指数也同步降低，跌幅达到 69.77%。可以看出，绿地投资较并购而言更
敏感于政策环境变化的这一特点在民企"一带一路"投资中有着显著的体
现。综合民企"一带一路"并购、绿地投资规模和指数变化来看，尽管绿
地投资是民企在"一带一路"沿线国家投资主要模式，但是近年来在外部
政策和国际经济局势变动的影响下，并购投资较绿地投资增长更为稳定。

表 2-5-5　2005—2019 年中国民营企业"一带一路"海外并购
投资指数、绿地投资指数汇总表

年份	民企"一带一路"海外并购投资				民企"一带一路"海外绿地投资			
	并购数量指数	同比增长（%）	并购金额指数	同比增长（%）	绿地数量指数	同比增长（%）	绿地金额指数	同比增长（%）
2005	44.28		3.42		45.30		21.91	
2006	49.82	12.51	3.44	0.58	30.20	−33.33	21.53	−1.73
2007	51.66	3.69	10.58	207.56	40.27	33.34	28.89	34.18

续表

年份	民企"一带一路"海外并购投资				民企"一带一路"海外绿地投资			
	并购数量指数	同比增长（％）	并购金额指数	同比增长（％）	绿地数量指数	同比增长（％）	绿地金额指数	同比增长（％）
2008	49.82	-3.56	27.62	161.06	58.72	45.82	16.02	-44.55
2009	59.04	18.51	7.85	-71.58	50.34	-14.27	14.04	-12.36
2010	55.35	-6.25	19.54	148.92	72.15	43.33	51.90	269.66
2011	49.82	-9.99	28.45	45.60	77.18	6.97	122.91	136.82
2012	71.96	44.44	19.70	-30.76	70.47	-8.69	44.75	-63.59
2013	71.96	0.00	175.16	789.14	65.44	-7.14	7.04	-84.27
2014	107.01	48.71	30.95	-82.33	107.38	64.09	92.07	1207.81
2015	199.26	86.21	245.74	693.99	179.53	67.19	233.23	153.32
2016	261.99	31.48	257.10	4.62	255.03	42.05	553.42	137.29
2017	345.02	31.69	596.90	132.17	172.82	-32.24	167.28	-69.77
2018	341.33	-1.07	346.73	-41.91	357.38	106.79	255.49	52.73
2019	289.67	-15.13	367.63	6.03	305.37	-14.55	315.88	23.64

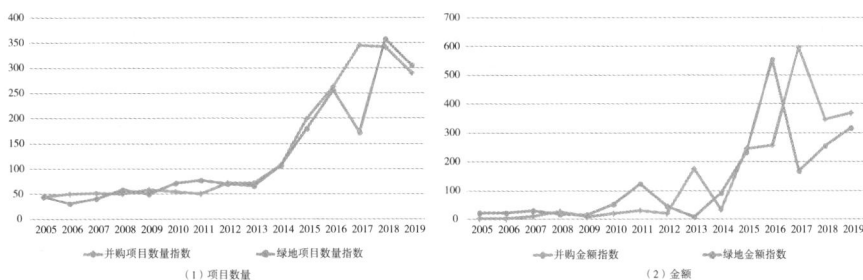

图 2-5-5　2005—2019 年中国民营企业"一带一路"海外并购、
绿地投资项目数量和金额指数变化图

四、民营企业海外直接投资项目数量和金额在"一带一路"沿线国家的区域分布

从民营企业对"一带一路"沿线国家的整体投资情况来看，自"一带一路"倡议提出以来，民企投资项目数量和金额都有了明显的增长，地域

选择上更青睐于东南亚地区，其次是南亚和西亚北非地区。

在投资项目数量中，民企对"一带一路"沿线国家投资以东南亚和南亚为主，在 2005—2019 年间，民企在两地区的投资项目数量在"一带一路"总投资项目数量中的占比达到 61.39%。其中，在东南亚地区投资数量在"一带一路"总投资中的占比每年均为最高，远高于其他地区，2018年实现投资数量的峰值水平，共计接受来自民企的 180 件投资，在 2018 年民企"一带一路"总投资中占比达到 45.23%。

民企在"一带一路"沿线国家的投资金额相对于数量而言，分布较为均匀，以东北亚、东南亚、南亚和西亚北非四个地区为主，但总体来看，东南亚地区仍然是民企投资金额分布最多的区域，2005—2019 年间对东南亚地区投资金额在"一带一路"总投资金额中的占比为 34.56%。其中，民企在东南亚地区投资金额呈现稳定上升态势，但 2019 年显著下降；东北亚地区于2017 年升至峰值后下跌，2019 年同比增长 29.51%，成为占比第二的区域；西亚北非于 2016 年达到峰值后大幅下降；南亚的变动趋势与西亚北非大体一致，但自 2017 年起民企投资金额开始高于西亚北非；中东欧和中亚均呈现小幅上升的趋势，且占比较少，2019 年合计占比不超过 10%。

表 2-5-6   2005—2019 年中国民营企业海外直接投资投资"一带一路"
标的区域的项目数量及指数汇总表

（单位：件）

年份		东北亚	东南亚	南亚	西亚北非	中东欧	中亚	合计
2005	数量	8	17	8	8	7	3	51
	比例（%）	15.69	33.33	15.69	15.69	13.73	5.88	100.00
	指数	102.56	37.95	41.24	51.95	36.84	40.54	44.82
2006	数量	10	16	7	8	2	2	45
	比例（%）	22.22	35.56	15.56	17.78	4.44	4.44	100.00
	指数	128.21	35.71	36.08	51.95	10.53	27.03	39.54
2007	数量	5	27	8	5	6	1	52
	比例（%）	9.62	51.92	15.38	9.62	11.54	1.92	100.00
	指数	64.10	60.27	41.24	32.47	31.58	13.51	45.69

续表

年份		东北亚	东南亚	南亚	西亚北非	中东欧	中亚	合计
2008	数量	6	29	12	10	5	0	62
	比例（%）	9.68	46.77	19.35	16.13	8.06	0.00	100.00
	指数	76.92	64.73	61.86	64.94	26.32	0.00	54.48
2009	数量	5	34	3	4	9	7	62
	比例（%）	8.06	54.84	4.84	6.45	14.52	11.29	100.00
	指数	64.10	75.89	15.46	25.97	47.37	94.59	54.48
2010	数量	8	33	11	7	13	1	73
	比例（%）	10.96	45.21	15.07	9.59	17.81	1.37	100.00
	指数	102.56	73.66	56.70	45.45	68.42	13.51	64.15
2011	数量	6	30	9	5	18	5	73
	比例（%）	8.22	41.10	12.33	6.85	24.66	6.85	100.00
	指数	76.92	66.96	46.39	32.47	94.74	67.57	64.15
2012	数量	5	36	10	11	16	3	81
	比例（%）	6.17	44.44	12.35	13.58	19.75	3.70	100.00
	指数	64.10	80.36	51.55	71.43	84.21	40.54	71.18
2013	数量	7	35	7	7	16	6	78
	比例（%）	8.97	44.87	8.97	8.97	20.51	7.69	100.00
	指数	89.74	78.13	36.08	45.45	84.21	81.08	68.54
2014	数量	6	50	18	24	18	6	122
	比例（%）	4.92	40.98	14.75	19.67	14.75	4.92	100.00
	指数	76.92	111.61	92.78	155.84	94.74	81.08	107.21
2015	数量	15	73	53	30	27	17	215
	比例（%）	6.98	33.95	24.65	13.95	12.56	7.91	100.00
	指数	192.31	162.95	273.20	194.81	142.11	229.73	188.93
2016	数量	15	107	70	57	33	12	294
	比例（%）	5.10	36.39	23.81	19.39	11.22	4.08	100.00
	指数	192.31	238.84	360.82	370.13	173.68	162.16	258.35

年份		东北亚	东南亚	南亚	西亚北非	中东欧	中亚	合计
2017	数量	25	117	58	50	30	10	290
	比例（%）	8.62	40.34	20.00	17.24	10.34	3.45	100.00
	指数	320.51	261.16	298.97	324.68	157.89	135.14	254.83
2018	数量	18	180	89	54	37	20	398
	比例（%）	4.52	45.23	22.36	13.57	9.30	5.03	100.00
	指数	230.77	401.79	458.76	350.65	194.74	270.27	349.74
2019	数量	24	137	88	40	40	10	339
	比例（%）	7.08	40.41	25.96	11.80	11.80	2.95	100.00
	指数	307.69	305.80	453.61	259.74	210.53	135.14	297.89
合计	数量	163	921	451	320	277	103	2235
	比例（%）	7.29	41.21	20.18	14.32	12.39	4.61	100.00
2011—2015 年均值		7.80	7.80	44.80	19.40	15.40	19.00	7.40

表 2-5-7　2005—2019 年中国民营企业对外直接投资投资"一带一路"
　　　　标的区域的金额及指数汇总表

（单位：百万美元）

年份		东北亚	东南亚	南亚	西亚北非	中东欧	中亚	合计
2005	金额	1026.82	259.26	122.65	113.03	55.9	283.6	1861.26
	比例（%）	55.17	13.93	7	6.07	3.00	15.24	100
	指数	46.77	5.44	5	10.38	5.52	34.96	15
2006	金额	1367.32	112.09	185	109.50	56.2	2.3	1833
	比例（%）	74.61	6.12	10	5.98	3.07	0.13	100
	指数	62.28	2.35	7	10.06	5.55	0.28	15
2007	金额	570.16	1871.56	105	73.49	115.2	0	2735
	比例（%）	20.84	68.42	4	2.69	4.21	0.00	100
	指数	25.97	39.30	4	6.75	11.37	0.00	22
2008	金额	121.22	821.20	965	73.40	545.7	0	2527
	比例（%）	4.80	32.50	38	2.90	21.60	0.00	100
	指数	5.52	17.25	38	6.74	53.88	0.00	20

续表

年份		东北亚	东南亚	南亚	西亚北非	中东欧	中亚	合计
2009	金额	324.10	698.69	30	42.70	262.01	97.5	1455
	比例（%）	22.27	48.02	2	2.93	18.01	6.70	100
	指数	14.76	14.67	1	3.92	25.87	12.02	12
2010	金额	456.70	1210.47	2502	368.50	402.45	0	4940
	比例（%）	9.25	24.50	50.64	7.46	8.15	0.00	100.00
	指数	20.80	25.42	98.40	33.86	39.74	0.00	39.80
2011	金额	800.30	6410.86	533	1812.70	329.311	983.84	10870
	比例（%）	7.36	58.98	5	16.68	3.03	9.05	100
	指数	36.45	134.63	21	166.55	32.52	121.27	88
2012	金额	18.45	1436.74	1188	805.57	474.74	468.04	4391
	比例（%）	0.42	32.72	27	18.34	10.81	10.66	100
	指数	0.84	30.17	47	74.01	46.88	57.69	35
2013	金额	6173.95	938.00	71	51.55	172.85	1271.78	8679
	比例（%）	71.14	10.81	1	0.59	1.99	14.65	100
	指数	281.23	19.70	3	4.74	17.07	156.77	70
2014	金额	2270.00	4004.79	552	268.82	1272.18	221.86	8590
	比例（%）	26.43	46.62	6	3.13	14.81	2.58	100
	指数	103.40	84.10	22	24.70	125.62	27.35	69
2015	金额	1713.97	11019.19	10368	2503.41	2814.72	1110.78	29530
	比例（%）	5.80	37.32	35	8.48	9.53	3.76	100
	指数	78.07	231.40	408	230.01	277.93	136.92	238
2016	金额	1206.48	11739.76	14205.74	24942.25	2443.41	395.36	54933.00
	比例（%）	2.20	21.37	25.86	45.40	4.45	0.72	100.00
	指数	54.96	246.53	559	2291.62	241.26	48.73	443
2017	金额	14810.77	10582.38	8194	4221.62	1723.93	1176.76	40709
	比例（%）	36.38	26.00	20	10.37	4.23	2.89	100
	指数	674.65	222.23	322	387.87	170.22	145.05	328

续表

年份		东北亚	东南亚	南亚	西亚北非	中东欧	中亚	合计
2018	金额	435.49	20564.36	6366	4875.01	2192.462	1514.4	35948
	比例（%）	1.21	57.21	18	13.56	6.10	4.21	100
	指数	19.84	431.85	250	447.90	216.48	186.67	290
2019	金额	12278.48	14936.63	6062	4764.50	3343.01	224.77	41610
	比例（%）	29.51	35.90	15	11.45	8.03	0.54	100
	指数	559.30	313.67	238	437.75	330.09	27.71	335
合计	金额	43574.21	86605.98	51449	45026.05	16204.072	7750.99	250611
	比例（%）	17.39	34.56	21	17.97	6.47	3.09	100
2011—2015 年均值		2195.33	4761.92	2542	1088.41	1012.7602	811.26	12412

从民营企业对"一带一路"沿线国家并购投资项目数量的角度看，区域分布上东南亚一骑绝尘，2019 年占比达到 54.14%；南亚、西亚北非和中东欧次之，且自"一带一路"倡议提出后有较大幅度的增长；东北亚和中亚占比较小，增幅不明显。从并购金额的角度来看，区域分布上相对较为平均，2013 年后各个区域投资金额都有明显的增长，其中东南亚的金额呈现稳定且大幅增长的态势，南亚和东北亚于 2017 年达到峰值后出现下降趋势，西亚北非、中东欧和中亚呈现稳定小幅增长的趋势。综上可见，民营企业对"一带一路"沿线国家的并购投资数量和金额在 2005—2019 年间都有较大幅度的增长，地域分布上更倾向于东南亚地区，但其他地区的占比也在逐步提升中。

表 2-5-8　2005—2019 年中国民营企业并购投资"一带一路"
标的区域的项目数量及指数汇总表

（单位：件）

年份		东北亚	东南亚	南亚	西亚北非	中东欧	中亚	合计
2005	数量	0	12	4	4	2	2	24
	比例（%）	0.00	50.00	17	16.67	8.33	8.33	100
	指数	0.00	48.78	71	46.51	25.00	38.46	44

续表

年份		东北亚	东南亚	南亚	西亚北非	中东欧	中亚	合计
2006	数量	4	12	3	5	1	2	27
	比例（%）	14.81	44.44	11	18.52	3.70	7.41	100
	指数	181.82	48.78	54	58.14	12.50	38.46	50
2007	数量	2	17	4	3	1	1	28
	比例（%）	7.14	60.71	14	10.71	3.57	3.57	100
	指数	90.91	69.11	71	34.88	12.50	19.23	52
2008	数量	3	13	5	3	3	0	27
	比例（%）	11.11	48.15	19	11.11	11.11	0.00	100
	指数	136.36	52.85	89	34.88	37.50	0.00	50
2009	数量	0	18	1	2	5	6	32
	比例（%）	0.00	56.25	3	6.25	15.63	18.75	100
	指数	0.00	73.17	18	23.26	62.50	115.38	59
2010	数量	1	20	2	3	3	1	30
	比例（%）	3.33	66.67	6.67	10.00	10.00	3.33	100.00
	指数	45.45	81.30	35.71	34.88	37.50	19.23	55.35
2011	数量	2	13	2	2	3	5	27
	比例（%）	7.41	48.15	7	7.41	11.11	18.52	100
	指数	90.91	52.85	36	23.26	37.50	96.15	50
2012	数量	1	26	1	5	3	3	39
	比例（%）	2.56	66.67	3	12.82	7.69	7.69	100
	指数	45.45	105.69	18	58.14	37.50	57.69	72
2013	数量	3	20	4	4	5	3	39
	比例（%）	7.69	51.28	10	10.26	12.82	7.69	100
	指数	136.36	81.30	71	46.51	62.50	57.69	72
2014	数量	2	28	4	11	8	5	58
	比例（%）	3.45	48.28	7	18.97	13.79	8.62	100
	指数	90.91	113.82	71	127.91	100.00	96.15	107

续表

年份		东北亚	东南亚	南亚	西亚北非	中东欧	中亚	合计
2015	数量	3	36	17	21	21	10	108
	比例（%）	2.78	33.33	16	19.44	19.44	9.26	100
	指数	136.36	146.34	304	244.19	262.50	192.31	199
2016	数量	1	58	28	31	16	8	142
	比例（%）	0.70	40.85	19.72	21.83	11.27	5.63	100.00
	指数	45.45	235.77	500	360.47	200.00	153.85	262
2017	数量	10	80	36	35	17	9	187
	比例（%）	5.35	42.78	19	18.72	9.09	4.81	100
	指数	454.55	325.20	643	406.98	212.50	173.08	345
2018	数量	2	101	42	27	9	4	185
	比例（%）	1.08	54.59	23	14.59	4.86	2.16	100
	指数	90.91	410.57	750	313.95	112.50	76.92	341
2019	数量	4	85	32	18	12	6	157
	比例（%）	2.55	54.14	20	11.46	7.64	3.82	100
	指数	181.82	345.53	571	209.30	150.00	115.38	290
合计	数量	38	539	185	174	109	65	1110
	比例（%）	3.42	48.56	17	15.68	9.82	5.86	100
2011—2015 年均值		2.20	24.60	6	8.60	8	5.2	54

表 2-5-9　2005—2019 年中国民营企业并购投资"一带一路"标的区域的金额及指数汇总表

（单位：百万美元）

年份		东北亚	东南亚	南亚	西亚北非	中东欧	中亚	合计
2005	金额	0.00	146.26	12.55	0.13	0.00	0.00	158.94
	比例（%）	0.00	92.02	8	0.08	0.00	0.00	100
	指数	0.00	16.60	2	0.03	0.00	0.00	3
2006	金额	84.62	41.79	0.00	31.00	0.00	2.30	159.71
	比例（%）	52.98	26.17	0	19.41	0.00	1.44	100
	指数	5.60	4.74	0	6.84	0.00	0.33	3

续表

年份		东北亚	东南亚	南亚	西亚北非	中东欧	中亚	合计
2007	金额	154.96	306.06	0.00	30.00	0.00	0.00	491.02
	比例（%）	31.56	62.33	0	6.11	0.00	0.00	100
	指数	10.26	34.73	0	6.62	0.00	0.00	11
2008	金额	14.62	117.08	720.43	30.00	400.00	0.00	1282.13
	比例（%）	1.14	9.13	56	2.34	31.20	0.00	100
	指数	0.97	13.29	138	6.62	70.42	0.00	28
2009	金额	0.00	116.67	0.00	30.00	150.23	67.50	364.40
	比例（%）	0.00	32.02	0	8.23	41.23	18.52	100
	指数	0.00	13.24	0	6.62	26.45	9.56	8
2010	金额	0.00	72.47	754.90	80.00	0.00	0.00	907.37
	比例（%）	0.00	7.99	83.20	8.82	0.00	0.00	100.00
	指数	0.00	8.22	144.25	17.65	0.00	0.00	19.54
2011	金额	0.00	287.77	49.43	0.00	0.00	983.84	1321.04
	比例（%）	0.00	21.78	4	0.00	0.00	74.47	100
	指数	0.00	32.65	9	0.00	0.00	139.35	28
2012	金额	0.00	213.04	0.00	122.87	110.55	468.04	914.50
	比例（%）	0.00	23.30	0	13.44	12.09	51.18	100
	指数	0.00	24.17	0	27.11	19.46	66.29	20
2013	金额	6173.95	611.00	70.71	31.55	0.00	1244.98	8132.19
	比例（%）	75.92	7.51	1	0.39	0.00	15.31	100
	指数	408.61	69.33	14	6.96	0.00	176.33	175
2014	金额	0.00	1029.80	38.52	210.87	5.84	151.86	1436.89
	比例（%）	0.00	71.67	3	14.68	0.41	10.57	100
	指数	0.00	116.86	7	46.53	1.03	21.51	31
2015	金额	1380.81	2264.68	2457.93	1900.71	2723.85	681.45	11409.43
	比例（%）	12.10	19.85	22	16.66	23.87	5.97	100
	指数	91.39	256.98	470	419.40	479.51	96.52	246

年份		东北亚	东南亚	南亚	西亚北非	中东欧	中亚	合计
2016	金额	886.90	3730.44	3012.54	2410.44	1660.72	235.76	11936.80
	比例（%）	7.43	31.25	25.24	20.19	13.91	1.98	100.00
	指数	58.70	423.31	576	531.87	292.36	33.39	257
2017	金额	13247.87	5761.68	5441.57	1301.12	1055.90	904.86	27713.00
	比例（%）	47.80	20.79	20	4.69	3.81	3.27	100
	指数	876.79	653.80	1040	287.10	185.88	128.16	597
2018	金额	5.10	8998.82	3115.39	3360.24	517.39	101.10	16098.04
	比例（%）	0.03	55.90	19	20.87	3.21	0.63	100
	指数	0.34	1021.13	595	741.45	91.08	14.32	347
2019	金额	41.87	10785.85	2646.46	912.55	2595.81	85.67	17068.21
	比例（%）	0.25	63.19	16	5.35	15.21	0.50	100
	指数	2.77	1223.92	506	201.36	456.97	12.13	368
合计	金额	21990.70	34483.41	18320.43	10451.48	9220.29	4927.36	99393.67
	比例（%）	22.12	34.69	18	10.52	9.28	4.96	100
2011—2015年均值		1510.95	881.26	523	453.20	568.048	706.034	4643

从绿地投资项目数量的角度看，区域分布上以东南亚和南亚为首。自2013年"一带一路"倡议提出以来，东南亚和南亚都出现了大规模的增长，除2017年小幅回落外都呈现增长的态势，特别是2019年民企在南亚地区投资与整体下降趋势相反，呈现了强势的增长。其余四个地区投资数量占比较小，但2013年后波动上涨的趋势明显。在绿地投资金额层面，东南亚、南亚和西亚北非在2013年后呈现波动上升的趋势，中东欧和中亚表现出稳定小幅上升的态势。在国内外投资环境恶化的2019年，除东北亚和西亚北非外，民企对其他地区的绿地投资金额都出现了不同程度的下降。其中东北亚2019年吸收了民企122.37亿美元的绿地投资，在2019年"一带一路"绿地总投资中占比达到49.86%，一改以往投资规模较小的特点，成为占比最大的区域。综合可见，民企"一带一路"绿地投资项目数量和

金额都有增长，且投资金额的地域分布较分散，除中东欧和中亚的增势不太明显外，其余地区都展现出了很大的增长潜力。

表 2-5-10　2005—2019 年中国民营企业绿地投资"一带一路"标的区域的项目数量及指数汇总表

（单位：件）

年份		东北亚	东南亚	南亚	西亚北非	中东欧	中亚	合计
2005	数量	8	5	4	4	5	1	27
	比例（%）	29.63	18.52	15	14.81	18.52	3.70	100
	指数	142.86	24.75	29	58.82	45.45	45.45	45
2006	数量	6	4	4	3	1	0	18
	比例（%）	33.33	22.22	22	16.67	5.56	0.00	100
	指数	107.14	19.80	29	44.12	9.09	0.00	30
2007	数量	3	10	4	2	5	0	24
	比例（%）	12.50	41.67	17	8.33	20.83	0.00	100
	指数	53.57	49.50	29	29.41	45.45	0.00	40
2008	数量	3	16	7	7	2	0	35
	比例（%）	8.57	45.71	20	20.00	5.71	0.00	100
	指数	53.57	79.21	51	102.94	18.18	0.00	59
2009	数量	5	16	2	2	4	1	30
	比例（%）	16.67	53.33	7	6.67	13.33	3.33	100
	指数	89.29	79.21	14	29.41	36.36	45.45	50
2010	数量	7	13	9	4	10	0	43
	比例（%）	16.28	30.23	20.93	9.30	23.26	0.00	100.00
	指数	125.00	64.36	65.22	58.82	90.91	0.00	72.15
2011	数量	4	17	7	3	15	0	46
	比例（%）	8.70	36.96	15	6.52	32.61	0.00	100
	指数	71.43	84.16	51	44.12	136.36	0.00	77
2012	数量	4	10	9	6	13	0	42
	比例（%）	9.52	23.81	21	14.29	30.95	0.00	100
	指数	71.43	49.50	65	88.24	118.18	0.00	70

续表

年份		东北亚	东南亚	南亚	西亚北非	中东欧	中亚	合计
2013	数量	4	15	3	3	11	3	39
	比例（%）	10.26	38.46	8	7.69	28.21	7.69	100
	指数	71.43	74.26	22	44.12	100.00	136.36	65
2014	数量	4	22	14	13	10	1	64
	比例（%）	6.25	34.38	22	20.31	15.63	1.56	100
	指数	71.43	108.91	101	191.18	90.91	45.45	107
2015	数量	12	37	36	9	6	7	107
	比例（%）	11.21	34.58	34	8.41	5.61	6.54	100
	指数	214.29	183.17	261	132.35	54.55	318.18	180
2016	数量	14	49	42	26	17	4	152
	比例（%）	9.21	32.24	27.63	17.11	11.18	2.63	100.00
	指数	250.00	242.57	304	382.35	154.55	181.82	255
2017	数量	15	37	22	15	13	1	103
	比例（%）	14.56	35.92	21	14.56	12.62	0.97	100
	指数	267.86	183.17	159	220.59	118.18	45.45	173
2018	数量	16	79	47	27	28	16	213
	比例（%）	7.51	37.09	22	12.68	13.15	7.51	100
	指数	285.71	391.09	341	397.06	254.55	727.27	357
2019	数量	20	52	56	22	28	4	182
	比例（%）	10.99	28.57	31	12.09	15.38	2.20	100
	指数	357.14	257.43	406	323.53	254.55	181.82	305
合计	数量	125	382	266	146	168	38	1125
	比例（%）	11.11	33.96	24	12.98	14.93	3.38	100
2011—2015年均值		5.60	20.20	14	6.80	11	2.2	60

表 2-5-11　2005—2019 年中国民营企业绿地投资"一带一路"

标的区域的金额及指数汇总表

（单位：百万美元）

年份		东北亚	东南亚	南亚	西亚北非	中东欧	中亚	合计
2005	金额	1026.82	113.00	110.10	112.90	55.90	283.60	1702.32
	比例（%）	60.32	6.64	6.47	6.63	3.28	16.66	100
	指数	150.04	2.91	5.45	17.77	12.57	269.52	22
2006	金额	1282.70	70.30	185.20	78.50	56.20	0.00	1672.90
	比例（%）	76.68	4.20	11.07	4.69	3.36	0.00	100
	指数	187.42	1.81	9.17	12.36	12.64	0.00	22
2007	金额	415.20	1565.50	104.90	43.49	115.20	0.00	2244.29
	比例（%）	18.50	69.75	4.67	1.94	5.13	0.00	100
	指数	60.67	40.34	5.20	6.85	25.90	0.00	29
2008	金额	106.60	704.12	244.95	43.40	145.70	0.00	1244.77
	比例（%）	8.56	56.57	19.68	3.49	11.70	0.00	100
	指数	15.58	18.14	12.13	6.83	32.76	0.00	16
2009	金额	324.10	582.02	30.00	12.70	111.78	30.00	1090.60
	比例（%）	29.72	53.37	2.75	1.16	10.25	2.75	100
	指数	47.36	15.00	1.49	2.00	25.14	28.51	14
2010	金额	456.70	1138.00	1746.80	288.50	402.45	0.00	4032.45
	比例（%）	11.33	28.22	43.32	7.15	9.98	0.00	100.00
	指数	66.73	29.32	86.52	45.42	90.50	0.00	51.90
2011	金额	800.30	6123.09	483.50	1812.70	329.31	0.00	9548.90
	比例（%）	8.38	64.12	5.06	18.98	3.45	0.00	100
	指数	116.94	157.78	23.95	285.37	74.05	0.00	123
2012	金额	18.45	1223.70	1187.78	682.70	364.19	0.00	3476.82
	比例（%）	0.53	35.20	34.16	19.64	10.47	0.00	100
	指数	2.70	31.53	58.83	107.48	81.89	0.00	45
2013	金额	0.00	327.00	0.00	20.00	172.85	26.80	546.65
	比例（%）	0.00	59.82	0.00	3.66	31.62	4.90	100
	指数	0.00	8.43	0.00	3.15	38.87	25.47	7
2014	金额	2270.00	2974.99	513.95	57.95	1266.34	70.00	7153.23
	比例（%）	31.73	41.59	7.18	0.81	17.70	0.98	100
	指数	331.69	76.66	25.46	9.12	284.75	66.52	92

续表

年份		东北亚	东南亚	南亚	西亚北非	中东欧	中亚	合计
2015	金额	333.16	8754.51	7909.82	602.70	90.87	429.33	18120.39
	比例（%）	1.84	48.31	43.65	3.33	0.50	2.37	100
	指数	48.68	225.59	391.77	94.88	20.43	408.01	233
2016	金额	319.58	8009.32	11193.20	22531.81	782.69	159.60	42996.20
	比例（%）	0.74	18.63	26.03	52.40	1.82	0.37	100.00
	指数	46.70	206.39	554.39	3547.14	176.00	151.67	553
2017	金额	1562.90	4820.70	2752.23	2920.50	668.03	271.90	12996.26
	比例（%）	12.03	37.09	21.18	22.47	5.14	2.09	100
	指数	228.37	124.22	136.32	459.77	150.22	258.40	167
2018	金额	430.39	11565.54	3250.81	1514.77	1675.07	1413.30	19849.88
	比例（%）	2.17	58.27	16.38	7.63	8.44	7.12	100
	指数	62.89	298.03	161.01	238.47	376.66	1343.11	255
2019	金额	12236.61	4150.78	3415.68	3851.95	747.20	139.10	24541.32
	比例（%）	49.86	16.91	13.92	15.70	3.04	0.57	100
	指数	1787.98	106.96	169.18	606.41	168.02	132.19	316
合计	金额	21583.51	52122.57	33128.93	34574.57	6983.78	2823.63	151216.99
	比例（%）	14.27	34.47	21.91	22.86	4.62	1.87	100
2011—2015年均值		684.38	3880.66	2019	635.21	444.7122	105.226	7769

本章小结

一、受全球经济下行趋势影响，2019 年民企海外直接投资规模总体下降

在 2017 年政府限制投资政策的冲击尚未完全消减的情况下，2019 年国内外投资环境继续恶化，企业面临贸易保护主义抬头、国内经济结构转型调整等情形，民营企业海外直接投资规模总体呈下降趋势，投资项目数量同比下降 18.54％至 1279 件，投资金额锐减为 1223.8 亿美元，较 2018 年降低 17.83％，民企海外投资的积极性受到抑制。

二、环渤海地区民企海外直接投资金额于 2019 年逆势增长

不同于其他地区民企投资金额的下降趋势，2019 年环渤海地区民企投资金额出现 39.28% 的同比增长，实现了自 2016 年投资金额持续降低后的首次回升，投资金额达到 502.4 亿美元，在当年度民企总投资金额中占比为 45.66%。对比环渤海地区民企投资项目数量 22.54% 的下降，可见 2019 年环渤海地区平均海外直接投资金额规模较高，测算显示 2019 年环渤海地区平均投资金额规模约为 1.52 亿美元，较 2018 年同比上升 79.80%。

三、部分转型经济体国家成为 2019 年民企海外直接投资的选择热点

2019 年民企海外直接投资规模整体缩减，发达经济体、发展中经济体和转型经济体所接受的投资均受到影响，项目数量上以发达经济体的影响最高，同比降低 25%；金额上发展中经济体的金额下降尤为显著，较 2018 年降低 30.57%。在此背景下，转型经济体反而在 2019 年受到民企投资的青睐，投资项目数量与 2018 年基本持平，投资金额同比扩张 315.05% 至 129.49 亿美元，其中主要以民企向俄罗斯和塞尔维亚的投资增加为主。由此可见，部分转型经济体国家正在逐步发展成为民企海外投资时的重要选择对象。

四、民企海外直接投资集中分布于非制造业，但近年来投资规模逐渐缩减

从民企对于制造业和非制造业的海外直接投资规模分布来看，2005—2019 年非制造业的海外直接投资项目数量始终领先于制造业，并基本维持在 7∶3 的比例；投资金额也主要集中于非制造业，2005—2019 年间对非制造业的投资金额在民企总投资中的占比达到 63%。近年来，民企对非制造业的投资有逐渐缩减趋势，特别体现在投资金额方面，近年来连续下降，2019 年跌至 1251.53 亿美元，是自 2015 年以来的民企在非制造业海

外投资的最低水平。而民企对制造业的投资受经济环境影响虽也有下降，但在总投资中的占比在 2017—2019 年间持续保持在 40% 左右水平，较以往年份约 33% 的占比①而言有所提升。

五、在"一带一路"沿线国家，民企更倾向于采用绿地投资

自 2013 年"一带一路"倡议提出以来，民企对"一带一路"沿线国家的投资总体呈上升趋势，尤其在 2014—2016 年间投资规模持续高增长，2019 年在国内外经济环境变化莫测的背景下，民企"一带一路"投资金额指数仍实现 15.75% 的增长，达到 416.1 亿美元。总体来看，对"一带一路"沿线国家的投资与民营企业海外总投资变化趋势基本一致。但就投资模式而言，民企在"一带一路"地区更倾向于采用绿地投资模式，特别在投资金额方面，民企"一带一路"绿地投资金额仅在 2008 年、2013 年和 2017 年低于并购，其余年份均高于并购投资金额。2016 年民企"一带一路"绿地投资金额达到十五年间的峰值水平——429.96 亿美元，远高于并购的 119.37 亿美元，在当年度全国企业"一带一路"总投资金额中的占比高达 39.36%。

---

① 即以 2005—2016 年民企在制造业的投资总金额除以此十二年间民企海外直接投资总金额。

第三章 中国民营企业海外直接投资指数：并购投资篇

本章以民营企业海外并购投资活动为研究主体，基于中国民营企业海外直接投资六级指标体系，分别从总投资、投资方来源地、投资标的国（地区）、投资标的行业角度测算中国企业海外并购投资指数，从多角度描述 2005—2019 年民营企业海外并购投资的发展特征。

第一节 民营企业海外并购投资指数

一、民营企业海外并购投资与全国海外并购投资的比较

从项目数量上看，2005—2019 年民企海外并购投资整体呈现增长态势，并于 2018 年达到峰值 1036 件，2019 年同比下降 20.56% 至 823 件；从金额上看，民营企业并购金额总体波动幅度较大，2015 年达到历史最高额 1996.09 亿美元，此后呈现持续下降的趋势，2019 年民企并购金额仅为 802.05 亿美元，未达到 2015 年的一半水平。

对比同期全国并购投资数据可以发现，民企与全国海外并购投资在 2005—2019 年间呈现大体相同的发展趋势。全国并购项目数量同样在 2018 年达到最高值 1403 件，其中民企并购项目数量占比 73.8%。

在金额方面，2014 年全国并购金额达到 6253.94 亿美元峰值后，出现波动下降的趋势。受国内外负面因素影响，2019 年全国并购金额仅为 1652.7 亿美元，同比下降 20.39%，但民企在并购金额中的占比仍达到

48.53%，为历年来的较高水平。可见，民企在全国海外并购投资中占据重要的地位。

表 3-1-1　2005—2019 年中国民营企业海外并购投资项目数量和
金额汇总及与全国海外并购的比较

年份	民营企业海外并购投资				全国海外并购投资			
	项目数量（件）	同比增长（%）	金额（亿美元）	同比增长（%）	项目数量（件）	同比增长（%）	金额（亿美元）	同比增长（%）
2005	99	—	22.86		227	—	153.65	
2006	123	24.24	47.29	106.88	275	21.15	347.37	126.08
2007	141	14.63	153.15	223.85	331	20.36	623.30	79.43
2008	216	53.19	104.26	−31.92	421	27.19	450.02	−27.80
2009	190	−12.04	31.67	−69.63	474	12.59	978.04	117.33
2010	223	17.37	199.08	528.70	439	−7.38	997.10	1.95
2011	250	12.11	170.08	−14.56	519	18.22	1235.83	23.94
2012	279	11.60	138.32	−18.67	506	−2.50	1068.42	−13.55
2013	312	11.83	642.06	364.18	535	5.73	1539.70	44.11
2014	435	39.42	969.67	51.02	726	35.70	6253.94	306.18
2015	667	53.33	1996.09	105.85	1019	40.36	3493.01	−44.15
2016	962	44.23	1994.75	−0.07	1332	30.72	3129.13	−10.42
2017	914	−4.99	1553.47	−22.12	1287	−3.38	4237.81	35.43
2018	1036	13.35	1091.84	−29.72	1403	9.01	2076.00	−51.01
2019	823	−20.56	802.05	−26.54	1118	−20.31	1652.70	−20.39
合计	6670		9916.64		10612		28236.02	

二、民营企业海外并购投资项目数量指数和金额指数

从表 3-1-2 和图 3-1-2 可以看出，近年来民企并购项目数量指数与金额指数变化趋势呈现出显著差异。其中，民企并购项目数量指数在 2018 年

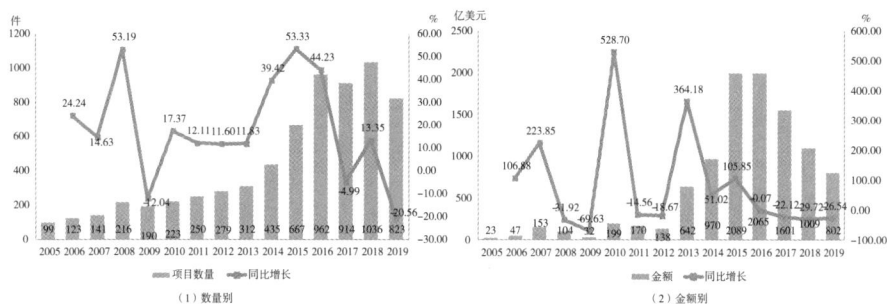

图 3-1-1　2005—2019 年中国民营企业海外并购投资项目数量和金额的增长变化图

前逐步提升并达到历史最高值 266.60，2019 年则大幅下降至 211.79；金额指数在 2015 年达到峰值 254.85 后即出现持续下降的态势，至 2019 年金额指数下降至 102.40，不足历史峰值的一半。综合来看，民企并购项目数量指数增长趋缓，金额指数大幅下降，可见近年来受国内外政策调整和投资环境变动的影响，民企对于海外并购投资的表现有所下降，民企海外并购投资更加理性。

表 3-1-2　2005—2019 年中国民营企业海外并购投资项目数量及金额指数

年份	项目数量指数	金额指数
2005	25.48	2.92
2006	31.65	6.04
2007	36.28	19.55
2008	55.58	13.31
2009	48.89	4.04
2010	57.39	25.42
2011	64.33	21.72
2012	71.80	17.66
2013	80.29	81.97
2014	111.94	123.80
2015	171.64	254.85
2016	247.56	254.68
2017	235.20	198.34

续表

年份	项目数量指数	金额指数
2018	266.60	139.40
2019	211.79	102.40

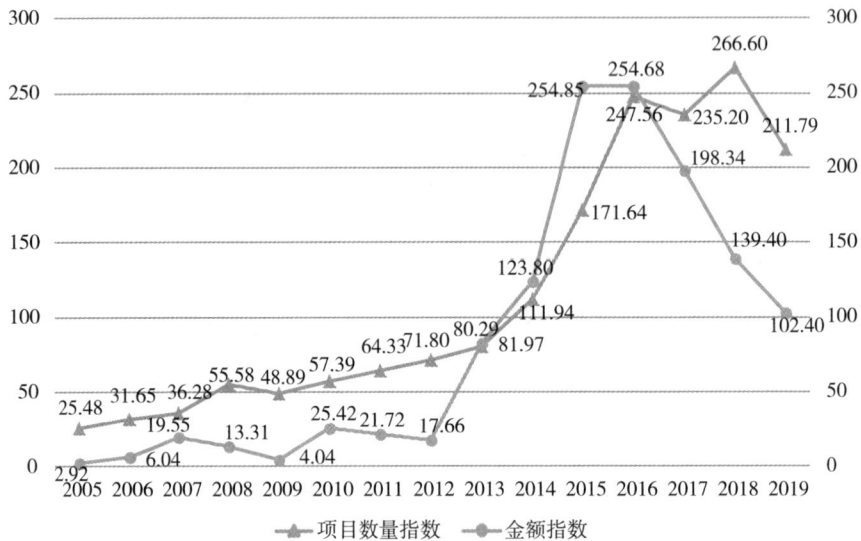

图 3-1-2 2005—2019 年中国民营企业海外并购投资项目数量及金额指数变化图

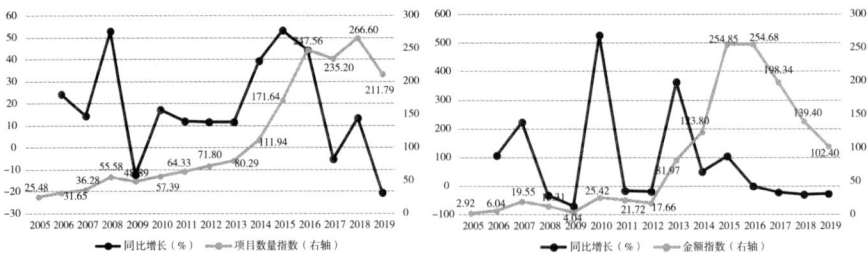

**图 3-1-3 2005—2019 年中国民营企业海外并购投资项目数量和
金额指数及同比增长率变化图**

第二节　民营企业海外并购投资来源地别指数

本节对民营企业海外并购投资的项目数量与金额按照投资方来源地进行统计分析，主要划分为环渤海地区、长三角地区、珠三角地区、中部地区与西部地区五大区域。

一、民营企业海外并购投资项目数量在不同投资方来源地的分布

2005—2018 年五大区域民企并购项目数量总体呈增长趋势，但 2019 年各大区域项目数量均明显下降，较 2018 年下降的比例依次为环渤海地区 26.6%、长三角地区 18.2%、珠三角地区 23.3%、中部地区 26.7% 和西部地区 26.9%。从并购投资在各大来源地分布看，东部各区域民企并购投资更为集中，中西部区域则处于劣势。其中，2019 年五大区域中民企并购项目数量最多的是长三角地区，全年并购项目数量为 297 件，占比 40.1%；环渤海地区和珠三角地区并购项目数量分别为 190 件和 171 件，占比为 25.7% 和 23.1%，与长三角地区有较大差距；中部地区与西部地区全年并购项目数量分别为 44 件、38 件，占比仅为 6.0% 和 5.1%。

民企并购投资在不同区域分布不均的特点，不仅在东、中西部有明显体现，表 3-2-1 还显示出在长三角、环渤海及珠三角地区内部，也表现出民企并购投资项目来源地集中于区域核心城市或城市群的特点，例如环渤海地区集中于京津冀、长三角地区集中于上海、珠三角地区集中于广东等。

表 3-2-1 2005—2019 年中国民营企业并购投资项目数量
在不同投资方来源地的分布及指数汇总表

（单位：件）

| 年份 | 环渤海地区 | | | | | | | | | | | |
| | 京津冀 | | | | 其他 | | | | 合计 | | | |
	项目数	同比增长（%）	占比（%）	指数	项目数	同比增长（%）	占比（%）	指数	项目数	同比增长（%）	占比（%）	指数
2005	12	—	70.59	15.23	5	—	29.41	19.69	17	—	32.08	16.31
2006	8	−33.3	53.33	10.15	7	40.0	46.67	27.56	15	−11.8	24.59	14.40
2007	23	187.5	71.88	29.19	9	28.6	28.13	35.43	32	113.3	40.51	30.71
2008	14	−39.1	70.00	17.77	6	−33.3	30.00	23.62	20	−37.5	28.57	19.19
2009	19	35.7	45.24	24.11	23	283.3	54.76	90.55	42	110.0	39.62	40.31
2010	22	15.8	66.67	27.92	11	−52.2	33.33	43.31	33	−21.4	29.73	31.67
2011	33	50.0	57.89	41.88	24	118.2	42.11	94.49	57	72.7	35.40	54.70
2012	41	24.2	66.13	52.03	21	−12.5	33.87	82.68	62	8.8	32.63	59.50
2013	61	48.8	71.76	77.41	24	14.3	28.24	94.49	85	37.1	35.86	81.57
2014	96	57.4	79.34	121.83	25	4.2	20.66	98.43	121	42.4	37.00	116.12
2015	163	69.8	83.16	206.85	33	32.0	16.84	129.92	196	62.0	33.97	188.10
2016	211	29.4	81.78	267.77	47	42.4	18.22	185.04	258	31.6	29.32	247.60
2017	186	−11.8	77.18	236.04	55	17.0	22.82	216.54	241	−6.6	28.69	231.29
2018	217	16.7	83.78	275.38	42	−23.6	16.22	165.35	259	7.5	27.06	248.56
2019	141	−35.0	74.21	178.93	49	16.7	25.79	192.91	190	−26.6	25.68	182.34
合计	1247		76.60		381		23.40		1628		30.21	
2011—2015年均值	78.8			100.00	25.40			100.00	104.2			100.00

| 年份 | 长三角地区 | | | | | | | | | | | |
| | 上海 | | | | 其他 | | | | 合计 | | | |
	项目数	同比增长（%）	占比（%）	指数	项目数	同比增长（%）	占比（%）	指数	项目数	同比增长（%）	占比（%）	指数
2005	5	—	45.45	11.21	6	—	54.55	11.95	11	—	20.75	11.60
2006	11	120.0	64.71	24.66	6	0.0	35.29	11.95	17	54.5	27.87	17.93
2007	5	−54.5	35.71	11.21	9	50.0	64.29	17.93	14	−17.6	17.72	14.77

年份	长三角地区											
	上海				其他				合计			
	项目数	同比增长（%）	占比（%）	指数	项目数	同比增长（%）	占比（%）	指数	项目数	同比增长（%）	占比（%）	指数
2008	5	0.0	27.78	11.21	13	44.4	72.22	25.90	18	28.6	25.71	18.99
2009	6	20.0	21.43	13.45	22	69.2	78.57	43.82	28	55.6	26.42	29.54
2010	9	50.0	29.03	20.18	22	0.0	70.97	43.82	31	10.7	27.93	32.70
2011	16	77.8	34.78	35.87	30	36.4	65.22	59.76	46	48.4	28.57	48.52
2012	16	0.0	30.19	35.87	37	23.3	69.81	73.71	53	15.2	27.89	55.91
2013	20	25.0	29.85	44.84	47	27.0	70.15	93.63	67	26.4	28.27	70.68
2014	58	190.0	55.77	130.04	46	-2.1	44.23	91.63	104	55.2	31.80	109.70
2015	113	94.8	55.39	253.36	91	97.8	44.61	181.27	204	96.2	35.36	215.19
2016	151	33.6	46.46	338.57	174	91.2	53.54	346.61	325	59.3	36.93	342.83
2017	135	-10.6	44.70	302.69	167	-4.0	55.30	332.67	302	-7.1	35.95	318.57
2018	167	23.7	46.01	374.44	196	17.4	53.99	390.44	363	20.2	37.93	382.91
2019	122	-26.9	41.08	273.54	175	-10.7	58.92	348.61	297	-18.2	40.14	313.29
合计	839		44.63		1041		55.37		1880		34.89	
2011—2015年均值	44.6			100.00	50.2			100.00	94.8			100.00

年份	珠三角地区											
	广东				其他				合计			
	项目数	同比增长（%）	占比（%）	指数	项目数	同比增长（%）	占比（%）	指数	项目数	同比增长（%）	占比（%）	指数
2005	11	—	73.33	23.91	4	—	26.67	23.26	15	—	28.30	23.73
2006	15	36.4	88.24	32.61	2	-50.0	11.76	11.63	17	13.3	27.87	26.90
2007	12	-20.0	63.16	26.09	7	250.0	36.84	40.70	19	11.8	24.05	30.06
2008	17	41.7	94.44	36.96	1	-85.7	5.56	5.81	18	-5.3	25.71	28.48
2009	8	-52.9	50.00	17.39	8	700.0	50.00	46.51	16	-11.1	15.09	25.32
2010	21	162.5	72.41	45.65	8	0.0	27.59	46.51	29	81.3	26.13	45.89
2011	21	0.0	58.33	45.65	15	87.5	41.67	87.21	36	24.1	22.36	56.96
2012	29	38.1	74.36	63.04	10	-33.3	25.64	58.14	39	8.3	20.53	61.71

年份	珠三角地区											
	广东				其他				合计			
	项目数	同比增长（％）	占比（％）	指数	项目数	同比增长（％）	占比（％）	指数	项目数	同比增长（％）	占比（％）	指数
2013	41	41.4	68.33	89.13	19	90.0	31.67	110.47	60	53.8	25.32	94.94
2014	50	22.0	79.37	108.70	13	−31.6	20.63	75.58	63	5.0	19.27	99.68
2015	89	78.0	75.42	193.48	29	123.1	24.58	168.60	118	87.3	20.45	186.71
2016	139	56.2	74.33	302.17	48	65.5	25.67	279.07	187	58.5	21.25	295.89
2017	154	10.8	82.80	334.78	32	−33.3	17.20	186.05	186	−0.5	22.14	294.30
2018	174	13.0	78.03	378.26	49	53.1	21.97	284.88	223	19.9	23.30	352.85
2019	143	−17.8	83.63	310.87	28	−42.9	16.37	162.79	171	−23.3	23.11	270.57
合计	924		77.19		273		22.81		1197		22.21	
2011—2015年均值	46			100.00	17.2			100.00	63.2			100.00

年份	中部地区											
	华北东北				中原华中				合计			
	项目数	同比增长（％）	占比（％）	指数	项目数	同比增长（％）	占比（％）	指数	项目数	同比增长（％）	占比（％）	指数
2005	1	—	16.67	22.73	5	—	83.33	29.41	6	—	11.32	28.04
2006	1	0.0	25.00	22.73	3	−40.0	75.00	17.65	4	−33.3	6.56	18.69
2007	3	200.0	30.00	68.18	7	133.3	70.00	41.18	10	150.0	12.66	46.73
2008	2	−33.3	40.00	45.45	3	−57.1	60.00	17.65	5	−50.0	7.14	23.36
2009	2	0.0	25.00	45.45	6	100.0	75.00	35.29	8	60.0	7.55	37.38
2010	5	150.0	45.45	113.64	6	0.0	54.55	35.29	11	37.5	9.91	51.40
2011	0	−100.0	0.00	0.00	10	66.7	100.00	58.82	10	−9.1	6.21	46.73
2012	9	n. a.	34.62	204.55	17	70.0	65.38	100.00	26	160.0	13.68	121.50
2013	4	−55.6	33.33	90.91	8	−52.9	66.67	47.06	12	−53.8	5.06	56.07
2014	3	−25.0	11.11	68.18	24	200.0	88.89	141.18	27	125.0	8.26	126.17
2015	6	100.0	18.75	136.36	26	8.3	81.25	152.94	32	18.5	5.55	149.53
2016	17	183.3	25.76	386.36	49	88.5	74.24	288.24	66	106.3	7.50	308.41
2017	13	−23.5	21.31	295.45	48	−2.0	78.69	282.35	61	−7.6	7.26	285.05

续表

年份	中部地区											
	华北东北				中原华中				合计			
	项目数	同比增长(%)	占比(%)	指数	项目数	同比增长(%)	占比(%)	指数	项目数	同比增长(%)	占比(%)	指数
2018	15	15.4	25.00	340.91	45	−6.3	75.00	264.71	60	−1.6	6.27	280.37
2019	7	−53.3	15.91	159.09	37	−17.8	84.09	217.65	44	−26.7	5.95	205.61
合计	88		23.04		294		76.96		382		7.09	
2011—2015年均值	4.4			100.00	17			100.00	21.4			100.00

年份	西部地区											
	西北				西南				合计			
	项目数	同比增长(%)	占比(%)	指数	项目数	同比增长(%)	占比(%)	指数	项目数	同比增长(%)	占比(%)	指数
2005	2	—	50.00	38.46	2	—	50.00	20.83	4	—	7.55	27.03
2006	1	−50.0	12.50	19.23	7	250.0	87.50	72.92	8	100.0	13.11	54.05
2007	0	−100.0	0.00	0.00	4	−42.9	100.00	41.67	4	−50.0	5.06	27.03
2008	2	n. a.	22.22	38.46	7	75.0	77.78	72.92	9	125.0	12.86	60.81
2009	4	100.0	33.33	76.92	8	14.3	66.67	83.33	12	33.3	11.32	81.08
2010	0	−100.0	0.00	0.00	7	−12.5	100.00	72.92	7	−41.7	6.31	47.30
2011	4	n. a.	33.33	76.92	8	14.3	66.67	83.33	12	71.4	7.45	81.08
2012	3	−25.0	30.00	57.69	7	−12.5	70.00	72.92	10	−16.7	5.26	67.57
2013	4	33.3	30.77	76.92	9	28.6	69.23	93.75	13	30.0	5.49	87.84
2014	5	25.0	41.67	96.15	7	−22.2	58.33	72.92	12	−7.7	3.67	81.08
2015	10	100.0	37.04	192.31	17	142.9	62.96	177.08	27	125.0	4.68	182.43
2016	16	60.0	36.36	307.69	28	64.7	63.64	291.67	44	63.0	5.00	297.30
2017	18	12.5	36.00	346.15	32	14.3	64.00	333.33	50	13.6	5.95	337.84
2018	14	−22.2	26.92	269.23	38	18.8	73.08	395.83	52	4.0	5.43	351.35
2019	9	−35.7	23.68	173.08	29	−23.7	76.32	302.08	38	−26.9	5.14	256.76
合计	92		30.46		210		69.54		302		5.60	
2011—2015年均值	5.2			100.00	9.6			100.00	14.8			100.00

年份	总计			
	项目数	同比增长（%）	占比（%）	指数
2005	53	—	100.00	17.76
2006	61	15.1	100.00	20.44
2007	79	29.5	100.00	26.47
2008	70	-11.4	100.00	23.46
2009	106	51.4	100.00	35.52
2010	111	4.7	100.00	37.20
2011	161	45.0	100.00	53.95
2012	190	18.0	100.00	63.67
2013	237	24.7	100.00	79.42
2014	327	38.0	100.00	109.58
2015	577	76.5	100.00	193.36
2016	880	52.5	100.00	294.91
2017	840	-4.5	100.00	281.50
2018	957	13.9	100.00	320.71
2019	740	-22.7	100.00	247.99
合计	5389		100.00	
2011—2015年均值	298.4			100.00

此处存在重复统计问题，故总计部分与表3-1-1、表3-1-2所示不一致，重复统计的处理方式与第二章相应部分的处理一致。

二、民营企业海外并购投资金额在不同投资方来源地的分布

　　同并购项目数量的不均衡分布的现状相似，民企并购金额在各大区域及区域内部同样呈现出不均衡分布的特点，但仍主要集中于核心城市。与此同时，民企并购金额的来源地分布与项目数量的来源地分布有着较大的差异。2019年，环渤海地区的民企并购金额规模在五大区域中排行首位，在经济环境恶化的情况下仍实现18.45%的同比上升，合计投资316.37亿美元，占比总并购金额的46.59%；其次是长三角地区，2019年并购投资232.17亿美元，同比下降48.74%；珠三角地区2019年并购金额规模为

99.10 亿美元，同比下降 47.16%，在总并购金额中占比 14.59%；中部地区、西部地区 2019 年并购金额规模仅为 26.56 亿美元和 4.92 亿美元，较 2018 年分别下降 63.17% 和 92.09%。

表 3-2-2　2005—2019 年中国民营企业并购投资金额
在不同投资方来源地的分布及指数汇总表

（单位：百万美元）

年份	环渤海地区											
	京津冀				其他				合计			
	金额	同比增长（%）	占比（%）	指数	金额	同比增长（%）	占比（%）	指数	金额	同比增长（%）	占比（%）	指数
2005	101.82	—	99.36	0.38	0.66	—	0.64	0.05	102.48	—	45.42	0.36
2006	895.23	779.2	96.71	3.33	30.50	4521.2	3.29	2.20	925.73	803.3	26.15	3.27
2007	539.31	-39.8	51.08	2.00	516.58	1593.7	48.92	37.33	1055.89	14.1	7.10	3.73
2008	424.82	-21.2	45.89	1.58	500.83	-3.0	54.11	36.19	925.65	-12.3	12.94	3.27
2009	791.23	86.3	61.26	2.94	500.42	-0.1	38.74	36.16	1291.65	39.5	49.53	4.56
2010	454.17	-42.6	46.56	1.69	521.32	4.2	53.44	37.67	975.49	-24.5	5.57	3.45
2011	4556.60	903.3	87.59	16.93	645.73	23.9	12.41	46.66	5202.33	433.3	34.02	18.38
2012	4733.62	3.9	83.70	17.59	921.72	42.7	16.30	66.61	5655.34	8.7	51.75	19.98
2013	13317.62	181.3	98.19	49.47	245.77	-73.3	1.81	17.76	13563.39	139.8	35.77	47.92
2014	27523.17	106.7	95.67	102.25	1244.32	406.3	4.33	89.92	28767.49	112.1	36.22	101.65
2015	84459.33	206.9	95.63	313.76	3861.73	210.3	4.37	279.06	88321.06	207.0	50.21	312.07
2016	51078.34	-39.5	90.48	189.75	5374.51	39.2	9.52	388.37	56452.85	-36.1	34.34	199.47
2017	59875.97	17.2	90.76	222.44	6093.51	13.4	9.24	440.33	65969.48	16.9	41.72	233.09
2018	21150.94	-64.7	79.19	78.58	5557.49	-8.8	20.81	401.60	26708.43	-59.5	25.64	94.37
2019	23946.61	13.2	75.69	88.96	7690.75	38.4	24.31	555.75	31637.36	18.5	46.59	111.79
合计	293848.78		89.71		33705.84		10.29		327554.62		38.09	
2011—2015年均值	26918.07			100.00	1383.85			100.00	28301.92			100.00

续表

年份	长三角地区											
	上海				其他				合计			
	金额	同比增长（%）	占比（%）	指数	金额	同比增长（%）	占比（%）	指数	金额	同比增长（%）	占比（%）	指数
2005	0.00	—	0.00	0.00	4.00	—	100.00	0.04	4.00	—	1.77	0.02
2006	85.85	n. a.	92.57	1.08	6.89	72.3	7.43	0.07	92.74	2218.5	2.62	0.54
2007	26.50	−69.1	14.60	0.33	155.02	2149.9	85.40	1.69	181.52	95.7	1.22	1.06
2008	38.56	45.5	9.67	0.49	360.39	132.5	90.33	3.92	398.95	119.8	5.58	2.33
2009	62.23	61.4	11.37	0.78	485.32	34.7	88.63	5.28	547.55	37.2	21.00	3.19
2010	157.52	153.1	7.45	1.98	1956.47	303.1	92.55	21.29	2113.99	286.1	12.08	12.33
2011	2658.45	1587.7	59.01	33.44	1846.89	−5.6	40.99	20.10	4505.34	113.1	29.46	26.28
2012	800.19	−69.9	27.22	10.07	2139.71	15.9	72.78	23.28	2939.90	−34.7	26.90	17.15
2013	9040.43	1029.8	62.75	113.72	5366.99	150.8	37.25	58.40	14407.42	390.1	38.00	84.05
2014	11984.14	32.6	77.58	150.75	3462.74	−35.5	22.42	37.68	15446.88	7.2	19.45	90.12
2015	15266.39	27.4	31.54	192.03	33136.44	856.9	68.46	360.55	48402.83	213.4	27.52	282.39
2016	31719.82	107.8	53.56	399.00	27502.56	−17.0	46.44	299.25	59222.38	22.4	36.02	345.51
2017	32726.44	3.2	61.61	411.66	20394.92	−25.8	38.39	221.91	53121.36	−10.3	33.60	309.92
2018	23362.18	−28.6	51.58	293.87	21935.23	7.6	48.42	238.67	45297.41	−14.7	43.48	264.27
2019	14806.38	−36.6	63.77	186.25	8411.04	−61.7	36.23	91.52	23217.42	−48.7	34.19	135.45
合计	142735.08		52.88		127164.61		47.12		269899.69		31.39	
2011—2015年均值	7949.92			100.00	9190.55			100.00	17140.47			100.00

年份	珠三角地区											
	广东				其他				合计			
	金额	同比增长（%）	占比（%）	指数	金额	同比增长（%）	占比（%）	指数	金额	同比增长（%）	占比（%）	指数
2005	27.61	—	100.00	0.37	0.00	—	0.00	0.00	27.61	—	12.24	0.19
2006	2441.53	8742.9	100.00	32.70	0.00	n. a.	0.00	0.00	2441.53	8742.9	68.97	16.82
2007	13383.21	448.1	100.00	179.25	0.00	n. a.	0.00	0.00	13383.21	448.1	90.01	92.22
2008	5487.17	−59.0	100.00	73.49	0.00	n. a.	0.00	0.00	5487.17	−59.0	76.70	37.81

续表

年份	珠三角地区											
	广东				其他				合计			
	金额	同比增长(%)	占比(%)	指数	金额	同比增长(%)	占比(%)	指数	金额	同比增长(%)	占比(%)	指数
2009	290.79	-94.7	85.52	3.89	49.22	n.a.	14.48	0.70	340.01	-93.8	13.04	2.34
2010	14040.44	4728.4	99.43	188.05	80.80	64.2	0.57	1.15	14121.24	4053.2	80.69	97.30
2011	369.16	-97.4	7.28	4.94	4699.08	5715.7	92.72	66.68	5068.24	-64.1	33.14	34.92
2012	608.57	64.9	77.09	8.15	180.82	-96.2	22.91	2.57	789.39	-84.4	7.22	5.44
2013	5521.84	807.3	60.24	73.96	3644.40	1915.5	39.76	51.72	9166.24	1061.2	24.17	63.16
2014	4755.15	-13.9	19.45	63.69	19694.11	440.4	80.55	279.48	24449.26	166.7	30.79	168.46
2015	26076.31	448.4	78.80	349.26	7015.61	-64.2	21.20	99.56	33091.92	35.3	18.81	228.02
2016	13884.94	-46.8	40.01	185.97	20817.18	196.7	59.99	295.41	34702.12	4.9	21.11	239.11
2017	10227.21	-26.3	45.72	136.98	12143.30	-41.7	54.28	172.32	22370.51	-35.5	14.15	154.14
2018	15494.19	51.5	82.62	207.52	3259.71	-73.2	17.38	46.26	18753.90	-16.2	18.00	129.22
2019	9231.96	-40.4	93.15	123.65	678.38	-79.2	6.85	9.63	9910.34	-47.2	14.59	68.29
合计	121840.08		62.77		72262.61		37.23		194102.69		22.57	
2011—2015年均值	7466.21			100.00	7046.80			100.00	14513.01			100.00

年份	中部地区											
	华北东北				中原华中				合计			
	金额	同比增长(%)	占比(%)	指数	金额	同比增长(%)	占比(%)	指数	金额	同比增长(%)	占比(%)	指数
2005	0.00	—	0.00	0.00	64.56	—	100.00	4.69	64.56	—	28.61	4.05
2006	6.70	n.a.	100.00	3.04	0.00	-100.0	0.00	0.00	6.70	-89.6	0.19	0.42
2007	27.68	313.1	11.83	12.56	206.26	n.a.	88.17	15.00	233.94	3391.6	1.57	14.66
2008	16.01	-42.2	13.52	7.27	102.45	-50.3	86.48	7.45	118.46	-49.4	1.66	7.42
2009	15.00	-6.3	14.83	6.81	86.18	-15.9	85.17	6.27	101.18	-14.6	3.88	6.34
2010	57.68	284.5	37.45	26.18	96.33	11.8	62.55	7.00	154.01	52.2	0.88	9.65
2011	0.00	-100.0	0.00	0.00	157.16	63.1	100.00	11.43	157.16	2.0	1.03	9.85
2012	673.45	n.a.	83.20	305.69	136.00	-13.5	16.80	9.89	809.45	415.0	7.41	50.73
2013	256.76	-61.9	62.36	116.55	154.98	14.0	37.64	11.27	411.74	-49.1	1.09	25.80

年份	中部地区											
	华北东北				中原华中				合计			
	金额	同比增长（%）	占比（%）	指数	金额	同比增长（%）	占比（%）	指数	金额	同比增长（%）	占比（%）	指数
2014	9.75	-96.2	0.74	4.43	1301.91	740.1	99.26	94.67	1311.66	218.6	1.65	82.21
2015	161.57	1557.1	3.06	73.34	5126.35	293.8	96.94	372.75	5287.92	303.1	3.01	331.41
2016	4474.65	2669.5	38.14	2031.11	7257.30	41.6	61.86	527.70	11731.95	121.9	7.14	735.28
2017	1650.16	-63.1	14.49	749.03	9734.41	34.1	85.51	707.81	11384.57	-3.0	7.20	713.50
2018	1835.59	11.2	25.46	833.20	5374.41	-44.8	74.54	390.79	7210.00	-36.7	6.92	451.87
2019	114.05	-93.8	4.29	51.77	2541.47	-52.7	95.71	184.80	2655.52	-63.2	3.91	166.43
合计	9299.05		22.33		32339.77		77.67		41638.82		4.84	
2011—2015年均值	220.31			100.00	1375.28			100.00	1595.59			100.00

年份	西部地区											
	西北				西南				合计			
	金额	同比增长（%）	占比（%）	指数	金额	同比增长（%）	占比（%）	指数	金额	同比增长（%）	占比（%）	指数
2005	13.59	—	50.37	6.42	13.39	—	49.63	0.63	26.98	—	11.96	1.15
2006	0.00	-100.0	0.00	0.00	73.14	446.2	100.00	3.43	73.14	171.1	2.07	3.12
2007	0.00	n. a.	0.00	0.00	13.39	-81.7	100.00	0.63	13.39	-81.7	0.09	0.57
2008	0.00	n. a.	0.00	0.00	223.58	1569.8	100.00	10.50	223.58	1569.8	3.13	9.55
2009	58.12	n. a.	17.74	27.44	269.47	20.5	82.26	12.65	327.59	46.5	12.56	13.99
2010	0.00	-100.0	0.00	0.00	135.63	-49.7	100.00	6.37	135.63	-58.6	0.78	5.79
2011	272.04	n. a.	75.72	128.44	87.24	-35.7	24.28	4.10	359.28	164.9	2.35	15.35
2012	100.89	-62.9	13.75	47.63	633.09	625.7	86.25	29.73	733.98	104.3	6.72	31.35
2013	78.34	-22.4	21.28	36.99	289.85	-54.2	78.72	13.61	368.19	-49.8	0.97	15.73
2014	51.43	-34.4	0.54	24.28	9392.07	3140.3	99.46	441.07	9443.50	2464.8	11.89	403.37
2015	556.31	981.7	69.46	262.66	244.55	-97.4	30.54	11.48	800.86	-91.5	0.46	34.21
2016	367.55	-33.9	16.06	173.53	1921.45	685.7	83.94	90.24	2289.00	185.8	1.39	97.77
2017	386.56	5.2	7.35	182.51	4874.72	153.7	92.65	228.93	5261.28	129.9	3.33	224.73
2018	669.15	73.1	10.76	315.93	5548.10	13.8	89.24	260.55	6217.25	18.2	5.97	265.56

续表

年份	西部地区											
	西北				西南				合计			
	金额	同比增长(%)	占比(%)	指数	金额	同比增长(%)	占比(%)	指数	金额	同比增长(%)	占比(%)	指数
2019	209.73	-68.7	42.67	99.02	281.84	-94.9	57.33	13.24	491.57	-92.1	0.72	21.00
合计	2763.71		10.33		24001.51		89.67		26765.22		3.11	
2011—2015年均值	211.80			100.00	2129.36			100.00	2341.16			100.00

| 年份 | 总计 | | | |
	金额	同比增长（%）	占比（%）	指数
2005	225.63	—	100.00	0.35
2006	3539.84	1468.9	100.00	5.54
2007	14867.95	320.0	100.00	23.27
2008	7153.81	-51.9	100.00	11.20
2009	2607.98	-63.5	100.00	4.08
2010	17500.36	571.0	100.00	27.39
2011	15292.35	-12.6	100.00	23.93
2012	10928.06	-28.5	100.00	17.10
2013	37916.98	247.0	100.00	59.35
2014	79418.79	109.5	100.00	124.30
2015	175904.59	121.5	100.00	275.31
2016	164398.30	-6.5	100.00	257.31
2017	158107.20	-3.8	100.00	247.46
2018	104186.99	-34.1	100.00	163.07
2019	67912.21	-34.8	100.00	106.29
合计	859961.04		100.00	
2011—2015年均值	63892.15			100.00

此处存在重复统计问题，故总计部分与表3-1-1、表3-1-2所示不一致，重复统计的处理方式与第二章相应部分的处理一致。

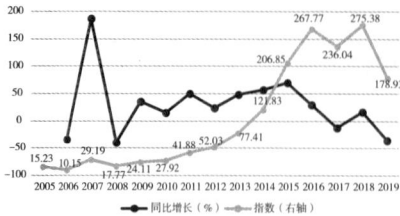

（1）京津冀数量别

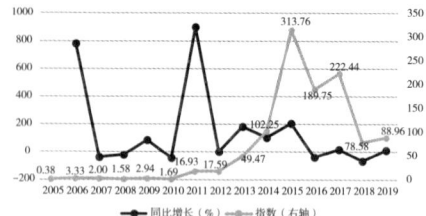

（2）京津冀金额别

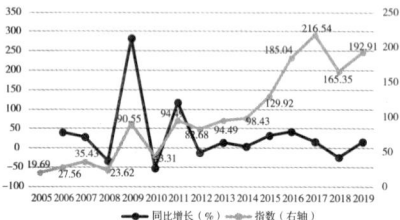

（3）其他（环渤海）数量别

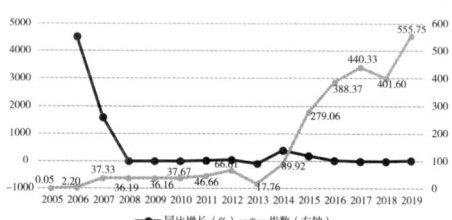

（4）其他（环渤海）金额别

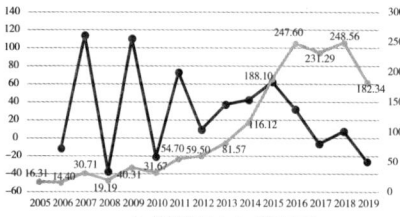

（5）环渤海地区数量别

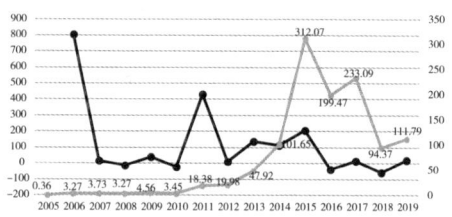

（6）环渤海地区金额别

图 3-2-1　2005—2019 年环渤海地区民营企业并购投资项目数量和金额指数变化图

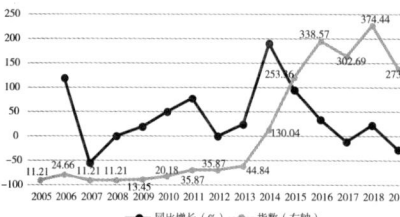

（1）上海数量别

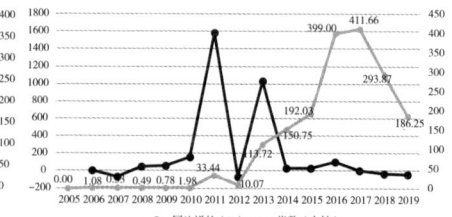

（2）上海金额别

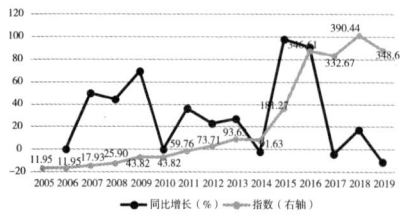

（3）其他（长三角）数量别

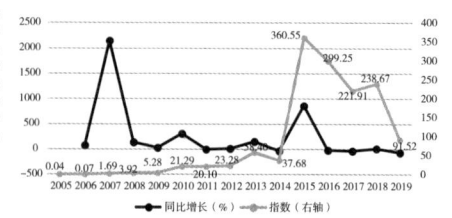

（4）其他（长三角）金额别

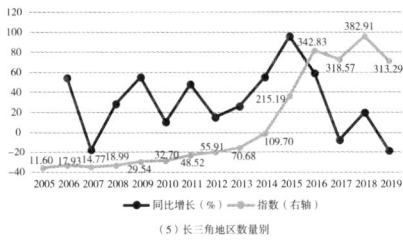

（5）长三角地区数量别

（6）长三角地区金额别

图 3-2-2　2005—2019 年长三角地区民营企业并购投资项目数量和金额指数变化图

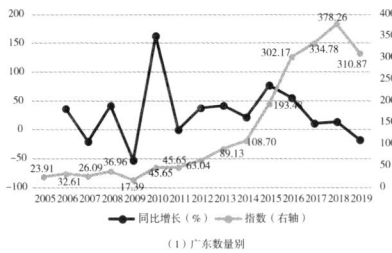

（1）广东数量别

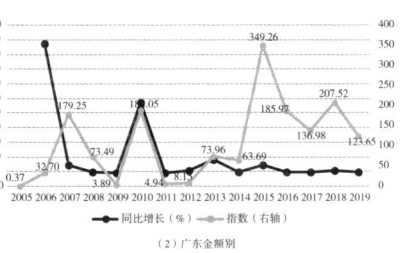

（2）广东金额别

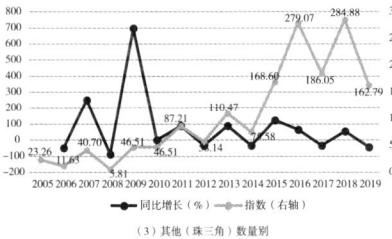

（3）其他（珠三角）数量别

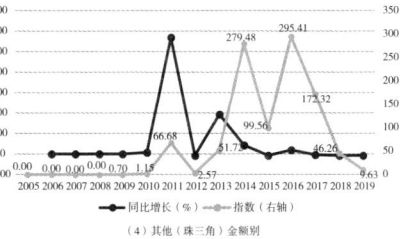

（4）其他（珠三角）金额别

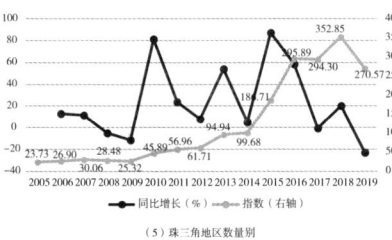

（5）珠三角地区数量别

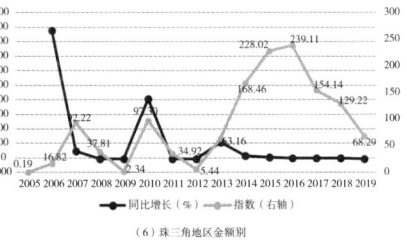

（6）珠三角地区金额别

图 3-2-3　2005—2019 年珠三角地区民营企业并购投资项目数量和金额指数变化图

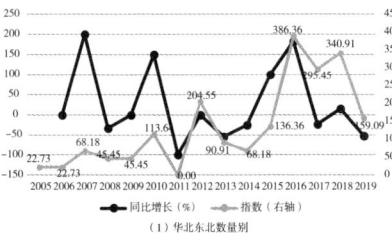

（1）华北东北数量别

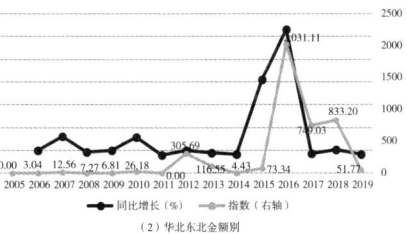

（2）华北东北金额别

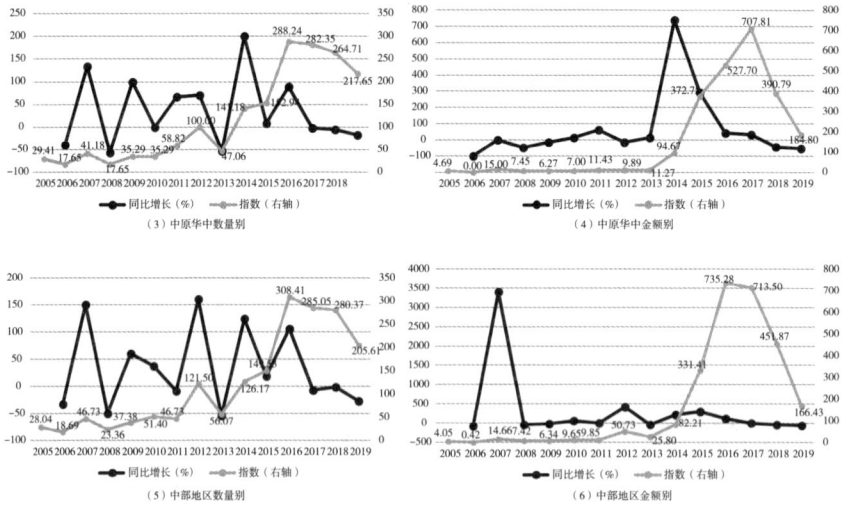

（3）中原华中数量别

（4）中原华中金额别

（5）中部地区数量别

（6）中部地区金额别

图 3-2-4　2005—2019 年中部地区民营企业并购投资项目数量和金额指数变化图

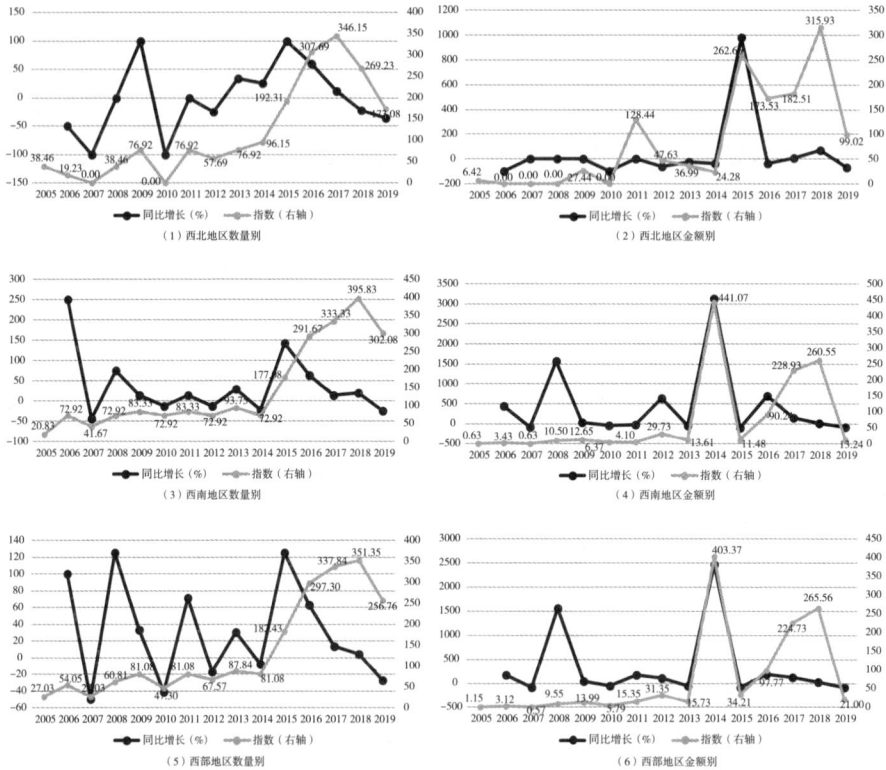

（1）西北地区数量别

（2）西北地区金额别

（3）西南地区数量别

（4）西南地区金额别

（5）西部地区数量别

（6）西部地区金额别

图 3-2-5　2005—2019 年西部地区民营企业并购投资项目数量和金额指数变化图

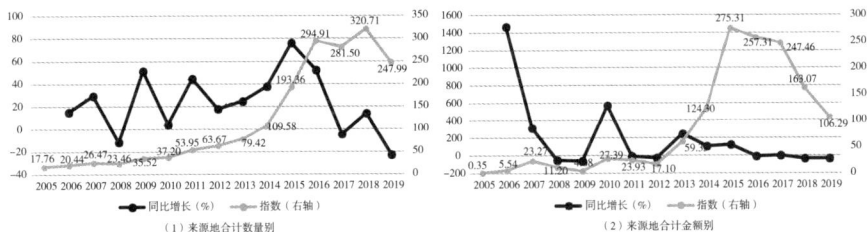

图 3-2-6 2005—2019 年来源地民营企业并购投资项目数量和金额指数变化图

根据 NK-GERC 数据库，2019 年在民企并购项目数量上，排名前五位的来源省份分别是广东（143 件）、北京（123 件）、上海（122 件）、浙江（103 件）和江苏（72 件）（详见本书附录 1）。其中广东属于珠三角地区，北京属于环渤海地区，上海、浙江、江苏属于长三角地区，这些城市及其所属区域在中国是经济实力最强、民营经济最具活力的地方。而中部地区与西部地区除四川外，其余省份 2019 年民企并购项目数量均为个位数，与位于中国东部的各区域民企投资形成鲜明对比。

在金额上，2019 年排名前五位的分别是北京（178.01 亿美元）、上海（148.06 亿美元）、广东（92.37 亿美元）、山东（76.28 亿美元）、河北（59.63 亿美元）。北京、上海和广东三地在并购项目数量和金额中的排名均占据前三位，这与三地在中国的综合实力位居前列联系紧密。而山东、河北位列并购金额排名的第 4 位、第 5 位，浙江、江苏则紧随河北省之后，位列第 6 位和第 7 位（详见本书附录 1）。可见山东、河北的投资数量虽少于浙江、江苏，但单项投资规模更大。

第三节 民营企业海外并购投资
标的国（地区）别指数

本节对中国民营企业海外并购投资项目数量与金额规模按照投资标的国（地区）进行划分，其中根据标的国（地区）的经济发展水平不同，将标的国（地区）分为发达经济体、发展中经济体和转型经济体三大类型。

一、民营企业海外并购投资项目数量在不同经济体的分布

中国民营企业并购项目数量在标的国（地区）的分布以发达经济体为主。2005—2019 年间，民企向发达经济体的并购数量在并购总投资中占比最高，达 86.17%，十五年间并购投资项目数量合计 5809 件；流向发展中经济体的占比 11.85%，合计 799 件；流向转型经济体的占比 1.98%，合计 133 件。

就 2019 年中国民营企业并购投资项目数量变化而言，2019 年民企并购项目数量同比下降 21.4%，降幅明显。其中，除转型经济体项目数量较 2018 年有所增长外，发达经济体和发展中经济体内各区域所接受的并购项目数量均有下降，发达经济体总体下降 22.33%，高于发展中经济体 19.35%的降幅。此外，2019 年度并购项目数量在三大经济体的分布状况与往年分布特点相似，大部分仍集中于发达经济体，数量合计达 692 件，在总并购项目数量中占比 83.37%；2019 年投资于转型经济体的项目数量虽较 2018 年增长，但共计只有 13 件并购投资项目，仅占 1.57%。可以看出，2019 年受国内经济下行的影响，中国民企并购项目数量明显缩水，而投向转型经济体的项目数量逆势增长，反映了近年来部分转型经济体国家的投资环境更适应中国民企并购投资的开展，对民企"走出去"的吸引力逐步增强。

表 3-3-1　2005—2019 年中国民营企业并购投资项目数量
在不同经济体的分布及指数汇总表

（单位：件）

| 年份 | 发达经济体 | | | | | | | |
| | 欧洲 | | | | 北美洲 | | | |
	项目数	同比增长（%）	占比（%）	指数	项目数	同比增长（%）	占比（%）	指数
2005	16		20.78	21.00	7		9.09	9.89
2006	10	-37.50	10.42	13.12	17	142.86	17.71	24.01

续表

年份	发达经济体							
	欧洲				北美洲			
	项目数	同比增长（%）	占比（%）	指数	项目数	同比增长（%）	占比（%）	指数
2007	14	40.00	12.17	18.37	21	23.53	18.26	29.66
2008	21	50.00	11.05	27.56	14	-33.33	7.37	19.77
2009	18	-14.29	10.98	23.62	20	42.86	12.20	28.25
2010	14	-22.22	6.86	18.37	25	25.00	12.25	35.31
2011	36	157.14	16.14	47.24	34	36.00	15.25	48.02
2012	63	75.00	25.82	82.68	40	17.65	16.39	56.50
2013	60	-4.76	21.13	78.74	52	30.00	18.31	73.45
2014	96	60.00	24.49	125.98	101	94.23	25.77	142.66
2015	126	31.25	21.28	165.35	127	25.74	21.45	179.38
2016	175	38.89	20.21	229.66	198	55.91	22.86	279.66
2017	158	-9.71	20.28	207.35	168	-15.15	21.57	237.29
2018	146	-7.59	16.39	191.60	196	16.67	22.00	276.84
2019	129	-11.64	18.64	169.29	130	-33.67	18.79	183.62
合计	1082		18.63		1150		19.80	
2011—2015年均值	76.20			100.00	70.80			100.00

年份	发达经济体							
	其他发达经济体				小计			
	项目数	同比增长（%）	占比（%）	指数	项目数	同比增长（%）	占比（%）	指数
2005	54		70.13	27.00	77		77.78	22.19
2006	69	27.78	71.88	34.50	96	24.68	77.42	27.67
2007	80	15.94	69.57	40.00	115	19.79	81.56	33.14
2008	155	93.75	81.58	77.50	190	65.22	87.96	54.76
2009	126	-18.71	76.83	63.00	164	-13.68	86.32	47.26
2010	165	30.95	80.88	82.50	204	24.39	91.48	58.79
2011	153	-7.27	68.61	76.50	223	9.31	87.11	64.27
2012	141	-7.84	57.79	70.50	244	9.42	85.92	70.32

续表

年份	发达经济体							
	其他发达经济体				小计			
	项目数	同比增长（%）	占比（%）	指数	项目数	同比增长（%）	占比（%）	指数
2013	172	21.99	60.56	86.00	284	16.39	91.03	81.84
2014	195	13.37	49.74	97.50	392	38.03	89.91	112.97
2015	339	73.85	57.26	169.50	592	51.02	87.96	170.61
2016	493	45.43	56.93	246.50	866	46.28	88.73	249.57
2017	453	-8.11	58.15	226.50	779	-10.05	84.22	224.50
2018	549	21.19	61.62	274.50	891	14.38	84.38	256.77
2019	433	-21.13	62.57	216.50	692	-22.33	83.37	199.42
合计	3577		61.58		5809		86.17	
2011—2015年均值	200.00			100.00	347.00			100.00

年份	发展中经济体							
	非洲				亚洲			
	项目数	同比增长（%）	占比（%）	指数	项目数	同比增长（%）	占比（%）	指数
2005	2		11.11	28.57	12		66.67	58.25
2006	6	200.00	26.09	85.71	14	16.67	60.87	67.96
2007	1	-83.33	4.55	14.29	16	14.29	72.73	77.67
2008	7	600.00	29.17	100.00	14	-12.50	58.33	67.96
2009	1	-85.71	6.25	14.29	8	-42.86	50.00	38.83
2010	4	300.00	26.67	57.14	4	-50.00	26.67	19.42
2011	4	0.00	17.39	57.14	12	200.00	52.17	58.25
2012	4	0.00	12.50	57.14	21	75.00	65.63	101.94
2013	3	-25.00	14.29	42.86	12	-42.86	57.14	58.25
2014	10	233.33	29.41	142.86	19	58.33	55.88	92.23
2015	14	40.00	20.59	200.00	39	105.26	57.35	189.32
2016	15	7.14	15.00	214.29	63	61.54	63.00	305.83
2017	17	13.33	13.82	242.86	90	42.86	73.17	436.89
2018	22	29.41	14.19	314.29	104	15.56	67.10	504.85

续表

年份	发展中经济体							
	非洲				亚洲			
	项目数	同比增长（%）	占比（%）	指数	项目数	同比增长（%）	占比（%）	指数
2019	16	-27.27	12.80	228.57	91	-12.50	72.80	441.75
合计	126		15.77		519		64.96	
2011—2015年均值	7.00			100.00	20.60			100.00

年份	发展中经济体											
	拉丁美洲和加勒比海地区				大洋洲				小计			
	项目数	同比增长（%）	占比（%）	指数	项目数	同比增长（%）	占比（%）	指数	项目数	同比增长（%）	占比（%）	指数
2005	3		16.67	44.12	1		5.56	83.33	18		18.18	50.56
2006	3	0.00	13.04	44.12	0	-100.00	0.00	0.00	23	27.78	18.55	64.61
2007	4	33.33	18.18	58.82	1	n. a.	4.55	83.33	22	-4.35	15.60	61.80
2008	3	-25.00	12.50	44.12	0	-100.00	0.00	0.00	24	9.09	11.11	67.42
2009	7	133.33	43.75	102.94	0	n. a.	0.00	0.00	16	-33.33	8.42	44.94
2010	4	-42.86	26.67	58.82	3	n. a.	20.00	250.00	15	-6.25	6.73	42.13
2011	7	75.00	30.43	102.94	0	-100.00	0.00	0.00	23	53.33	8.98	64.61
2012	4	-42.86	12.50	58.82	3	n. a.	9.38	250.00	32	39.13	11.27	89.89
2013	6	50.00	28.57	88.24	0	-100.00	0.00	0.00	21	-34.38	6.73	58.99
2014	4	-33.33	11.76	58.82	1	n. a.	2.94	83.33	34	61.90	7.80	95.51
2015	13	225.00	19.12	191.18	2	100.00	2.94	166.67	68	100.00	10.10	191.01
2016	19	46.15	19.00	279.41	3	50.00	3.00	250.00	100	47.06	10.25	280.90
2017	14	-26.32	11.38	205.88	2	-33.33	1.63	166.67	123	23.00	13.30	345.51
2018	24	71.43	15.48	352.94	5	150.00	3.23	416.67	155	26.02	14.68	435.39
2019	18	-25.00	14.40	264.71	0	-100.00	0.00	0.00	125	-19.35	15.06	351.12
合计	133		16.65		21		2.63		799		11.85	
2011—2015年均值	6.80			100.00	1.20			100.00	35.60			100.00

续表

年份	转型经济体											
	东南欧				独联体国家				小计			
	项目数	同比增长（%）	占比（%）	指数	项目数	同比增长（%）	占比（%）	指数	项目数	同比增长（%）	占比（%）	指数
2005	0		0.00	0.00	4		100.00	44.44	4		4.04	41.67
2006	0	n. a.	0.00	0.00	5	25.00	100.00	55.56	5	25.00	4.03	52.08
2007	0	n. a.	0.00	0.00	4	−20.00	100.00	44.44	4	−20.00	2.84	41.67
2008	0	n. a.	0.00	0.00	2	−50.00	100.00	22.22	2	−50.00	0.93	20.83
2009	2	n. a.	20.00	333.33	8	300.00	80.00	88.89	10	400.00	5.26	104.17
2010	1	−50.00	25.00	166.67	3	−62.50	75.00	33.33	4	−60.00	1.79	41.67
2011	0	−100.00	0.00	0.00	10	233.33	100.00	111.11	10	150.00	3.91	104.17
2012	1	n. a.	12.50	166.67	7	−30.00	87.50	77.78	8	−20.00	2.82	83.33
2013	1	0.00	14.29	166.67	6	−14.29	85.71	66.67	7	−12.50	2.24	72.92
2014	1	0.00	10.00	166.67	9	50.00	90.00	100.00	10	42.86	2.29	104.17
2015	0	−100.00	0.00	0.00	13	44.44	100.00	144.44	13	30.00	1.93	135.42
2016	1	n. a.	10.00	166.67	9	−30.77	90.00	100.00	10	−23.08	1.02	104.17
2017	1	0.00	4.35	166.67	22	144.44	95.65	244.44	23	130.00	2.49	239.58
2018	1	0.00	10.00	166.67	9	−59.09	90.00	100.00	10	−56.52	0.95	104.17
2019	3	200.00	23.08	500.00	10	11.11	76.92	111.11	13	30.00	1.57	135.42
合计	12		9.02		121		90.98		133		1.97	
2011—2015年均值	0.60			100.00	9.00			100.00	9.60			100.00

年份	总计			
	项目数	同比增长（%）	占比（%）	指数
2005	99		100.00	25.24
2006	124	25.25	100.00	31.62
2007	141	13.71	100.00	35.95
2008	216	53.19	100.00	55.07
2009	190	−12.04	100.00	48.44
2010	223	17.37	100.00	56.86

续表

年份	总计			
	项目数	同比增长（%）	占比（%）	指数
2011	256	14.80	100.00	65.27
2012	284	10.94	100.00	72.41
2013	312	9.86	100.00	79.55
2014	436	39.74	100.00	111.17
2015	673	54.36	100.00	171.60
2016	976	45.02	100.00	248.85
2017	925	−5.23	100.00	235.85
2018	1056	14.16	100.00	269.25
2019	830	−21.40	100.00	211.63
合计	6741		100.00	
2011—2015年均值	392.20			100.00

此处存在重复统计问题，故总计部分与表3-1-1、表3-1-2所示不一致，重复统计的处理方式与第二章相应部分的处理一致。

二、民营企业海外并购投资金额在不同经济体的分布

相对于并购项目数量而言，民企并购金额更集中分布于发达经济体。统计显示，2005—2019年投向发达经济体的并购金额合计达9132.71亿美元，在民企并购总投资金额中占比为90.93%；发展中经济体十五年中合计接受643.08亿美元的并购投资，占比为6.40%；转型经济体合计接受的并购金额最少，为267.88亿美元，占比2.67%。

从并购金额的变化趋势来看，2019年度投资金额整体呈下降趋势，较2018年降低28.03%。其中，在发达经济体中，除北美洲2019年的并购金额较2018年有所增长外，欧洲和其他发达经济体均出现不同程度的下降；在发展中经济体中，除非洲2019年的并购金额较2018年增长了105.87%外，亚洲、大洋洲、拉丁美洲和加勒比海地区均出现了较大幅度的下滑，整个发展中经济体2019年并购金额下降71.13%，降幅明显；转型经济体

2019 年并购金额合计较上年增长了 10.11%。综合来看，国内外经济下行对民企在发展中经济体的并购金额产生了较大负面影响，对转型经济体的影响不明显。

表 3-3-2　2005—2019 年中国民营企业并购投资金额
在不同经济体的分布及指数汇总表

（单位：百万美元）

年份	发达经济体							
	欧洲				北美洲			
	金额	同比增长（%）	占比（%）	指数	金额	同比增长（%）	占比（%）	指数
2005	843.98		38.28	2.46	17.55		0.80	0.15
2006	1039.10	23.12	22.93	3.03	2829.32	16021.48	62.42	24.94
2007	11207.53	978.58	75.10	32.64	2498.40	-11.70	16.74	22.02
2008	6970.75	-37.80	78.47	20.30	406.51	-83.73	4.58	3.58
2009	298.62	-95.72	10.10	0.87	478.02	17.59	16.17	4.21
2010	15411.22	5060.81	82.96	44.88	362.34	-24.20	1.95	3.19
2011	6735.59	-56.29	42.48	19.61	2410.59	565.28	15.20	21.25
2012	4077.04	-39.47	31.09	11.87	4008.93	66.30	30.57	35.34
2013	20721.94	408.26	36.69	60.34	5946.38	48.33	10.53	52.42
2014	63906.67	208.40	66.51	186.09	2810.10	-52.74	2.92	24.77
2015	76264.10	19.34	40.26	222.08	41543.24	1378.35	21.93	366.22
2016	80352.47	5.36	43.03	233.98	41605.96	0.15	22.28	366.77
2017	64065.98	-20.27	49.19	186.56	25578.40	-38.52	19.64	225.48
2018	23678.80	-63.04	24.46	68.95	11944.56	-53.30	12.34	105.30
2019	12316.76	-47.98	16.11	35.87	15188.25	27.16	19.87	133.89
合计	387890.55		42.47		157628.55		17.26	
2011—2015 年均值	34341.07			100.00	11343.85			100.00

续表

年份	发达经济体							
	其他发达经济体				小计			
	金额	同比增长（%）	占比（%）	指数	金额	同比增长（%）	占比（%）	指数
2005	1342.99		60.92	4.71	2204.52		96.44	2.97
2006	664.18	-50.54	14.65	2.33	4532.60	105.60	95.77	6.11
2007	1218.43	83.45	8.16	4.27	14924.36	229.27	97.45	20.12
2008	1505.65	23.57	16.95	5.28	8882.91	-40.48	85.20	11.97
2009	2179.95	44.78	73.73	7.65	2956.59	-66.72	93.37	3.98
2010	2803.16	28.59	15.09	9.83	18576.72	528.32	93.31	25.04
2011	6710.38	139.39	42.32	23.54	15856.56	-14.64	89.89	21.37
2012	5026.47	-25.09	38.33	17.63	13112.44	-17.31	90.82	17.67
2013	29806.89	493.00	52.78	104.55	56475.21	330.70	87.96	76.12
2014	29376.06	-1.45	30.57	103.04	96092.83	70.15	99.10	129.52
2015	71623.03	143.81	37.81	251.23	189430.37	97.13	94.69	255.32
2016	64757.12	-9.59	34.68	227.15	186715.55	-1.43	92.60	251.66
2017	40593.77	-37.31	31.17	142.39	130238.15	-30.25	81.56	175.54
2018	61197.34	50.76	63.21	214.66	96820.70	-25.66	85.86	130.50
2019	48945.98	-20.02	64.02	171.69	76450.99	-21.04	94.20	103.04
合计	367751.40		40.27		913270.50		90.93	
2011—2015年均值	28508.57			100.00	74193.48			100.00

年份	发展中经济体							
	非洲				亚洲			
	金额	同比增长（%）	占比（%）	指数	金额	同比增长（%）	占比（%）	指数
2005	0.00		0.00	0.00	80.20		98.77	6.26
2006	30.00	n.a.	23.41	14.17	48.44	-39.60	37.81	3.78
2007	0.00	-100.00	0.00	0.00	221.70	357.68	94.21	17.30
2008	346.15	n.a.	22.44	163.46	788.10	255.48	51.09	61.50
2009	0.00	-100.00	0.00	0.00	53.31	-93.24	37.42	4.16
2010	125.00	n.a.	9.39	59.03	789.90	1381.71	59.34	61.64

续表

年份	发展中经济体							
	非洲				亚洲			
	金额	同比增长（%）	占比（%）	指数	金额	同比增长（%）	占比（%）	指数
2011	1.50	-98.80	0.19	0.71	744.32	-5.77	93.08	58.08
2012	66.36	4324.00	8.76	31.34	683.45	-8.18	90.17	53.33
2013	143.05	115.57	45.78	67.55	94.51	-86.17	30.25	7.38
2014	458.13	220.26	63.42	216.34	213.91	126.34	29.61	16.69
2015	389.77	-14.92	4.41	184.06	4671.24	2083.74	52.88	364.52
2016	230.92	-40.75	1.68	109.05	8128.61	74.01	59.08	634.31
2017	116.18	-49.69	0.76	54.86	7443.89	-8.42	48.70	580.88
2018	262.90	126.29	1.66	124.15	7248.06	-2.63	45.84	565.60
2019	541.23	105.87	11.86	255.58	3755.10	-48.19	82.25	293.03
合计	2711.19		4.22		34964.74		54.37	
2011—2015年均值	211.76			100.00	1281.49			100.00

年份	发展中经济体											
	拉丁美洲和加勒比海地区				大洋洲				小计			
	金额	同比增长（%）	占比（%）	指数	金额	同比增长（%）	占比（%）	指数	金额	同比增长（%）	占比（%）	指数
2005	0.00		0.00	0.00	1.00		1.23	102.67	81.20		3.55	3.55
2006	49.69	n. a.	38.78	6.28	0.00	-100.00	0.00	0.00	128.13	57.80	2.71	5.61
2007	13.14	-73.56	5.58	1.66	0.48	n. a.	0.20	49.28	235.32	83.66	1.54	10.30
2008	408.39	3007.99	26.47	51.63	0.00	-100.00	0.00	0.00	1542.64	555.55	14.80	67.51
2009	89.14	-78.17	62.58	11.27	0.00	n. a.	0.00	0.00	142.45	-90.77	4.50	6.23
2010	404.39	353.66	30.38	51.13	11.95	n. a.	0.90	1226.90	1331.24	834.53	6.69	58.26
2011	53.80	-86.70	6.73	6.80	0.00	-100.00	0.00	0.00	799.62	-39.93	4.53	34.99
2012	4.05	-92.47	0.53	0.51	4.10	n. a.	0.54	420.94	757.96	-5.21	5.25	33.17
2013	74.90	1749.38	23.97	9.47	0.00	-100.00	0.00	0.00	312.46	-58.78	0.49	13.67
2014	49.54	-33.86	6.86	6.26	0.77	n. a.	0.11	79.06	722.35	131.18	0.74	31.61

年份	发展中经济体											
	拉丁美洲和加勒比海地区				大洋洲				小计			
	金额	同比增长（%）	占比（%）	指数	金额	同比增长（%）	占比（%）	指数	金额	同比增长（%）	占比（%）	指数
2015	3772.38	7514.82	42.71	476.95	0.00	-100.00	0.00	0.00	8833.39	1122.87	4.42	386.56
2016	5278.18	39.92	38.36	667.34	120.33	n. a.	0.87	12354.21	13758.04	55.75	6.82	602.06
2017	7725.98	46.38	50.54	976.82	0.00	-100.00	0.00	0.00	15286.05	11.11	9.57	668.93
2018	8163.44	5.66	51.63	1032.13	137.27	n. a.	0.87	14093.43	15811.67	3.44	14.02	691.93
2019	268.96	-96.71	5.89	34.01	0.00	-100.00	0.00	0.00	4565.29	-71.13	5.63	199.78
合计	26355.98		40.98		275.90		0.43		64307.81		6.40	
2011—2015年均值	790.93			100.00	0.97			100.00	2285.16			100.00

年份	转型经济体											
	东南欧				独联体国家				小计			
	金额	同比增长（%）	占比（%）	指数	金额	同比增长（%）	占比（%）	指数	金额	同比增长（%）	占比（%）	指数
2005	0.00		0.00	n. a.	0.13	100.00	100.00	0.01	0.13		0.01	0.01
2006	0.00	n. a.	0.00	n. a.	72.30	55515.38	100.00	3.32	72.30	55515.38	1.53	3.32
2007	0.00	n. a.	0.00	n. a.	154.96	114.33	100.00	7.11	154.96	114.33	1.01	7.11
2008	0.00	n. a.	0.00	n. a.	0.00	-100.00	n. a.	0.00	0.00	-100.00	0.00	0.00
2009	0.00	n. a.	0.00	n. a.	67.50	n. a.	100.00	3.10	67.50	n. a.	2.13	3.10
2010	0.00	n. a.	0.00	n. a.	0.00	-100.00	n. a.	0.00	0.00	-100.00	0.00	0.00
2011	0.00	n. a.	0.00	n. a.	983.84	n. a.	100.00	45.11	983.84	n. a.	5.58	45.11
2012	0.00	n. a.	0.00	n. a.	568.05	-42.26	100.00	26.05	568.05	-42.26	3.93	26.05
2013	0.00	n. a.	0.00	n. a.	7418.65	1205.99	100.00	340.18	7418.65	1205.99	11.55	340.18
2014	0.00	n. a.	0.00	n. a.	151.87	-97.95	100.00	6.96	151.87	-97.95	0.16	6.96
2015	0.00	n. a.	0.00	n. a.	1781.45	1073.01	100.00	81.69	1781.45	1073.01	0.89	81.69
2016	42.15	n. a.	3.62	n. a.	1122.66	-36.98	96.38	51.48	1164.81	-34.61	0.58	53.41
2017	3.30	-92.17	0.02	n. a.	14152.73	1160.64	99.98	648.98	14156.03	1115.31	8.87	649.13
2018	20.84	531.52	16.33	n. a.	106.80	-99.25	83.67	4.90	127.64	-99.10	0.11	5.85

续表

年份	转型经济体											
	东南欧				独联体国家				小计			
	金额	同比增长（%）	占比（%）	指数	金额	同比增长（%）	占比（%）	指数	金额	同比增长（%）	占比（%）	指数
2019	14.02	-32.73	9.98	n. a.	126.52	18.46	90.02	5.80	140.54	10.11	0.17	6.44
合计	80.31		0.30		26707.46		99.70		26787.77		2.67	
2011—2015年均值	0.00			100.00	2180.77			100.00	2180.77			100.00

年份	总计			
	项目数	同比增长（%）	占比（%）	指数
2005	2285.85		100.00	2.91
2006	4733.03	107.06	100.00	6.02
2007	15314.64	223.57	100.00	19.47
2008	10425.55	-31.92	100.00	13.25
2009	3166.54	-69.63	100.00	4.03
2010	19907.96	528.70	100.00	25.31
2011	17640.02	-11.39	100.00	22.43
2012	14438.45	-18.15	100.00	18.36
2013	64206.32	344.69	100.00	81.63
2014	96967.05	51.02	100.00	123.27
2015	200045.21	106.30	100.00	254.32
2016	201638.40	0.80	100.00	256.34
2017	159680.23	-20.81	100.00	203.00
2018	112760.01	-29.38	100.00	143.35
2019	81156.82	-28.03	100.00	103.17
合计	1004366.08		100.00	
2011—2015年均值	78659.41			100.00

此处存在重复统计问题，故总计部分与表3-1-1、表3-1-2所示不一致，重复统计的处理方式与第二章相应部分的处理一致。

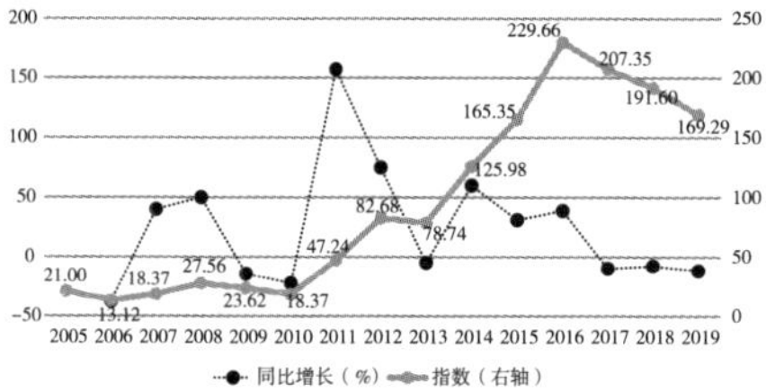

（1）欧洲数量别

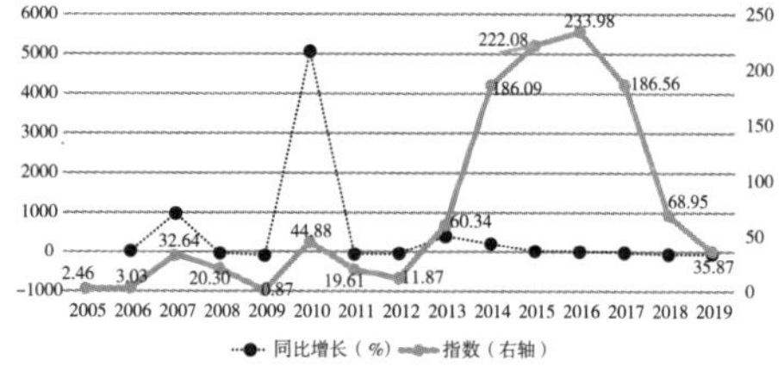

（2）欧洲金额别

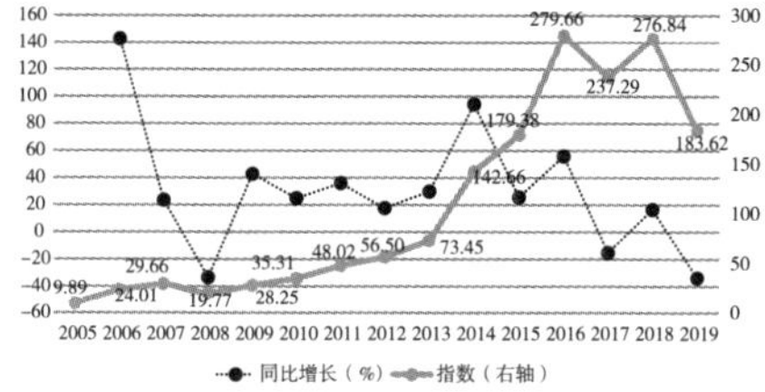

（3）北美洲数量别

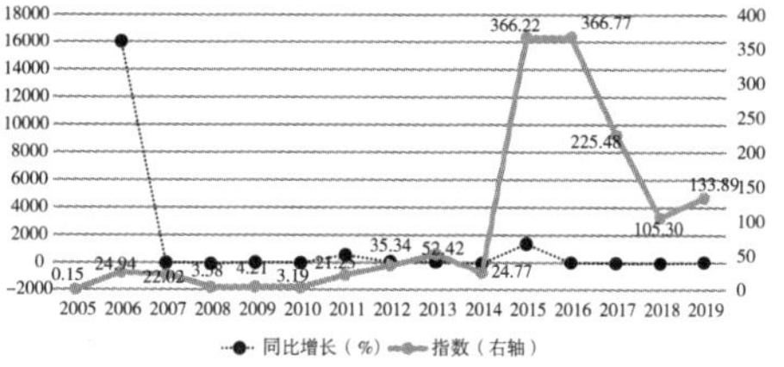

（4）北美洲金额别

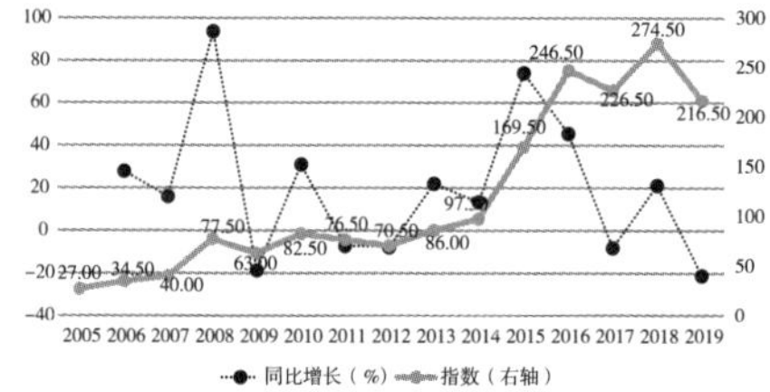

（5）其他发达经济体数量别

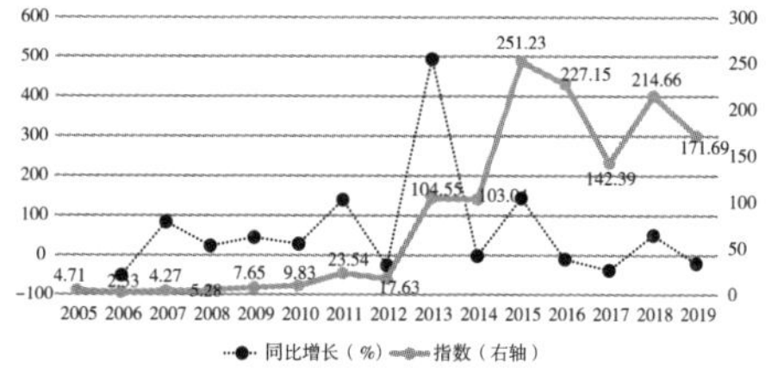

（6）其他发达经济体金额别

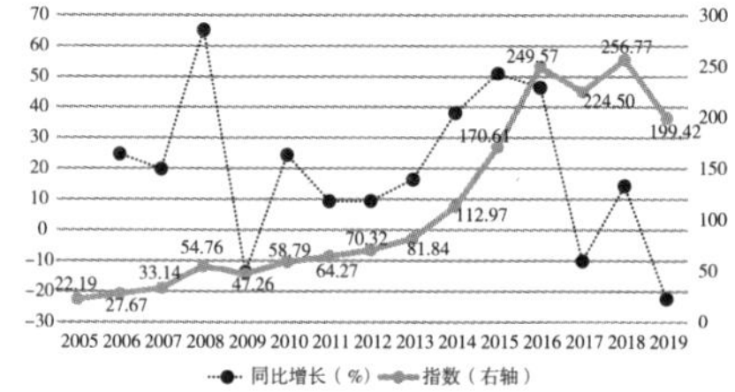

（7）发达经济体合计数量别

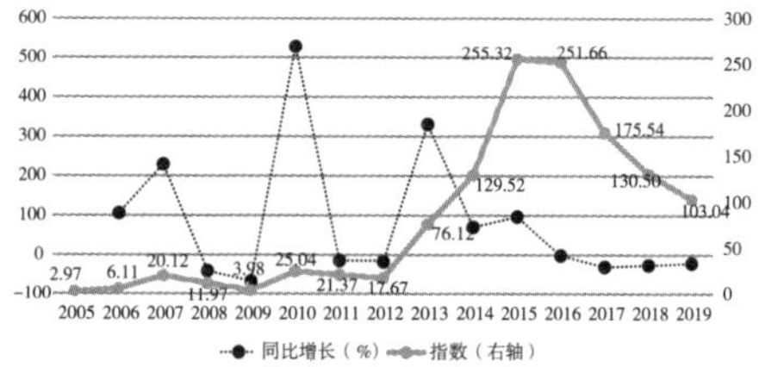

（8）发达经济体合计金额别

图 3-3-1 2005—2019 年中国民营企业并购投资发达经济体项目数量与金额指数变化图

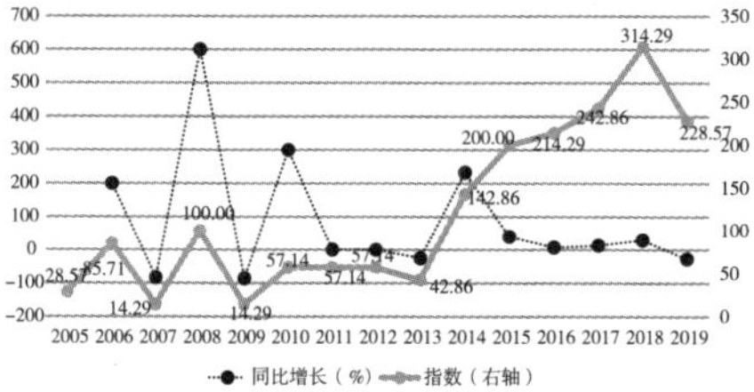

（1）非洲数量别

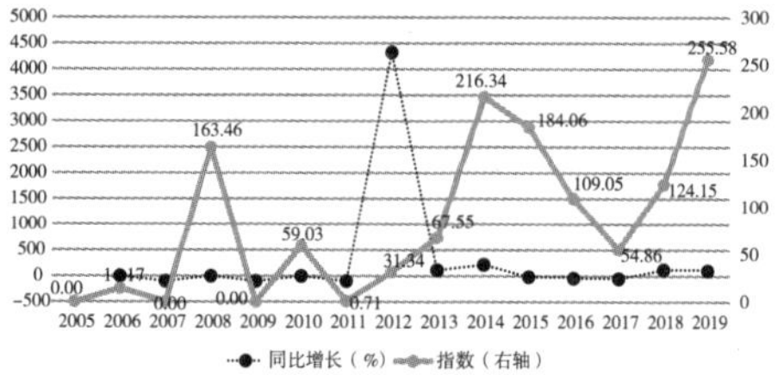

（2）非洲金额别

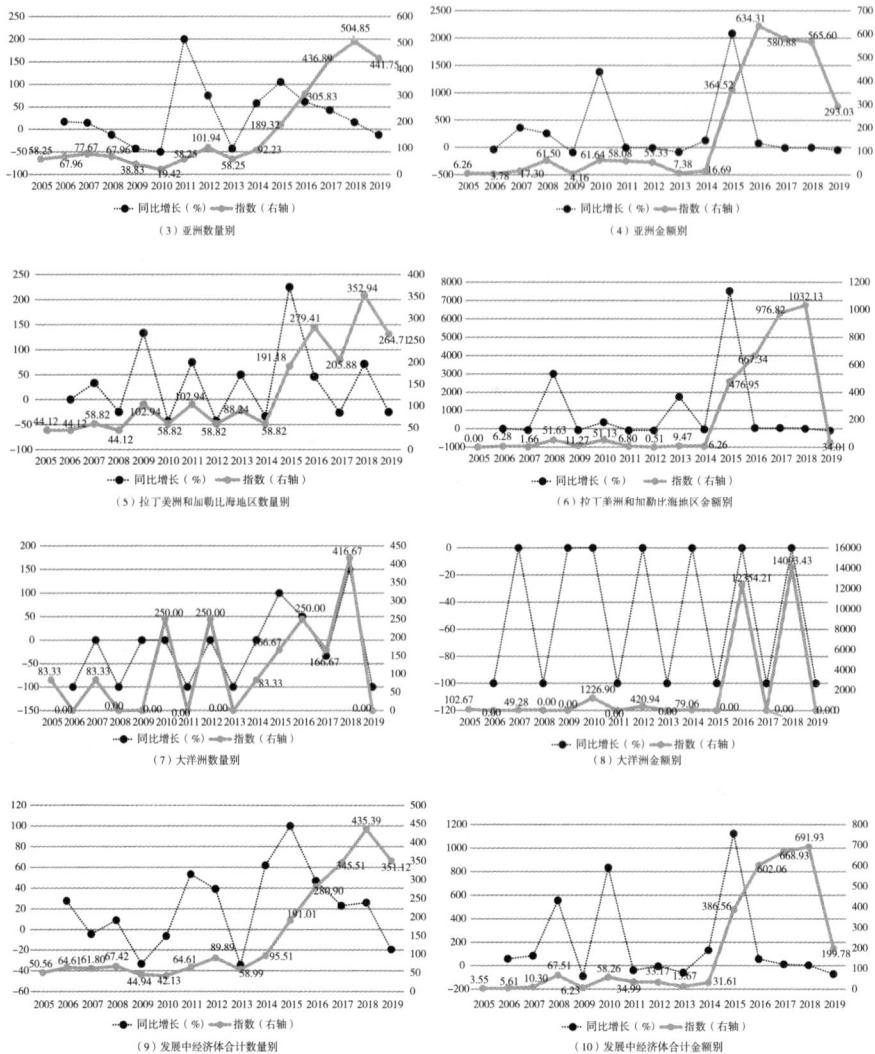

图 3-3-2　2005—2019 年中国民营企业并购投资发展中经济体项目数量与金额指数变化图

根据 NK-GERC 数据库统计表明，民企 2019 年并购项目数量和金额排名前列的标的国（地区）均为发达经济体。在项目数量上，中国香港共计接受 200 件并购投资，排列首位，较 2018 年下降 23.37%；美国 121 件居其次，同比下跌 33.52%。另外排名前列的还有开曼群岛（59 件）、德国（37 件）、新加坡（34 件）和澳大利亚（31 件）（详见本书附录 2）。

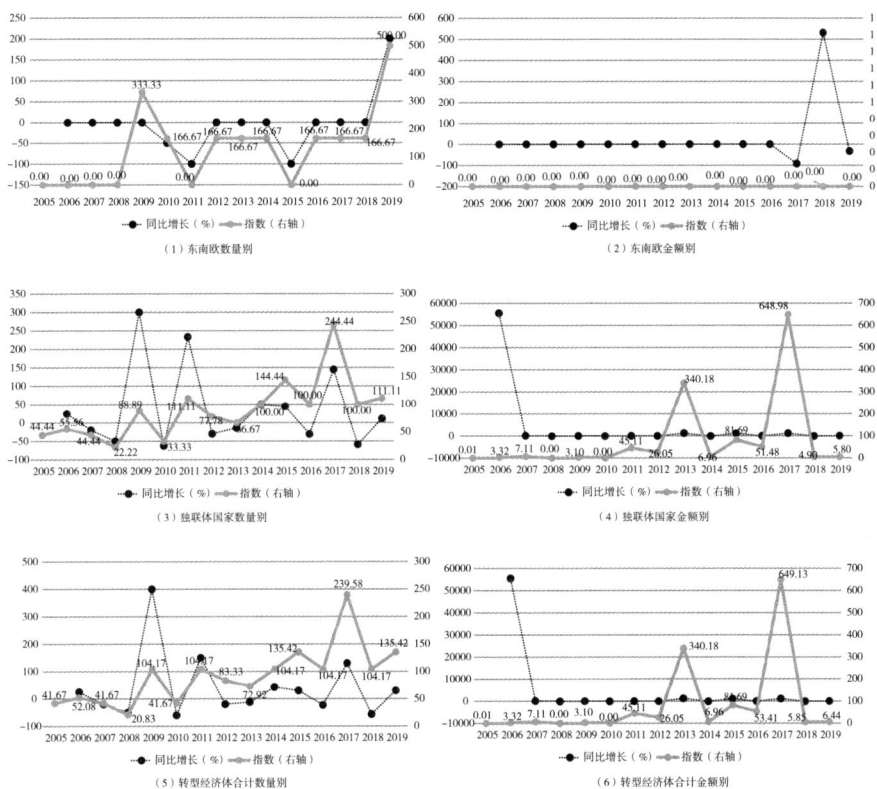

（1）东南欧数量别

（2）东南欧金额别

（3）独联体国家数量别

（4）独联体国家金额别

（5）转型经济体合计数量别

（6）转型经济体合计金额别

图 3-3-3　2005—2019 年中国民营企业并购投资转型经济体项目数量与金额指数变化图

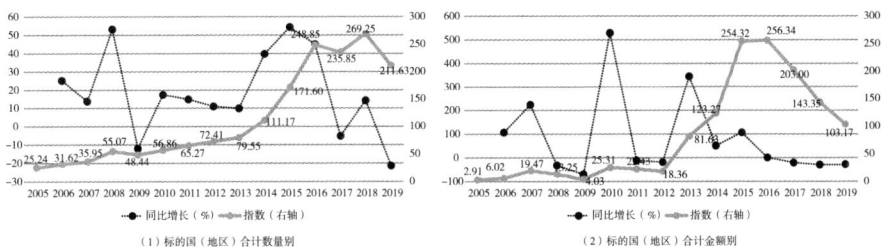

（1）标的国（地区）合计数量别

（2）标的国（地区）合计金额别

图 3-3-4　2005—2019 年中国民营企业并购投资标的国（地区）
项目数量与金额指数变化图

在金额方面，美国 2019 年接受民企并购投资 151.74 亿美元，位于所有标的国（地区）首位，其他排位前列的还有百慕大群岛（141.56 亿美元）、开曼群岛（121.35 亿美元）、新加坡（102.26 亿美元）和中国香港

（75.65亿美元）（详见本书附录2）。其中民企对香港、开曼群岛的并购金额降幅明显，分别同比下降54.24%和40.45%。

第四节　民营企业海外并购投资行业别指数

本节按照投资标的行业的不同对中国民营企业海外并购投资项目数量和金额分布情况进行分析，将投资标的行业分为制造业和非制造业两大部分。其中制造业按照OECD技术划分标准分为4大类，分别是高技术、中高技术、中低技术和低技术制造业；非制造业则划分为服务业，农、林、牧、渔业，采矿业，电力、热力、燃气及水生产和供应业，建筑业五大部类。

一、民营企业海外并购投资项目数量在标的行业的分布

中国民营企业在向海外进行并购投资时以非制造业为主，且向服务业的并购项目数量占据绝对领先地位。2005—2019年间中国民企向非制造业合计进行的并购投资交易达到4474件，其中有88.35%都流向了服务业，数量合计达3953件，超过了制造业合计2163件的并购交易量。在制造业中，十五年中民企对中高技术制造业的投资最高，项目数量合计为773件，在制造业中占比35.74%。

2019年，中国民企投向海外制造业的并购项目数量较2018年下降17.65%，其中流向高技术、中高技术、中低技术、低技术的并购项目数量均出现了不同程度的下降，在占比方面仍以对高技术、中高技术制造业的并购投资为主，分别达到34.21%和33.08%。投向非制造业的并购投资项目数量降幅超过制造业的降幅，较2018年同比减少21.01%，其中除流向建筑业的项目数量有所增长外，流向其余各类行业的项目数量均同比减少，以对电力、热力、燃气及水生产和供应业的投资降幅最大。

表 3-4-1　2005—2019 年中国民营企业并购投资项目数量
在标的行业的分布及指数汇总表

（单位：件）

年份	制造业											
	高技术				中高技术				中低技术			
	项目数	同比增长（%）	占比（%）	指数	项目数	同比增长（%）	占比（%）	指数	项目数	同比增长（%）	占比（%）	指数
2005	10		25.00	20.66	13		32.50	27.66	6		15.00	33.71
2006	11	10.00	25.58	22.73	18	38.46	41.86	38.30	5	-16.67	11.63	28.09
2007	12	9.09	24.49	24.79	21	16.67	42.86	44.68	5	0.00	10.20	28.09
2008	8	-33.33	11.27	16.53	29	38.10	40.85	61.70	6	20.00	8.45	33.71
2009	12	50.00	18.18	24.79	24	-17.24	36.36	51.06	11	83.33	16.67	61.80
2010	15	25.00	27.78	30.99	13	-45.83	24.07	27.66	11	0.00	20.37	61.80
2011	33	120.00	35.48	68.18	44	238.46	47.31	93.62	10	-9.09	10.75	56.18
2012	29	-12.12	28.71	59.92	36	-18.18	35.64	76.60	14	40.00	13.86	78.65
2013	45	55.17	45.45	92.98	27	-25.00	27.27	57.45	11	-21.43	11.11	61.80
2014	58	28.89	35.15	119.83	52	92.59	31.52	110.64	29	163.64	17.58	162.92
2015	77	32.76	36.84	159.09	76	46.15	36.36	161.70	25	-13.79	11.96	140.45
2016	105	36.36	36.84	216.94	105	38.16	36.84	223.40	36	44.00	12.63	202.25
2017	100	-4.76	33.44	206.61	119	13.33	39.80	253.19	35	-2.78	11.71	196.63
2018	123	23.00	38.08	254.13	108	-9.24	33.44	229.79	43	22.86	13.31	241.57
2019	91	-26.02	34.21	188.02	88	-18.52	33.08	187.23	40	-6.98	15.04	224.72
合计	729		33.70		773		35.74		287		13.27	
2011—2015年均值	48.40			100.00	47.00			100.00	17.80			100.00

年份	制造业							
	低技术				合计			
	项目数	同比增长（%）	占比（%）	指数	项目数	同比增长（%）	占比（%）	指数
2005	11		27.50	54.46	40		40.40	29.99
2006	9	-18.18	20.93	44.55	43	7.50	35.25	32.23
2007	11	22.22	22.45	54.46	49	13.95	35.00	36.73

续表

| 年份 | 制造业 | | | | | | | |
| | 低技术 | | | | 合计 | | | |
	项目数	同比增长（%）	占比（%）	指数	项目数	同比增长（%）	占比（%）	指数
2008	28	154.55	39.44	138.61	71	44.90	32.87	53.22
2009	19	−32.14	28.79	94.06	66	−7.04	35.11	49.48
2010	15	−21.05	27.78	74.26	54	−18.18	24.11	40.48
2011	6	−60.00	6.45	29.70	93	72.22	37.50	69.72
2012	22	266.67	21.78	108.91	101	8.60	36.73	75.71
2013	16	−27.27	16.16	79.21	99	−1.98	32.46	74.21
2014	26	62.50	15.76	128.71	165	66.67	38.02	123.69
2015	31	19.23	14.83	153.47	209	26.67	30.83	156.67
2016	39	25.81	13.68	193.07	285	36.36	29.47	213.64
2017	45	15.38	15.05	222.77	299	4.91	32.93	224.14
2018	49	8.89	15.17	242.57	323	8.03	31.73	242.13
2019	47	−4.08	17.67	232.67	266	−17.65	32.64	199.40
合计	374		17.29		2163		32.59	
2011—2015年均值	20.20			100.00	133.40			100.00

| 年份 | 非制造业 | | | | | | | |
| | 服务业 | | | | 农、林、牧、渔业 | | | |
	项目数	同比增长（%）	占比（%）	指数	项目数	同比增长（%）	占比（%）	指数
2005	52		88.14	24.03	1		1.69	21.74
2006	70	34.62	88.61	32.35	0	−100.00	0.00	0.00
2007	77	10.00	84.62	35.58	1	n. a.	1.10	21.74
2008	124	61.04	85.52	57.30	0	−100.00	0.00	0.00
2009	95	−23.39	77.87	43.90	3	n. a.	2.46	65.22
2010	137	44.21	80.59	63.31	1	−66.67	0.59	21.74
2011	132	−3.65	85.16	61.00	1	0.00	0.65	21.74

年份	非制造业							
	服务业				农、林、牧、渔业			
	项目数	同比增长（%）	占比（%）	指数	项目数	同比增长（%）	占比（%）	指数
2012	140	6.06	80.46	64.70	3	200.00	1.72	65.22
2013	168	20.00	81.55	77.63	1	−66.67	0.49	21.74
2014	227	35.12	84.39	104.90	13	1200.00	4.83	282.61
2015	415	82.82	88.49	191.77	5	−61.54	1.07	108.70
2016	625	50.60	91.64	288.82	11	120.00	1.61	239.13
2017	552	−11.68	90.64	255.08	8	−27.27	1.31	173.91
2018	640	15.94	92.09	295.75	9	12.50	1.29	195.65
2019	499	−22.03	90.89	230.59	7	−22.22	1.28	152.17
合计	3953		88.35		64		1.43	
2011—2015年均值	216.40		100.00		4.60			100.00

年份	非制造业							
	采矿业				电力、热力、燃气及水生产和供应业			
	项目数	同比增长（%）	占比（%）	指数	项目数	同比增长（%）	占比（%）	指数
2005	1		1.69	5.00	3		5.08	34.88
2006	7	600.00	8.86	35.00	0	−100.00	0.00	0.00
2007	7	0.00	7.69	35.00	3	n. a.	3.30	34.88
2008	15	114.29	10.34	75.00	4	33.33	2.76	46.51
2009	17	13.33	13.93	85.00	4	0.00	3.28	46.51
2010	24	41.18	14.12	120.00	4	0.00	2.35	46.51
2011	15	−37.50	9.68	75.00	5	25.00	3.23	58.14
2012	24	60.00	13.79	120.00	3	−40.00	1.72	34.88
2013	22	−8.33	10.68	110.00	11	266.67	5.34	127.91
2014	12	−45.45	4.46	60.00	11	0.00	4.09	127.91
2015	27	125.00	5.76	135.00	13	18.18	2.77	151.16

续表

年份	非制造业							
	采矿业				电力、热力、燃气及水生产和供应业			
	项目数	同比增长（%）	占比（%）	指数	项目数	同比增长（%）	占比（%）	指数
2016	22	−18.52	3.23	110.00	15	15.38	2.20	174.42
2017	27	22.73	4.43	135.00	13	−13.33	2.13	151.16
2018	23	−14.81	3.31	115.00	10	−23.08	1.44	116.28
2019	20	−13.04	3.64	100.00	4	−60.00	0.73	46.51
合计	263		5.88		103		2.30	
2011—2015 年均值	20.00			100.00	8.60			100.00

年份	非制造业							
	建筑业				合计			
	项目数	同比增长（%）	占比（%）	指数	项目数	同比增长（%）	占比（%）	指数
2005	2		3.39	40.00	59		59.60	23.17
2006	2	0.00	2.53	40.00	79	33.90	64.75	31.03
2007	3	50.00	3.30	60.00	91	15.19	65.00	35.74
2008	2	−33.33	1.38	40.00	145	59.34	67.13	56.95
2009	3	50.00	2.46	60.00	122	−15.86	64.89	47.92
2010	4	33.33	2.35	80.00	170	39.34	75.89	66.77
2011	2	−50.00	1.29	40.00	155	−8.82	62.50	60.88
2012	4	100.00	2.30	80.00	174	12.26	63.27	68.34
2013	4	0.00	1.94	80.00	206	18.39	67.54	80.91
2014	6	50.00	2.23	120.00	269	30.58	61.98	105.66
2015	9	50.00	1.92	180.00	469	74.35	69.17	184.21
2016	9	0.00	1.32	180.00	682	45.42	70.53	267.87
2017	9	0.00	1.48	180.00	609	−10.70	67.07	239.20
2018	13	44.44	1.87	260.00	695	14.12	68.27	272.98

续表

年份	非制造业							
	建筑业				合计			
	项目数	同比增长（%）	占比（%）	指数	项目数	同比增长（%）	占比（%）	指数
2019	19	46.15	3.46	380.00	549	−21.01	67.36	215.63
合计	91		2.03		4474		67.41	
2011—2015年均值	5.00			100.00	254.60			100.00

年份	总计			
	项目数	同比增长（%）	占比（%）	指数
2005	99		100.00	25.52
2006	122	23.23	100.00	31.44
2007	140	14.75	100.00	36.08
2008	216	54.29	100.00	55.67
2009	188	−12.96	100.00	48.45
2010	224	19.15	100.00	57.73
2011	248	10.71	100.00	63.92
2012	275	10.89	100.00	70.88
2013	305	10.91	100.00	78.61
2014	434	42.30	100.00	111.86
2015	678	56.22	100.00	174.74
2016	967	42.63	100.00	249.23
2017	908	−6.10	100.00	234.02
2018	1018	12.11	100.00	262.37
2019	815	−19.94	100.00	210.05
合计	6637		100.00	
2011—2015年均值	388.00			100.00

此处存在重复统计问题，故总计部分与表3-1-1、表3-1-2所示不一致，重复统计的处理方式与
　第二章相应部分的处理一致。

二、民营企业海外并购投资金额在标的行业的分布

2005—2019 年，中国民营企业海外并购金额在制造业、非制造业的分布与项目数量类似，主要集中在非制造业，十五年间合计流向非制造业的并购投资金额为 6569.99 亿美元，占总投资金额的 65.31%，流向制造业的并购投资金额合计 3489.62 亿美元，占比 34.69%。其中，投向制造业的金额以中高技术和高技术为主，在制造业中分别占比 39.49%、38.91%；投向非制造业的金额以服务业为主，占比 88.48%。

2019 年，中国民企对制造业、非制造业的并购金额规模较 2018 年均有下降。在制造业中投资金额下降最为显著的是中高技术制造业，由 2018 年的 216.28 亿美元骤减 62.12% 至 81.93 亿美元；其次是低技术，同比下降 45.59%；中低技术则有所上升，较上年增长 26.26%。对非制造业投资金额下降最为显著的是采矿业，较上年下降 81.71%；其次是服务业，下降 31.46%；电力、热力、燃气及水生产和供应业、农、林、牧、渔业和建筑业则呈现了不同程度的增长，增长幅度分别为 134.9%、100.39%、39.53%。

表 3-4-2　2005—2019 年中国民营企业并购投资金额
在标的行业的分布及指数汇总表

（单位：百万美元）

年份	制造业											
	高技术				中高技术				中低技术			
	金额	同比增长(%)	占比(%)	指数	金额	同比增长(%)	占比(%)	指数	金额	同比增长(%)	占比(%)	指数
2005	22.59		14.94	0.15	48.93		32.35	0.73	29.92		19.78	2.26
2006	248.74	1001.11	54.66	1.67	154.04	214.82	33.85	2.29	12.96	-56.68	2.85	0.98
2007	115.29	-53.65	17.40	0.77	240.10	55.87	36.24	3.57	119.52	822.22	18.04	9.05
2008	114.97	-0.28	10.14	0.77	736.68	206.82	65.00	10.94	1.34	-98.88	0.12	0.10
2009	123.95	7.81	8.62	0.83	1006.39	36.61	69.99	14.95	175.00	12959.70	12.17	13.24
2010	97.03	-21.72	3.19	0.65	2600.66	158.41	85.60	38.63	179.19	2.39	5.90	13.56

续表

年份	制造业											
	高技术				中高技术				中低技术			
	金额	同比增长（%）	占比（%）	指数	金额	同比增长（%）	占比（%）	指数	金额	同比增长（%）	占比（%）	指数
2011	2420.96	2395.06	44.70	16.27	2155.42	-17.12	39.80	32.02	827.59	361.85	15.28	62.64
2012	434.30	-82.06	12.31	2.92	1758.03	-18.44	49.85	26.12	713.64	-13.77	20.23	54.01
2013	5040.06	1060.50	25.54	33.86	697.27	-60.34	3.53	10.36	536.61	-24.81	2.72	40.61
2014	13703.46	171.89	45.79	92.07	1252.54	79.63	4.19	18.61	656.54	22.35	2.19	49.69
2015	52816.24	285.42	61.42	354.88	27795.17	2119.10	32.32	412.90	3871.93	489.75	4.50	293.05
2016	20289.00	-61.59	44.58	136.32	16769.96	-39.67	36.84	249.12	3010.09	-22.26	6.61	227.82
2017	11664.66	-42.51	16.91	78.38	52772.88	214.69	76.51	783.95	2149.01	-28.61	3.12	162.65
2018	14941.59	28.09	30.90	100.39	21628.26	-59.02	44.73	321.29	8771.90	308.18	18.14	663.90
2019	13745.75	-8.00	39.67	92.36	8193.43	-62.12	23.65	121.71	11075.76	26.26	31.96	838.27
合计	135778.59		38.91		137809.76		39.49		32131.00		9.21	
2011—2015年均值	14883.00			100.00	6731.69			100.00	1321.26			100.00

年份	制造业							
	低技术				小计			
	金额	同比增长（%）	占比（%）	指数	金额	同比增长（%）	占比（%）	指数
2005	49.80		32.93	0.83	151.24		6.62	0.52
2006	39.36	-20.96	8.65	0.66	455.10	200.91	9.84	1.57
2007	187.67	376.80	28.32	3.14	662.58	45.59	4.33	2.29
2008	280.38	49.40	24.74	4.69	1133.37	71.05	10.87	3.92
2009	132.66	-52.69	9.23	2.22	1438.00	26.88	45.41	4.97
2010	161.19	21.51	5.31	2.69	3038.07	111.27	15.26	10.51
2011	12.29	-92.38	0.23	0.21	5416.26	78.28	31.65	18.73
2012	620.95	4952.48	17.61	10.38	3526.92	-34.88	26.46	12.20
2013	13458.48	2067.40	68.20	224.97	19732.42	459.48	30.80	68.24
2014	14314.83	6.36	47.83	239.29	29927.37	51.67	31.05	103.49

续表

| 年份 | 制造业 | | | | | | | |
| | 低技术 | | | | 小计 | | | |
	金额	同比增长(%)	占比(%)	指数	金额	同比增长(%)	占比(%)	指数
2015	1504.51	-89.49	1.75	25.15	85987.85	187.32	42.83	297.35
2016	5446.55	262.01	11.97	91.05	45515.60	-47.07	22.33	157.39
2017	2389.34	-56.13	3.46	39.94	68975.89	51.54	44.39	238.52
2018	3008.09	25.90	6.22	50.28	48349.84	-29.90	41.54	167.20
2019	1636.81	-45.59	4.72	27.36	34651.75	-28.33	41.76	119.83
合计	43242.91		12.39		348962.26		34.69	
2011—2015年均值	5982.21			100.00	28918.16			100.00

| 年份 | 非制造业 | | | | | | | |
| | 服务业 | | | | 农、林、牧、渔业 | | | |
	金额	同比增长(%)	占比(%)	指数	金额	同比增长(%)	占比(%)	指数
2005	1329.61		62.29	3.07	0.00		0.00	0.00
2006	3312.55	149.14	79.43	7.65	0.00	n. a.	0.00	0.00
2007	14552.15	339.30	99.40	33.59	0.19	n. a.	0.00	0.05
2008	7056.77	-51.51	75.94	16.29	0.00	-100.00	0.00	0.00
2009	1339.44	-81.02	77.49	3.09	14.97	n. a.	0.87	3.67
2010	16328.22	1119.03	96.78	37.69	4.29	-71.34	0.03	1.05
2011	10420.84	-36.18	89.11	24.06	10.49	144.52	0.09	2.57
2012	7745.98	-25.67	79.02	17.88	500.00	4666.44	5.10	122.51
2013	29091.38	275.57	65.61	67.16	50.00	-90.00	0.11	12.25
2014	63144.57	117.06	95.00	145.76	1364.04	2628.08	2.05	334.20
2015	106195.11	68.18	92.54	245.14	116.20	-91.48	0.10	28.47
2016	143613.73	35.24	90.70	331.52	202.81	74.54	0.13	49.69
2017	70497.65	-50.91	81.59	162.74	253.33	24.91	0.29	62.07
2018	63292.81	-10.22	93.02	146.11	152.05	-39.98	0.22	37.25

续表

年份	非制造业							
	服务业				农、林、牧、渔业			
	金额	同比增长(%)	占比(%)	指数	金额	同比增长(%)	占比(%)	指数
2019	43378.99	-31.46	89.76	100.14	304.69	100.39	0.63	74.65
合计	581299.80		88.48		2973.06		0.45	
2011—2015年均值	43319.58			100.00	408.15			100.00

年份	非制造业							
	采矿业				电力、热力、燃气及水生产和供应业			
	金额	同比增长(%)	占比(%)	指数	金额	同比增长(%)	占比(%)	指数
2005	4.00		0.19	0.15	800.34		37.49	32.23
2006	857.88	21347.00	20.57	33.17	0.00	-100.00	0.00	0.00
2007	24.08	-97.19	0.16	0.93	47.15	n. a.	0.32	1.90
2008	2212.46	9087.96	23.81	85.53	22.18	-52.96	0.24	0.89
2009	289.80	-86.90	16.77	11.20	54.02	143.55	3.13	2.18
2010	315.82	8.98	1.87	12.21	35.25	-34.75	0.21	1.42
2011	901.91	185.58	7.71	34.87	360.36	922.30	3.08	14.51
2012	1291.37	43.18	13.17	49.92	7.84	-97.82	0.08	0.32
2013	5270.26	308.11	11.89	203.75	8193.08	104403.57	18.48	329.95
2014	532.40	-89.90	0.80	20.58	569.73	-93.05	0.86	22.94
2015	4937.44	827.39	4.30	190.88	3284.74	476.54	2.86	132.28
2016	7820.93	58.40	4.94	302.35	3098.39	-5.67	1.96	124.78
2017	2659.29	-66.00	3.08	102.81	12717.24	310.45	14.72	512.14
2018	2677.50	0.68	3.94	103.51	1548.13	-87.83	2.28	62.35
2019	489.72	-81.71	1.01	18.93	3636.52	134.90	7.53	146.45
合计	30284.86		4.61		34374.97		5.23	
2011—2015年均值	2586.68			100.00	2483.15			100.00

年份	非制造业							
	建筑业				小计			
	金额	同比增长（%）	占比（%）	指数	金额	同比增长（%）	占比（%）	指数
2005	0.66		0.03	0.11	2134.61		93.38	4.32
2006	0.00	-100.00	0.00	0.00	4170.43	95.37	90.16	8.44
2007	16.24	n. a.	0.11	2.64	14639.81	251.04	95.67	29.63
2008	0.77	-95.26	0.01	0.13	9292.18	-36.53	89.13	18.81
2009	30.31	3836.36	1.75	4.94	1728.54	-81.40	54.59	3.50
2010	187.86	519.80	1.11	30.59	16871.44	876.05	84.74	34.14
2011	0.44	-99.77	0.00	0.07	11694.04	-30.69	68.35	23.67
2012	256.82	58268.18	2.62	41.82	9802.01	-16.18	73.54	19.84
2013	1734.44	575.35	3.91	282.42	44339.16	352.35	69.20	89.73
2014	856.51	-50.62	1.29	139.46	66467.25	49.91	68.95	134.52
2015	222.49	-74.02	0.19	36.23	114755.98	72.65	57.17	232.24
2016	3595.38	1515.97	2.27	585.43	158331.24	37.97	77.67	320.43
2017	279.27	-92.23	0.32	45.47	86406.78	-45.43	55.61	174.87
2018	369.48	32.30	0.54	60.16	68039.97	-21.26	58.46	137.70
2019	515.52	39.53	1.07	83.94	48325.44	-28.97	58.24	97.80
合计	8066.19		1.23		656998.88		65.31	
2011—2015年均值	614.14			100.00	49411.69			100.00

年份	总计			
	项目数	同比增长（%）	占比（%）	指数
2005	2285.85		100.00	2.92
2006	4625.53	102.35	100.00	5.91
2007	15302.39	230.82	100.00	19.54
2008	10425.55	-31.87	100.00	13.31
3166.54	-69.63	100.00	4.04	
2010	19909.51	528.75	100.00	25.42

续表

年份	总计			
	项目数	同比增长（%）	占比（%）	指数
2011	17110.30	-14.06	100.00	21.84
2012	13328.93	-22.10	100.00	17.02
2013	64071.58	380.70	100.00	81.80
2014	96394.62	50.45	100.00	123.06
2015	200743.83	108.25	100.00	256.28
2016	203846.84	1.55	100.00	260.24
2017	155382.67	-23.77	100.00	198.37
2018	116389.81	-25.09	100.00	148.59
2019	82977.19	-28.71	100.00	105.93
合计	1005961.14		100.00	
2011—2015年均值	78329.85		100.00	

此处存在重复统计问题，故总计部分与表3-1-1、表3-1-2所示不一致，重复统计的处理方式与第二章相应部分的处理一致。

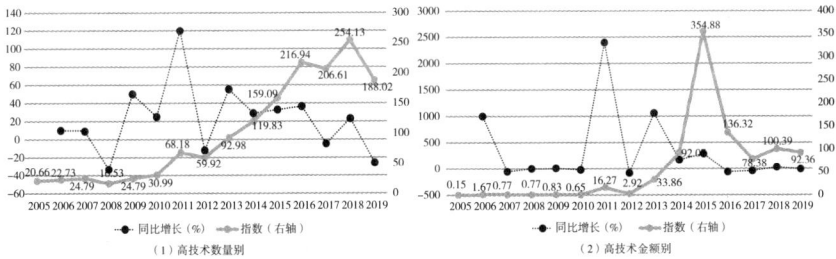

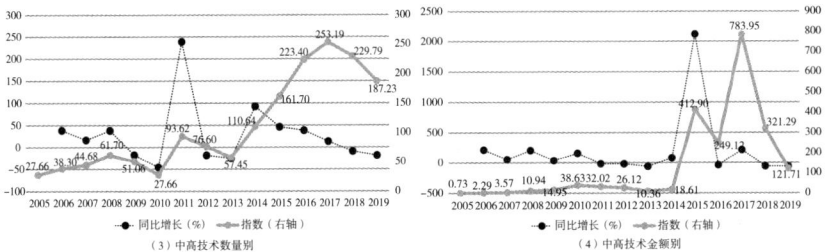

（1）高技术数量别

（2）高技术金额别

（3）中高技术数量别

（4）中高技术金额别

（5）中低技术数量别

（6）中低技术金额别

（7）低技术数量别

（8）低技术金额别

（9）制造业合计数量别

（10）制造业合计金额别

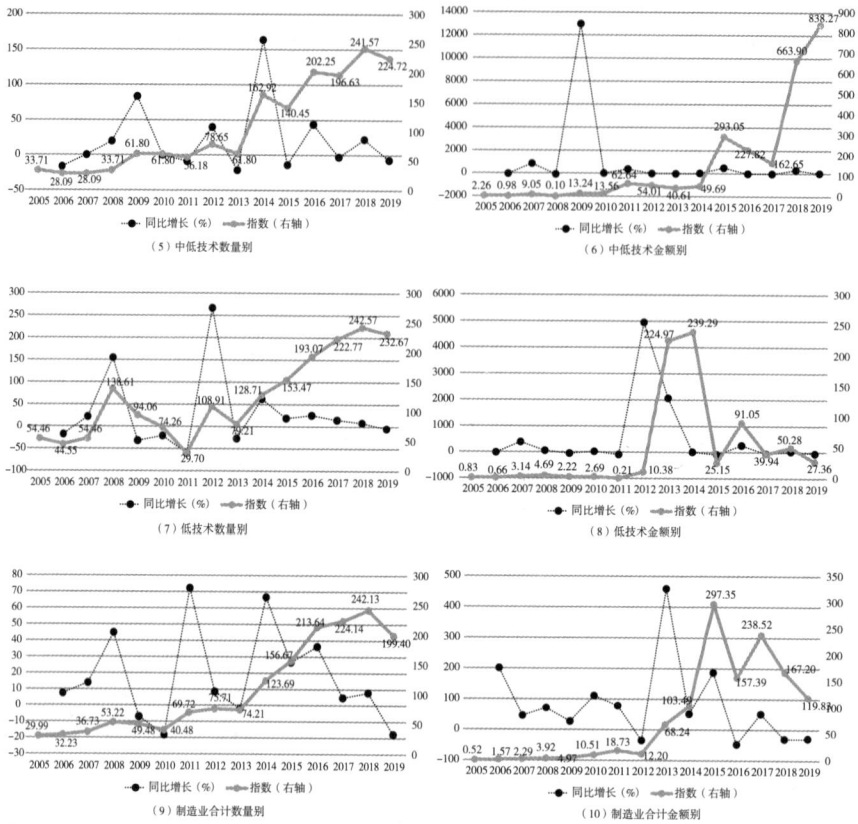

图 3-4-1　2005—2019 年中国民营企业海外并购投资制造业项目数量和金额指数变化图

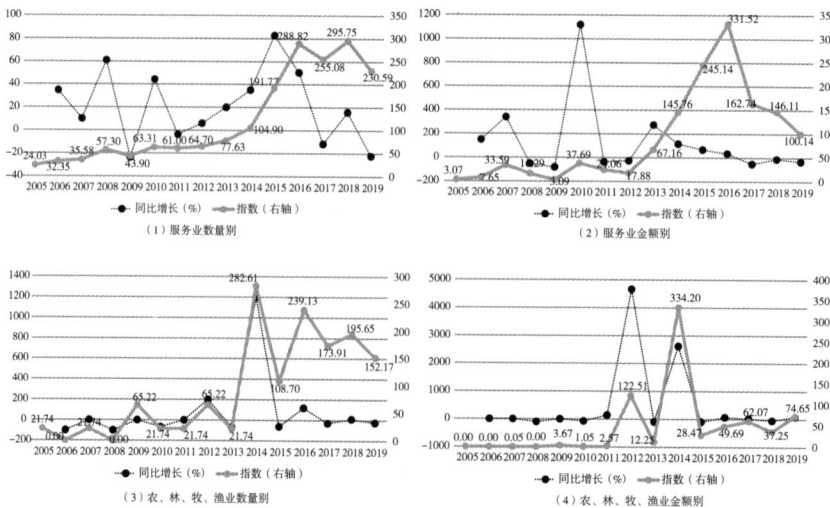

（1）服务业数量别

（2）服务业金额别

（3）农、林、牧、渔业数量别

（4）农、林、牧、渔业金额别

（5）采矿业数量别

（6）采矿业金额别

（7）电力、热力、燃气及水生产和供应业数量别

（8）电力、热力、燃气及水生产和供应业金额别

（9）建筑业数量别

（10）建筑业金额别

（11）非制造业合计数量别

（12）非制造业合计金额别

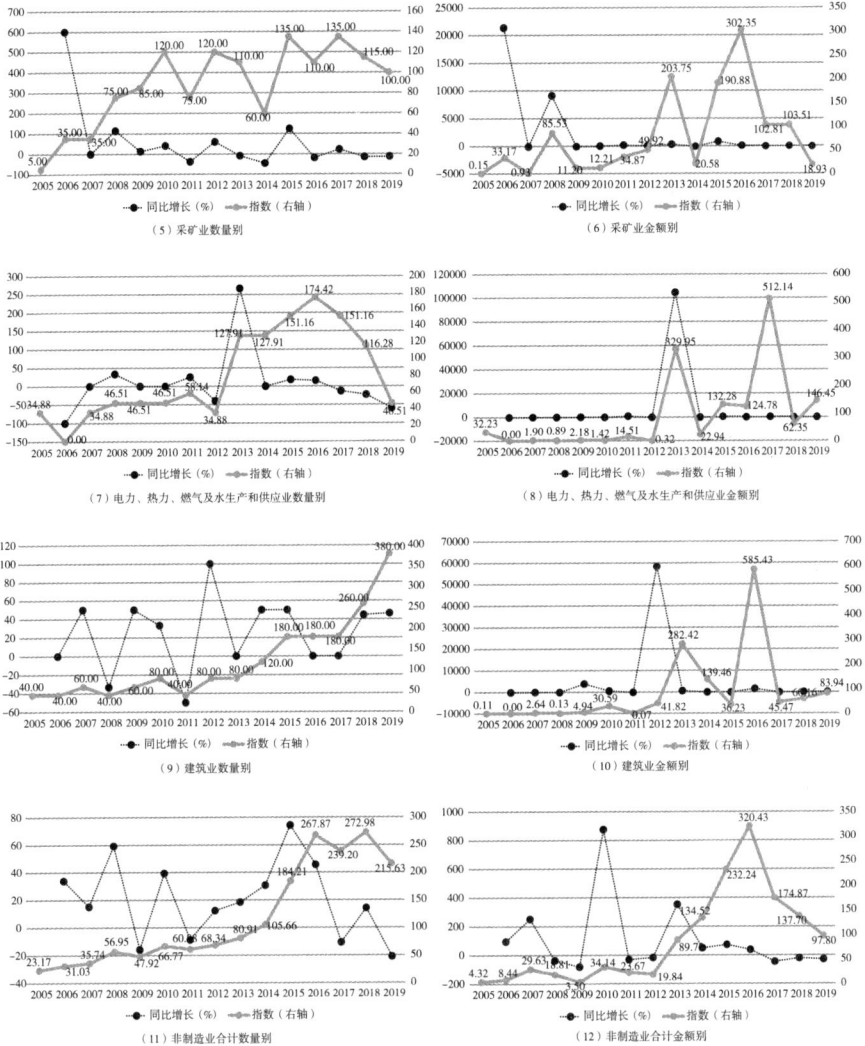

图 3-4-2　2005—2019 年中国民营企业海外并购投资
非制造业项目数量和金额指数变化图

根据 NK-GERC 数据库，2019 年信息传输、软件和信息技术服务业是接受中国民企并购项目数量最多的行业，共接受 157 件并购投资；批发和零售业以 118 件投资项目居第二，其他并购项目数量排名前五位的标的行业还有金融业（104 件）、科学研究和技术服务业（56 件）、广播、电视和通信设备（33 件），在排名前五位的行业中除广播、电视和通信设备外，

（1）并购行业别总计数量别

（2）并购行业别总计金额别

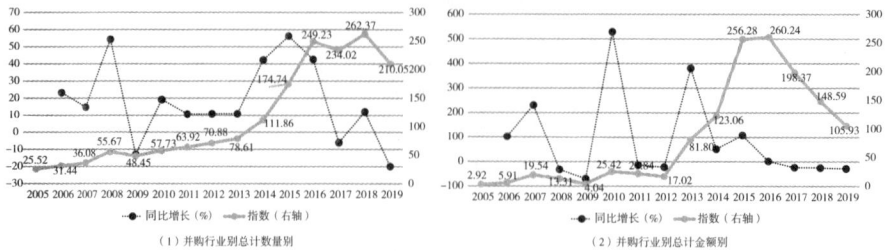

图 3-4-3 2005—2019 年中国民营企业海外并购投资行业别项目数量和金额指数变化图

其余四个行业均属于服务业（详见本书附录 3）。

在金额排名中，信息传输、软件和信息技术服务业 2019 年共计获得民企 220.29 亿美元的投资，在所有细分标的行业中排名首位，且较 2018 年实现 23.21% 的同比增长。金融业（107.07 亿美元）、基本金属和金属制品（99.92 亿美元）及办公、会计和计算机设备（71.24 亿美元）、其他机械设备（68.75 亿美元）在民企并购金额排序中也位居前列（详见本书附录 3）。

信息传输、软件和信息技术服务业不仅在 2019 年民企并购项目数量和金额的标的行业排序中均位列首位，经测算显示 2005—2019 年中，民企对信息传输、软件和信息技术服务业的并购项目数量、金额合计也在并购总投资中分别排列第 1 位和第 2 位，在全部行业所接受的并购总投资中占比可分别达到 14.8% 和 14.93%，可见民企在并购投资活动中青睐于知识密集型行业。

本章小结

一、民企并购投资金额近年来连续下滑，项目数量增长趋缓

近年来，民企海外并购投资规模呈现出下降趋势，特别是在投资金额方面下降显著，自 2016 年起民企并购投资金额持续下降，在 2017—2019 年间年降幅在 20% 以上，2019 年跌至 802.05 亿美元，不及 2014 年的投资

水平。在并购投资项目数量上，民企并购投资虽然近年来仍处于高位，但并未保持 2014—2016 年间的高速扩张趋势，增速逐步趋缓。

二、2019 年中西部地区民企并购规模受到较大冲击

2019 年，国内经济下行的压力和世界大国关系的紧张，导致民企海外并购投资积极性受挫，在中西部地区表现得更为明显。统计显示，2019 年中西部地区并购投资项目数量、金额在五大地区的降幅均在其他地区之上，两地区合计的同比下降率分别达到 26.79% 和 76.56%，其中黑龙江、四川、宁夏、内蒙古的民企并购投资金额较 2018 年下降近 1 倍，国内外投资环境给中西部地区民企的并购投资活动带来较大的冲击。

三、民企 2019 年持续加强对非洲的并购规模

综合民企在不同标的地区的并购投资项目数量和金额变化情况来看，2019 年民企对发展中经济体的投资规模有明显下降，特别是在投资金额方面，出现自 2014 年以来的断崖式下跌，全年度实现并购投资 45.65 亿美元，较 2018 年同比下降 71.13%。但进一步来看，民企对非洲的发展中国家和地区的并购投资金额变化却和整体趋势不一致，2019 年共计接受并购投资 5.41 亿美元，延续了 2018 年的高增长率，同比扩张 105.87%，且以单笔投资金额较高为主要特点，如民企对肯尼亚、尼日利亚和埃及在 2019 年的单笔投资金额分别达到 0.67 亿美元、0.54 亿美元和 0.42 亿美元，这可能与政府政策支持以及国际局势紧张对中非投资往来影响较小有关。

四、民企对高技术、中高技术制造业的并购规模在 2019 年均显著下降

在制造业中，民企并购投资主要分布在高技术和中高技术制造业，十五年间对两类行业并购项目数量、金额合计在制造业中的占比均在 70% 左右。2019 年，民企对高技术、中高技术制造业的并购投资出现大幅下降。其中，在项目数量上，对高技术制造业投资较 2018 年降低 26.02%，对中

高技术制造业的投资下降 18.52%，降幅超过中低技术制造业和低技术制造业；在金额上，民企对高技术的并购金额降低 8%，对中高技术制造业的投资为四种技术水平制造业中的最高降幅，由 2018 年的 216.28 亿美元降低至 81.93 亿美元，同比下降 62.12%，从中高技术细分行业看，主要在于其他电气机械设备行业、汽车、挂车和半挂车行业、化学品及化学制品（不含制药）行业投资金额的大幅下降。

第四章 中国民营企业海外直接
投资指数：绿地投资篇

本章以民营企业海外绿地投资活动为研究主体，基于中国民营企业海外直接投资六级指标体系，分别从总投资、投资方来源地、投资标的国（地区）、投资标的行业角度测算中国民营企业海外绿地投资指数，从多角度描述 2005—2019 年民营企业海外绿地投资的发展特征。

第一节 民营企业海外绿地投资指数

一、民营企业海外绿地投资与全国海外绿地投资的比较

伴随着中国市场活跃度提高和企业自身实力的增强，民企海外绿地投资项目数量和金额总体呈现波动上升趋势，在中国企业海外绿地投资活动中的地位逐步提升。2012 年以来，全国每年进行绿地投资的企业超过 50%以上的是民企，2018 年、2019 年民企的占比分别达到 63.42%、68.26%；在金额方面民企也保持较高优势，在 2012—2019 年间占比约为 49.72%，特别是在全国企业绿地投资金额出现 33.44%下降的 2019 年，民企却较 2018 年同比增长 6.09%，达到 421.76 亿美元。

表 4-1-1　2005—2019 年中国民营企业海外绿地投资项目数量和
金额汇总及与全国海外绿地投资的比较

年份	民营企业海外绿地投资				全国海外绿地投资			
	项目数量（件）	同比增长（%）	金额（亿美元）	同比增长（%）	项目数量（件）	同比增长（%）	金额（亿美元）	同比增长（%）
2005	52		18.55		126		83.51	
2006	46	-11.54	37.30	101.12	123	-2.38	158.10	89.33
2007	107	132.61	50.51	35.42	220	78.86	311.70	97.15
2008	123	14.95	74.10	46.71	276	25.45	475.63	52.59
2009	157	27.64	24.08	-67.50	340	23.19	261.62	-45.00
2010	173	10.19	67.41	179.89	354	4.12	198.00	-24.32
2011	193	11.56	130.66	93.84	430	21.47	389.01	96.47
2012	184	-4.66	68.02	-47.95	353	-17.91	114.96	-70.45
2013	173	-5.98	43.69	-35.77	322	-8.78	131.63	14.50
2014	194	12.14	231.07	428.89	378	17.39	538.79	309.31
2015	247	27.32	268.03	15.99	483	27.78	530.77	-1.49
2016	367	48.58	594.99	121.99	632	30.85	1103.46	107.90
2017	340	-7.36	245.78	-58.69	576	-8.86	526.77	-52.26
2018	534	57.06	397.55	61.75	842	46.18	924.86	75.57
2019	456	-14.61	421.76	6.09	668	-20.67	615.54	-33.44
合计	3346		2673.49		6123		6364.35	

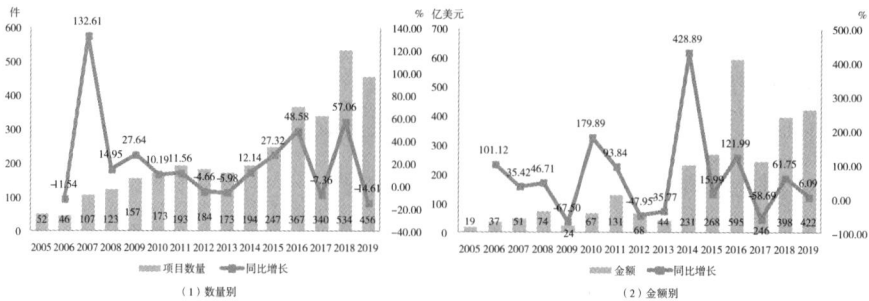

图 4-1-1　2005—2019 年中国民营企业绿地项目数量和金额的增长变化图

二、民营企业海外绿地投资项目数量指数和金额指数

从表 4-1-2 和图 4-1-2 可以看出，民企绿地投资项目数量指数于 2014 年增幅提高，总体呈现稳步上升的态势，但在政策限制以及国内外经济环境变动影响下，2017 年、2019 年分别出现 7.36% 和 14.61% 的下降。而同期金额指数虽然也呈现出扩张趋势，但在 2015—2019 年间波动幅度较大：民企在 2016 年同比增长 121.99% 至十五年间的峰值水平，随后 2017 年又快速下降，2018—2019 年间持续增长，却仍未超过 2016 年的峰值。

表 4-1-2　2005—2019 年中国民营企业海外绿地投资项目数量及金额指数

年份	项目数量指数	金额指数
2005	26.24	12.51
2006	23.21	25.15
2007	53.99	34.06
2008	62.06	49.97
2009	79.21	16.24
2010	87.29	45.46
2011	97.38	88.11
2012	92.84	45.87
2013	87.29	29.46
2014	97.88	155.82
2015	124.62	180.74
2016	185.17	401.22
2017	171.54	165.74
2018	269.42	268.08
2019	230.07	284.41
2011—2015 年均值	100.00	100.00

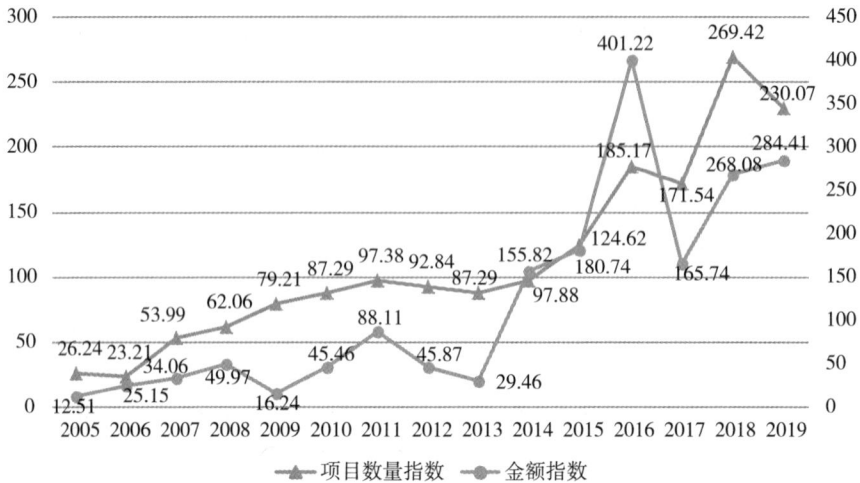

图 4-1-2　2005—2019 年中国民营企业海外绿地投资项目数量及金额指数变化图

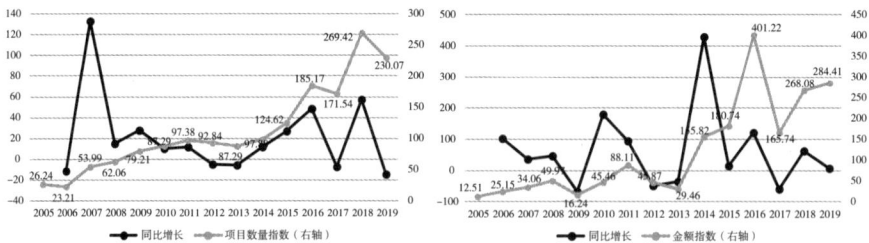

图 4-1-3　2005—2019 年中国民营企业海外绿地投资项目数量、金额指数及同比增长率变化图

第二节　民营企业海外绿地投资来源地别指数

本节对民营企业海外绿地投资的项目数量与金额按照投资方来源地进行统计分析，主要划分为环渤海地区、长三角地区、珠三角地区、中部地区与西部地区五大区域。

一、民营企业海外绿地投资项目数量在不同投资方来源地的分布

中国民营企业绿地投资项目数量集中分布于长三角地区、珠三角地区和环渤海地区，2005—2019 年内分别在合计中占比 31.26%、30.54% 和 27.35%；中部地区、西部地区项目数量占比偏少，分别为 6.28% 和 4.57%。

相较于 2018 年，除珠三角地区外其他四大地区的民企绿地投资项目数量都出现下降。下降幅度最大的地区为西部地区，由 2018 年的 27 件锐减为 7 件，降幅达 74.07%，尤其是西北地区，数量同比减少 78.57%。中部地区、长三角地区和环渤海地区数量分别下降 60%、27.27% 和 16.17%。在经济下行的压力下，珠三角地区民企积极参与"走出去"，绿地投资项目数量反而实现 22.30% 的同比增长，保持 2018 年的增长势头，由 2018 年的 139 件上升为 170 件，在 2019 年民企绿地总投资中占比 37.69%，成为当年度最主要的绿地投资来源。其中来源于广东的项目数量同比增长 18.90% 至 151 件，达到 2005—2019 年内的最高值；珠三角除广东以外其他省份（福建、海南）项目数量合计也创下十五年间的峰值水平，共计进行 19 件交易，同比增长 58.33%。

表 4-2-1　2005—2019 年中国民营企业绿地投资项目数量
在不同投资方来源地的分布及指数汇总表

（单位：件）

年份	环渤海地区											
	京津冀				其他				合计			
	项目数	同比增长（%）	占比（%）	指数	项目数	同比增长（%）	占比（%）	指数	项目数	同比增长（%）	占比（%）	指数
2005	9		42.86	26.32	12		57.14	57.69	21		42.00	38.18
2006	5	-44.44	62.50	14.62	3	-75.00	37.50	14.42	8	-61.90	17.78	14.55
2007	12	140.00	52.17	35.09	11	266.67	47.83	52.88	23	187.50	21.90	41.82

年份	环渤海地区											
	京津冀				其他				合计			
	项目数	同比增长（%）	占比（%）	指数	项目数	同比增长（%）	占比（%）	指数	项目数	同比增长（%）	占比（%）	指数
2008	11	-8.33	78.57	32.16	3	-72.73	21.43	14.42	14	-39.13	11.38	25.45
2009	24	118.18	57.14	70.18	18	500.00	42.86	86.54	42	200.00	27.10	76.36
2010	38	58.33	73.08	111.11	14	-22.22	26.92	67.31	52	23.81	30.06	94.55
2011	34	-10.53	64.15	99.42	19	35.71	35.85	91.35	53	1.92	27.60	96.36
2012	37	8.82	63.79	108.19	21	10.53	36.21	100.96	58	9.43	31.52	105.45
2013	34	-8.11	73.91	99.42	12	-42.86	26.09	57.69	46	-20.69	26.59	83.64
2014	25	-26.47	45.45	73.10	30	150.00	54.55	144.23	55	19.57	28.35	100.00
2015	41	64.00	65.08	119.88	22	-26.67	34.92	105.77	63	14.55	25.71	114.55
2016	57	39.02	73.08	166.67	21	-4.55	26.92	100.96	78	23.81	21.31	141.82
2017	65	14.04	72.22	190.06	25	19.05	27.78	120.19	90	15.38	26.63	163.64
2018	137	110.77	82.04	400.58	30	20.00	17.96	144.23	167	85.56	31.33	303.64
2019	112	-18.25	80.00	327.49	28	-6.67	20.00	134.62	140	-16.17	31.04	254.55
合计	641		70.44		269		29.56		910		27.35	
2011—2015年均值	34.20			100.00	20.80			100.00	55.00			100.00

年份	长三角地区											
	上海				其他				合计			
	项目数	同比增长（%）	占比（%）	指数	项目数	同比增长（%）	占比（%）	指数	项目数	同比增长（%）	占比（%）	指数
2005	3		37.50	15.96	5		62.50	10.92	8		16.00	12.38
2006	4	33.33	36.36	21.28	7	40.00	63.64	15.28	11	37.50	24.44	17.03
2007	9	125.00	22.50	47.87	31	342.86	77.50	67.69	40	263.64	38.10	61.92
2008	9	0.00	15.79	47.87	48	54.84	84.21	104.80	57	42.50	46.34	88.24
2009	12	33.33	25.00	63.83	36	-25.00	75.00	78.60	48	-15.79	30.97	74.30
2010	14	16.67	25.45	74.47	41	13.89	74.55	89.52	55	14.58	31.79	85.14
2011	11	-21.43	20.37	58.51	43	4.88	79.63	93.89	54	-1.82	28.13	83.59
2012	27	145.45	40.30	143.62	40	-6.98	59.70	87.34	67	24.07	36.41	103.72

续表

年份	长三角地区											
	上海				其他				合计			
	项目数	同比增长（%）	占比（%）	指数	项目数	同比增长（%）	占比（%）	指数	项目数	同比增长（%）	占比（%）	指数
2013	14	-48.15	28.00	74.47	36	-10.00	72.00	78.60	50	-25.37	28.90	77.40
2014	23	64.29	38.98	122.34	36	0.00	61.02	78.60	59	18.00	30.41	91.33
2015	19	-17.39	20.43	101.06	74	105.56	79.57	161.57	93	57.63	37.96	143.96
2016	38	100.00	35.85	202.13	68	-8.11	64.15	148.47	106	13.98	28.96	164.09
2017	30	-21.05	28.04	159.57	77	13.24	71.96	168.12	107	0.94	31.66	165.63
2018	33	10.00	20.00	175.53	132	71.43	80.00	288.21	165	54.21	30.96	255.42
2019	37	12.12	30.83	196.81	83	-37.12	69.17	181.22	120	-27.27	26.61	185.76
合计	283		27.21		757		72.79		1040		31.26	
2011—2015年均值	18.80			100.00	45.80			100.00	64.60			100.00

年份	珠三角地区											
	广东				其他				合计			
	项目数	同比增长（%）	占比（%）	指数	项目数	同比增长（%）	占比（%）	指数	项目数	同比增长（%）	占比（%）	指数
2005	16		94.12	31.37	1		5.88	31.25	17		34.00	31.37
2006	20	25.00	86.96	39.22	3	200.00	13.04	93.75	23	35.29	51.11	42.44
2007	31	55.00	96.88	60.78	1	-66.67	3.13	31.25	32	39.13	30.48	59.04
2008	27	-12.90	93.10	52.94	2	100.00	6.90	62.50	29	-9.38	23.58	53.51
2009	42	55.56	95.45	82.35	2	0.00	4.55	62.50	44	51.72	28.39	81.18
2010	48	14.29	96.00	94.12	2	0.00	4.00	62.50	50	13.64	28.90	92.25
2011	52	8.33	94.55	101.96	3	50.00	5.45	93.75	55	10.00	28.65	101.48
2012	35	-32.69	92.11	68.63	3	0.00	7.89	93.75	38	-30.91	20.65	70.11
2013	62	77.14	95.38	121.57	3	0.00	4.62	93.75	65	71.05	37.57	119.93
2014	52	-16.13	96.30	101.96	2	-33.33	3.70	62.50	54	-16.92	27.84	99.63
2015	54	3.85	91.53	105.88	5	150.00	8.47	156.25	59	9.26	24.08	108.86
2016	124	129.63	95.38	243.14	6	20.00	4.62	187.50	130	120.34	35.52	239.85
2017	97	-21.77	87.39	190.20	14	133.33	12.61	437.50	111	-14.62	32.84	204.80

续表

年份	珠三角地区											
	广东				其他				合计			
	项目数	同比增长（%）	占比（%）	指数	项目数	同比增长（%）	占比（%）	指数	项目数	同比增长（%）	占比（%）	指数
2018	127	30.93	91.37	249.02	12	-14.29	8.63	375.00	139	25.23	26.08	256.46
2019	151	18.90	88.82	296.08	19	58.33	11.18	593.75	170	22.30	37.69	313.65
合计	938		92.32		78		7.68		1016		30.54	
2011—2015年均值	51.00			100.00	3.20			100.00	54.20			100.00

年份	中部地区											
	华北东北				中原华中				合计			
	项目数	同比增长（%）	占比（%）	指数	项目数	同比增长（%）	占比（%）	指数	项目数	同比增长（%）	占比（%）	指数
2005	1		50.00	29.41	1		50.00	10.00	2		4.00	14.93
2006	0	-100.00	0.00	0.00	2	100.00	100.00	20.00	2	0.00	4.44	14.93
2007	2	n. a.	33.33	58.82	4	100.00	66.67	40.00	6	200.00	5.71	44.78
2008	2	0.00	11.11	58.82	16	300.00	88.89	160.00	18	200.00	14.63	134.33
2009	2	0.00	25.00	58.82	6	-62.50	75.00	60.00	8	-55.56	5.16	59.70
2010	2	0.00	15.38	58.82	11	83.33	84.62	110.00	13	62.50	7.51	97.01
2011	3	50.00	23.08	88.24	10	-9.09	76.92	100.00	13	0.00	6.77	97.01
2012	3	0.00	23.08	88.24	10	0.00	76.92	100.00	13	0.00	7.07	97.01
2013	2	-33.33	33.33	58.82	4	-60.00	66.67	40.00	6	-53.85	3.47	44.78
2014	5	150.00	29.41	147.06	12	200.00	70.59	120.00	17	183.33	8.76	126.87
2015	4	-20.00	22.22	117.65	14	16.67	77.78	140.00	18	5.88	7.35	134.33
2016	3	-25.00	12.00	88.24	22	57.14	88.00	220.00	25	38.89	6.83	186.57
2017	3	0.00	15.79	88.24	16	-27.27	84.21	160.00	19	-24.00	5.62	141.79
2018	7	133.33	20.00	205.88	28	75.00	80.00	280.00	35	84.21	6.57	261.19
2019	3	-57.14	21.43	88.24	11	-60.71	78.57	110.00	14	-60.00	3.10	104.48
合计	42		20.10		167		79.90		209		6.28	
2011—2015年均值	3.40			100.00	10.00			100.00	13.40			100.00

续表

年份	西部地区											
	西北				西南				合计			
	项目数	同比增长(%)	占比(%)	指数	项目数	同比增长(%)	占比(%)	指数	项目数	同比增长(%)	占比(%)	指数
2005	2		100.00	90.91	0		0.00	0.00	2		4.00	19.23
2006	1	-50.00	100.00	45.45	0	n.a.	0.00	0.00	1	-50.00	2.22	9.62
2007	0	-100.00	0.00	0.00	4	n.a.	100.00	48.78	4	300.00	3.81	38.46
2008	1	n.a.	20.00	45.45	4	0.00	80.00	48.78	5	25.00	4.07	48.08
2009	4	300.00	30.77	181.82	9	125.00	69.23	109.76	13	160.00	8.39	125.00
2010	0	-100.00	0.00	0.00	3	-66.67	100.00	36.59	3	-76.92	1.73	28.85
2011	3	n.a.	17.65	136.36	14	366.67	82.35	170.73	17	466.67	8.85	163.46
2012	2	-33.33	25.00	90.91	6	-57.14	75.00	73.17	8	-52.94	4.35	76.92
2013	1	-50.00	16.67	45.45	5	-16.67	83.33	60.98	6	-25.00	3.47	57.69
2014	1	0.00	11.11	45.45	8	60.00	88.89	97.56	9	50.00	4.64	86.54
2015	4	300.00	33.33	181.82	8	0.00	66.67	97.56	12	33.33	4.90	115.38
2016	10	150.00	37.04	454.55	17	112.50	62.96	207.32	27	125.00	7.38	259.62
2017	3	-70.00	27.27	136.36	8	-52.94	72.73	97.56	11	-59.26	3.25	105.77
2018	14	366.67	51.85	636.36	13	62.50	48.15	158.54	27	145.45	5.07	259.62
2019	3	-78.57	42.86	136.36	4	-69.23	57.14	48.78	7	-74.07	1.55	67.31
合计	49		32.24		103		67.76		152		4.57	
2011—2015年均值	2.20		100.00		8.20		100.00		10.40			100.00

年份	总计			
	项目数	同比增长(%)	占比(%)	指数
2005	50		100.00	25.30
2006	45	-10.00	100.00	22.77
2007	105	133.33	100.00	53.14
2008	123	17.14	100.00	62.25
2009	155	26.02	100.00	78.44
2010	173	11.61	100.00	87.55
2011	192	10.98	100.00	97.17
2012	184	-4.17	100.00	93.12

年份	总计			
	项目数	同比增长（%）	占比（%）	指数
2013	173	-5.98	100.00	87.55
2014	194	12.14	100.00	98.18
2015	245	26.29	100.00	123.99
2016	366	49.39	100.00	185.22
2017	338	-7.65	100.00	171.05
2018	533	57.69	100.00	269.74
2019	451	-15.38	100.00	228.24
合计	3327		100.00	
2011—2015年均值	197.60			100.00

二、民营企业海外绿地投资金额在不同投资方来源地的分布

中国民企绿地投资金额在来源地的分布与项目数量分布相差较大。在经济发展较快的环渤海、长三角和珠三角区域，金额主要来自于环渤海地区，而在项目数量分布上三个地区较为均匀。2005—2019年间，环渤海地区金额合计为1057.62亿美元，在民企绿地总投资中占比达到39.97%；长三角地区、珠三角地区合计占比与环渤海地区相当，约为44.28%。中西部地区金额在总投资中的占比相对项目数量10.85%的占比而言有所提升，十五年间合计投资411.43亿美元，在民企绿地总投资中约占15.55%。

进入2019年，仅有长三角地区和西部地区的民企投资金额出现下降，其他地区则较2018年均实现扩张。来自于环渤海地区的金额增幅最大，高达98.71%，实现186.02亿美元的投资，占当年度绿地总投资金额的44.17%。其中京津冀地区增长最为明显，同比上升244.77%至178.79亿美元，为环渤海地区贡献了96.11%的投资金额。珠三角地区和中部地区分别增长29.98%和11.53%。2019年由于位于长三角的江苏、浙江两省金

额骤降66.97%，导致长三角地区在2018年快速增长后于2019年大幅回落；西部地区以西南省份的降幅最为明显，2019年西南六省由2018年的8.84亿美元跌至0.91亿美元，跌幅达到89.68%。

表4-2-2 2005—2019年中国民营企业绿地投资金额在不同投资方来源地的分布及指数汇总表

（单位：百万美元）

年份	环渤海地区											
	京津冀				其他				合计			
	金额	同比增长（%）	占比（%）	指数	金额	同比增长（%）	占比（%）	指数	金额	同比增长（%）	占比（%）	指数
2005	152.30		59.94	7.24	101.80		40.06	3.28	254.10		20.45	4.88
2006	145.30	-4.60	74.86	6.91	48.80	-52.06	25.14	1.57	194.10	-23.61	6.20	3.73
2007	709.50	388.30	80.90	33.75	167.50	243.24	19.10	5.40	877.00	351.83	17.41	16.85
2008	3120.01	339.75	99.68	148.41	10.10	-93.97	0.32	0.33	3130.11	256.91	42.24	60.13
2009	232.96	-92.53	23.46	11.08	760.13	7426.06	76.54	24.49	993.09	-68.27	41.58	19.08
2010	1260.88	441.24	58.48	59.98	895.35	17.79	41.52	28.85	2156.23	117.12	31.99	41.42
2011	707.62	-43.88	37.84	33.66	1162.62	29.85	62.16	37.46	1870.24	-13.26	15.68	35.92
2012	2151.71	204.08	78.70	102.35	582.52	-49.90	21.30	18.77	2734.23	46.20	40.20	52.52
2013	1920.95	-10.72	60.62	91.38	1247.78	114.20	39.38	40.20	3168.73	15.89	72.53	60.87
2014	4391.38	128.60	32.45	208.89	9142.78	632.72	67.55	294.57	13534.17	327.12	58.57	259.97
2015	1339.45	-69.50	28.36	63.72	3383.14	-63.00	71.64	109.00	4722.59	-65.11	17.67	90.71
2016	27773.41	1973.49	83.34	1321.14	5553.24	64.14	16.66	178.92	33326.65	605.69	56.07	640.16
2017	6430.75	-76.85	59.34	305.90	4405.90	-20.66	40.66	141.95	10836.65	-67.48	44.31	208.16
2018	5185.79	-19.36	55.39	246.68	4175.82	-5.22	44.61	134.54	9361.61	-13.61	23.57	179.82
2019	17879.20	244.77	96.11	850.49	723.10	-82.68	3.89	23.30	18602.30	98.71	44.17	357.32
合计	73401.21		69.40		32360.59		30.60		105761.80		39.97	
2011—2015年均值	2102.22			100.00	3103.77			100.00	5205.99			100.00

续表

年份	长三角地区											
	上海				其他				合计			
	金额	同比增长（%）	占比（%）	指数	金额	同比增长（%）	占比（%）	指数	金额	同比增长（%）	占比（%）	指数
2005	56.10		38.34	7.48	90.22		61.66	2.16	146.32		11.77	2.97
2006	142.20	153.48	24.79	18.95	431.40	378.16	75.21	10.33	573.60	292.02	18.33	11.65
2007	879.64	518.59	32.42	117.21	1833.40	324.99	67.58	43.92	2713.04	372.98	53.86	55.09
2008	666.75	-24.20	30.99	88.84	1484.76	-19.02	69.01	35.57	2151.51	-20.70	29.03	43.69
2009	81.58	-87.76	21.15	10.87	304.22	-79.51	78.85	7.29	385.80	-82.07	16.15	7.83
2010	174.96	114.46	12.21	23.31	1258.40	313.65	87.79	30.15	1433.36	271.53	21.26	29.11
2011	55.33	-68.38	0.96	7.37	5684.11	351.69	99.04	136.17	5739.44	300.42	48.12	116.54
2012	49.83	-9.94	3.44	6.64	1399.07	-75.39	96.56	33.52	1448.90	-74.76	21.30	29.42
2013	21.70	-56.45	6.15	2.89	331.38	-76.31	93.85	7.94	353.07	-75.63	8.08	7.17
2014	339.00	1462.28	9.21	45.17	3342.30	908.62	90.79	80.07	3681.30	942.64	15.93	74.75
2015	3286.63	869.51	24.52	437.93	10114.54	202.62	75.48	242.31	13401.17	264.03	50.14	272.12
2016	5297.25	61.18	58.14	705.83	3814.73	-62.28	41.86	91.39	9111.98	-32.01	15.33	185.02
2017	891.70	-83.17	24.83	118.81	2698.80	-29.25	75.17	64.65	3590.50	-60.60	14.68	72.91
2018	1757.12	97.05	12.31	234.13	12511.99	363.61	87.69	299.74	14269.11	297.41	35.93	289.74
2019	1915.65	9.02	31.67	255.25	4132.70	-66.97	68.33	99.00	6048.34	-57.61	14.36	122.81
合计	15615.44		24.01		49432.01		75.99		65047.44		24.58	
2011—2015年均值	750.50			100.00	4174.28			100.00	4924.78			100.00

年份	珠三角地区											
	广东				其他				合计			
	金额	同比增长（%）	占比（%）	指数	金额	同比增长（%）	占比（%）	指数	金额	同比增长（%）	占比（%）	指数
2005	305.70		99.67	16.80	1.00		0.33	0.29	306.70		24.68	14.20
2006	1967.10	543.47	96.12	108.08	79.30	7830.00	3.88	23.38	2046.40	567.23	65.38	94.78
2007	1048.45	-46.70	99.96	57.61	0.40	-99.50	0.04	0.12	1048.85	-48.75	20.82	48.58
2008	560.30	-46.56	64.67	30.78	306.15	76437.50	35.33	90.27	866.45	-17.39	11.69	40.13

| 年份 | 珠三角地区 | | | | | | | | | | | |
| | 广东 | | | | 其他 | | | | 合计 | | | |
	金额	同比增长(%)	占比(%)	指数	金额	同比增长(%)	占比(%)	指数	金额	同比增长(%)	占比(%)	指数
2009	568.72	1.50	98.00	31.25	11.60	-96.21	2.00	3.42	580.32	-33.02	24.30	26.88
2010	2228.47	291.84	99.04	122.44	21.70	87.07	0.96	6.40	2250.17	287.75	33.38	104.21
2011	3026.53	35.81	93.32	166.29	216.60	898.16	6.68	63.87	3243.13	44.13	27.19	150.20
2012	661.68	-78.14	99.95	36.36	0.32	-99.85	0.05	0.09	662.00	-79.59	9.73	30.66
2013	250.50	-62.14	50.68	13.76	243.80	76087.50	49.32	71.89	494.30	-25.33	11.31	22.89
2014	3360.52	1241.50	99.34	184.64	22.30	-90.85	0.66	6.58	3382.82	584.36	14.64	156.67
2015	1800.93	-46.41	59.76	98.95	1212.70	5338.12	40.24	357.58	3013.63	-10.91	11.28	139.57
2016	6584.26	265.60	93.20	361.77	480.40	-60.39	6.80	141.65	7064.66	134.42	11.89	327.19
2017	5415.76	-17.75	93.99	297.56	346.20	-27.94	6.01	102.08	5761.96	-18.44	23.56	266.86
2018	8562.89	58.11	89.77	470.48	976.11	181.95	10.23	287.82	9539.00	65.55	24.02	441.79
2019	9877.32	15.35	79.66	542.70	2521.31	158.30	20.34	743.43	12398.63	29.98	29.44	574.23
合计	46219.13		87.77		6439.89		12.23		52659.02		19.90	
2011—2015年均值	1820.03			100.00	339.14			100.00	2159.18			100.00

| 年份 | 中部地区 | | | | | | | | | | | |
| | 华北东北 | | | | 中原华中 | | | | 合计 | | | |
	金额	同比增长(%)	占比(%)	指数	金额	同比增长(%)	占比(%)	指数	金额	同比增长(%)	占比(%)	指数
2005	250.00		99.88	95.93	0.30		0.12	0.03	250.30		20.14	18.08
2006	0.00	-100.00	0.00	0.00	130.00	43233.33	100.00	11.57	130.00	-48.06	4.15	9.39
2007	26.20	n. a.	15.68	10.05	140.90	8.38	84.32	12.54	167.10	28.54	3.32	12.07
2008	20.30	-22.52	8.47	7.79	219.31	55.65	91.53	19.52	239.61	43.39	3.23	17.31
2009	5.92	-70.84	3.79	2.27	150.10	-31.56	96.21	13.36	156.02	-34.88	6.53	11.27
2010	3.24	-45.27	0.58	1.24	559.72	272.89	99.42	49.81	562.96	260.82	8.35	40.67
2011	177.35	5373.77	60.07	68.06	117.89	-78.94	39.93	10.49	295.24	-47.56	2.48	21.33
2012	51.55	-70.93	11.11	19.78	412.38	249.80	88.89	36.70	463.93	57.14	6.82	33.51
2013	0.27	-99.47	0.08	0.10	329.53	-20.09	99.92	29.33	329.81	-28.91	7.55	23.82

续表

年份	中部地区											
	华北东北				中原华中				合计			
	金额	同比增长（%）	占比（%）	指数	金额	同比增长（%）	占比（%）	指数	金额	同比增长（%）	占比（%）	指数
2014	974.21	356753.48	55.77	373.84	772.58	134.45	44.23	68.75	1746.79	429.64	7.56	126.19
2015	99.60	-89.78	2.44	38.22	3986.08	415.94	97.56	354.73	4085.68	133.90	15.29	295.15
2016	1025.43	929.55	13.28	393.50	6694.54	67.95	86.72	595.76	7719.97	88.95	12.99	557.68
2017	4.52	-99.56	0.13	1.73	3445.00	-48.54	99.87	306.58	3449.52	-55.32	14.10	249.19
2018	171.70	3698.67	7.76	65.89	2040.73	-40.76	92.24	181.61	2212.43	-35.86	5.57	159.82
2019	2020.80	1076.94	81.89	775.45	446.77	-78.11	18.11	39.76	2467.57	11.53	5.86	178.26
合计	4831.10		19.90		19445.84		80.10		24276.94		9.17	
2011—2015年均值	260.60			100.00	1123.69			100.00	1384.29			100.00

年份	西部地区											
	西北				西南				合计			
	金额	同比增长（%）	占比（%）	指数	金额	同比增长（%）	占比（%）	指数	金额	同比增长（%）	占比（%）	指数
2005	285.30		100.00	215.94	0.00		0.00	0.00	285.30		22.96	31.30
2006	185.80	-34.88	100.00	140.63	0.00	n. a.	0.00	0.00	185.80	-34.88	5.94	20.38
2007	0.00	-100.00	0.00	0.00	231.63	n. a.	100.00	29.72	231.63	24.67	4.60	25.41
2008	17.40	n. a.	1.70	13.17	1005.38	334.05	98.30	128.98	1022.78	341.56	13.80	112.19
2009	100.30	476.44	36.74	75.92	172.70	-82.82	63.26	22.16	273.00	-73.31	11.43	29.95
2010	0.00	-100.00	0.00	0.00	338.00	95.72	100.00	43.36	338.00	23.81	5.01	37.08
2011	177.43	n. a.	22.80	134.30	600.86	77.77	77.20	77.08	778.29	130.26	6.53	85.37
2012	19.74	-88.87	1.32	14.94	1472.80	145.12	98.68	188.94	1492.54	91.77	21.94	163.72
2013	0.00	-100.00	0.00	0.00	23.05	-98.44	100.00	2.96	23.05	-98.46	0.53	2.53
2014	100.00	n. a.	13.12	75.69	661.92	2771.93	86.88	84.92	761.92	3205.81	3.30	83.58
2015	363.42	263.42	24.19	275.07	1138.85	72.05	75.81	146.10	1502.27	97.17	5.62	164.79
2016	797.32	119.39	35.96	603.49	1420.01	24.69	64.04	182.17	2217.33	47.60	3.73	243.23
2017	553.00	-30.64	67.60	418.57	265.10	-81.33	32.40	34.01	818.10	-63.10	3.35	89.74
2018	3449.20	523.73	79.60	2610.70	883.96	233.44	20.40	113.40	4333.16	429.66	10.91	475.33

续表

年份	西部地区											
	西北				西南				合计			
	金额	同比增长（%）	占比（%）	指数	金额	同比增长（%）	占比（%）	指数	金额	同比增长（%）	占比（%）	指数
2019	2511.72	-27.18	96.50	1901.12	91.20	-89.68	3.50	11.70	2602.92	-39.93	6.18	285.53
合计	8560.63		50.76		8305.46		49.24		16866.09		6.37	
2011—2015年均值	132.12			100.00	779.50			100.00	911.61			100.00

| 年份 | 总计 | | | |
	金额	同比增长（%）	占比（%）	指数
2005	1242.72		100.00	8.52
2006	3129.90	151.86	100.00	21.46
2007	5037.62	60.95	100.00	34.54
2008	7410.45	47.10	100.00	50.81
2009	2388.24	-67.77	100.00	16.37
2010	6740.72	182.25	100.00	46.21
2011	11926.34	76.93	100.00	81.77
2012	6801.60	-42.97	100.00	46.63
2013	4368.97	-35.77	100.00	29.95
2014	23107.00	428.89	100.00	158.42
2015	26725.34	15.66	100.00	183.23
2016	59440.59	122.41	100.00	407.52
2017	24456.73	-58.86	100.00	167.67
2018	39715.31	62.39	100.00	272.29
2019	42119.77	6.05	100.00	288.77
合计	264611.30		100.00	
2011—2015年均值	14585.85			100.00

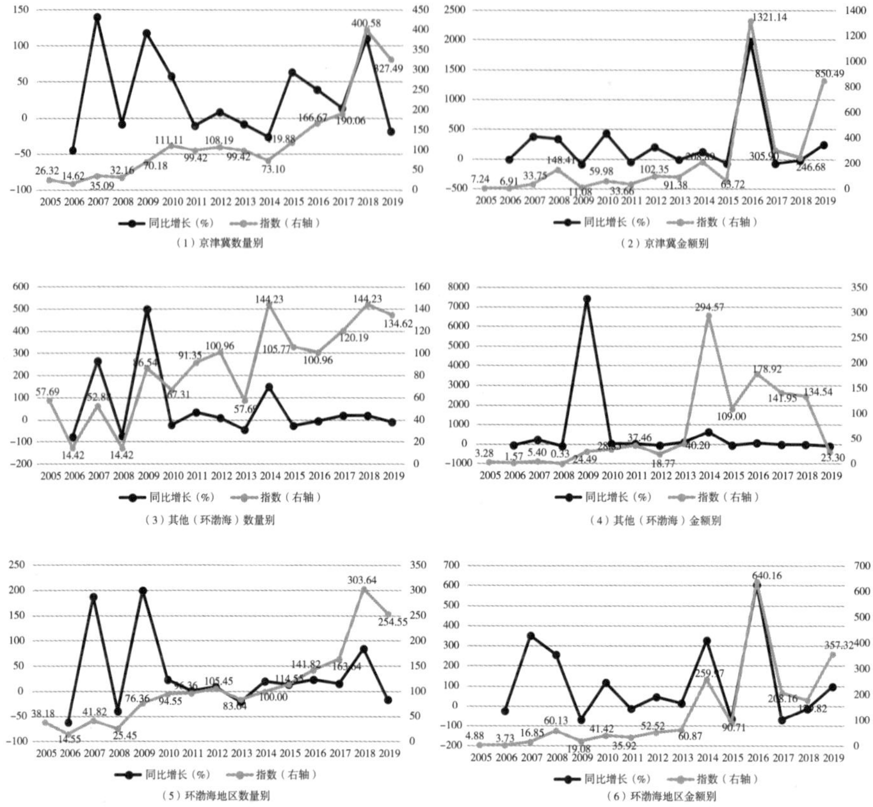
同比增长（%）　指数（右轴）
（1）京津冀数量别
（2）京津冀金额别
（3）其他（环渤海）数量别
（4）其他（环渤海）金额别
（5）环渤海地区数量别
（6）环渤海地区金额别

图 4-2-1　2005—2019 年环渤海地区中国民营企业绿地投资项目数量和金额指数变化图

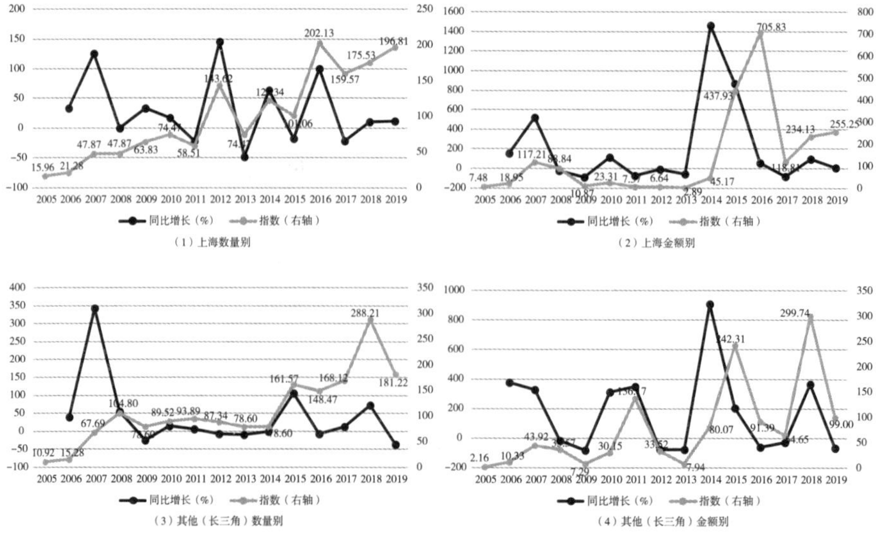
同比增长（%）　指数（右轴）
（1）上海数量别
（2）上海金额别
（3）其他（长三角）数量别
（4）其他（长三角）金额别

（5）长三角地区数量别

（6）长三角地区金额别

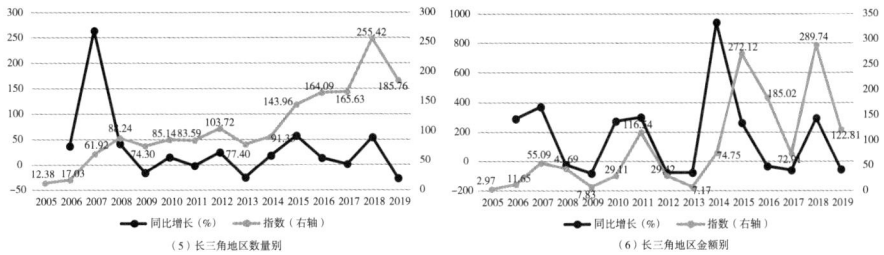

图 4-2-2　2005—2019 年长三角地区中国民营企业绿地投资项目数量和金额指数变化图

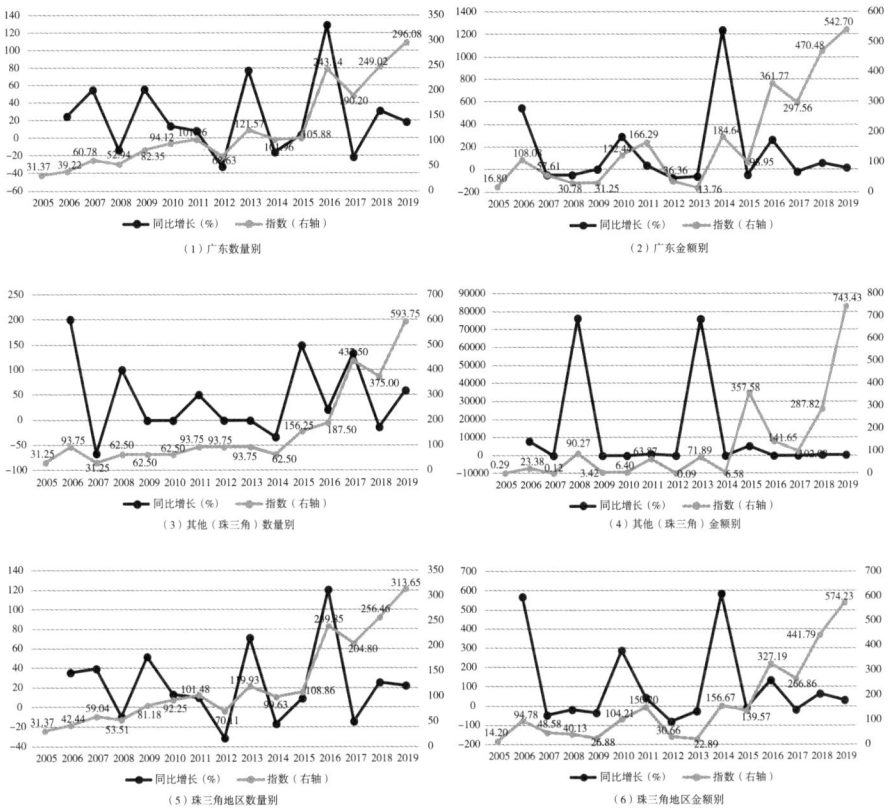

（1）广东数量别

（2）广东金额别

（3）其他（珠三角）数量别

（4）其他（珠三角）金额别

（5）珠三角地区数量别

（6）珠三角地区金额别

图 4-2-3　2005—2019 年珠三角地区中国民营企业绿地投资项目数量和金额指数变化图

　　根据 NK-GERC 数据库，2019 年民企绿地项目数量排名前五位的省份分别是广东、北京、浙江、上海和山东（详见本书附录 1）。从增长情况来看，增幅明显的是海南、福建、广东和上海，较 2018 年分别同比增长 400%、

（1）华北东北数量别

（2）华北东北金额别

（3）中原华中数量别

（4）中原华中金额别

（5）中部地区数量别

（6）中部地区金额别

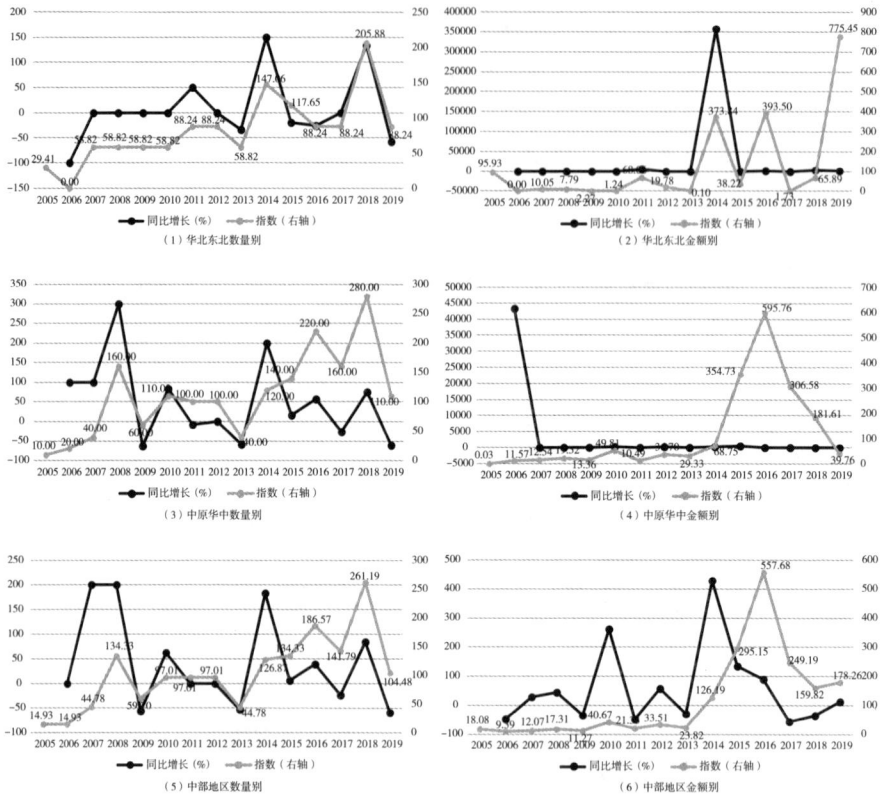

图4-2-4　2005—2019年中部地区中国民营企业绿地投资项目数量和金额指数变化图

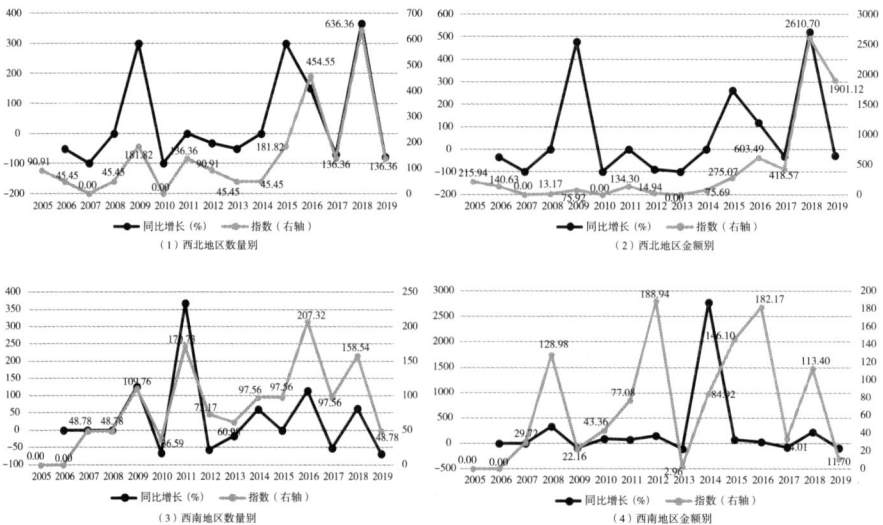

（1）西北地区数量别

（2）西北地区金额别

（3）西南地区数量别

（4）西南地区金额别

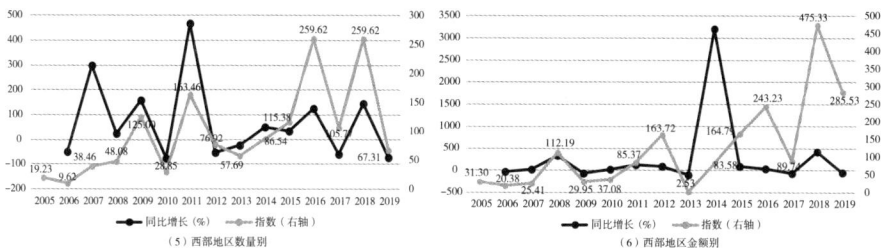

图 4-2-5　2005—2019 年西部地区中国民营企业绿地投资项目数量和金额指数变化图

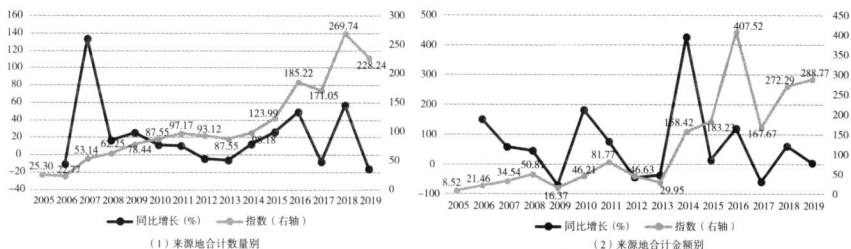

图 4-2-6　2005—2019 年来源地中国民营企业绿地投资项目数量和金额指数变化图

27. 27%、18. 9%和 12. 12%。

从金额来看，2019 年排名前五位的分别是北京、广东、浙江、新疆和福建（详见本书附录 1）。当年出现增长的省份达到 10 个，其中内蒙古、山西和北京超过 2018 年的 5 倍。

经测算显示，2019 年各省份中内蒙古民企平均绿地投资金额规模最高，该地区民企 2019 年仅进行 1 笔绿地交易，但金额高达 20 亿美元；新疆以 11. 93 亿美元的规模居其次。2019 年平均规模最小的来源地是重庆市，该省份的民企仅进行 1 件绿地投资，金额规模为 0. 018 亿美元。

第三节　民营企业海外绿地投资标的国（地区）别指数

本节对中国民营企业海外并购投资项目数量与金额规模按照投资标的国（地区）进行划分，其中根据标的国（地区）的经济发展水平不同，将标的国（地区）分为发达经济体、发展中经济体和转型经济体三大类型。

一、民营企业海外绿地投资项目数量在不同经济体的分布

民企绿地项目数量主要分布在发达国家（地区），2005—2019 年合计向发达经济体进行 2044 件投资，在民企绿地总投资中占比 61.09%，且在发达经济体中 55.04% 项目数量流向欧洲；民企对发展中经济体的投资在十五年间合计占比 32.64%，位于亚洲的发展中国家集中了其中 60.53% 的投资数量；转型经济体所接受的数量最少，十五年内合计 210 件，仅占比 6.28%，其中约 89.52% 投向独联体国家。

近年来，越来越多的民企选择发展中经济体作为绿地投资标的，2014 年以来投向发展中经济体的项目数量占比呈波动上升趋势，对发达经济体的份额逐渐下降。2019 年，民企对发展中经济体的项目数量达到 216 件，维持 2018 年的增势，且较 2018 年同比上升 14.29%，实现 2005—2019 年内首次超过发达经济体。受世界主要大国之间经济局势不确定的影响，民企 2019 年对发达经济体绿地投资项目数量在三大经济体中降幅最大，达到 32.79%。

表 4-3-1　2005—2019 年中国民营企业绿地投资项目数量
在不同经济体的分布及指数汇总表

（单位：件）

| 年份 | 发达经济体 | | | | | | | |
| | 欧洲 | | | | 北美洲 | | | |
	项目数	同比增长（%）	占比（%）	指数	项目数	同比增长（%）	占比（%）	指数
2005	22		73.33	30.30	4		13.33	12.82
2006	12	-45.45	48.00	16.53	6	50.00	24.00	19.23
2007	45	275.00	65.22	61.98	13	116.67	18.84	41.67
2008	48	6.67	62.34	66.12	12	-7.69	15.58	38.46
2009	83	72.92	65.35	114.33	19	58.33	14.96	60.90
2010	88	6.02	68.75	121.21	18	-5.26	14.06	57.69

续表

年份	发达经济体							
	欧洲				北美洲			
	项目数	同比增长（%）	占比（%）	指数	项目数	同比增长（%）	占比（%）	指数
2011	97	10.23	66.44	133.61	25	38.89	17.12	80.13
2012	86	-11.34	62.32	118.46	21	-16.00	15.22	67.31
2013	82	-4.65	59.42	112.95	26	23.81	18.84	83.33
2014	47	-42.68	42.34	64.74	41	57.69	36.94	131.41
2015	51	8.51	40.80	70.25	43	4.88	34.40	137.82
2016	95	86.27	46.80	130.85	62	44.19	30.54	198.72
2017	100	5.26	46.08	137.74	53	-14.52	24.42	169.87
2018	147	47.00	48.20	202.48	76	43.40	24.92	243.59
2019	122	-17.01	59.51	168.04	46	-39.47	22.44	147.44
合计	1125		55.04		465		22.75	
2011—2015年均值	72.60		100.00		31.20		100.00	

年份	发达经济体							
	其他发达经济体				小计			
	项目数	同比增长（%）	占比（%）	指数	项目数	同比增长（%）	占比（%）	指数
2005	4		13.33	14.39	30		57.69	22.80
2006	7	75.00	28.00	25.18	25	-16.67	54.35	19.00
2007	11	57.14	15.94	39.57	69	176.00	64.49	52.43
2008	17	54.55	22.08	61.15	77	11.59	62.60	58.51
2009	25	47.06	19.69	89.93	127	64.94	80.89	96.50
2010	22	-12.00	17.19	79.14	128	0.79	73.99	97.26
2011	24	9.09	16.44	86.33	146	14.06	75.65	110.94
2012	31	29.17	22.46	111.51	138	-5.48	75.00	104.86
2013	30	-3.23	21.74	107.91	138	0.00	79.77	104.86
2014	23	-23.33	20.72	82.73	111	-19.57	57.22	84.35
2015	31	34.78	24.80	111.51	125	12.61	50.61	94.98
2016	46	48.39	22.66	165.47	203	62.40	55.31	154.26

续表

年份	发达经济体							
	其他发达经济体				小计			
	项目数	同比增长（%）	占比（%）	指数	项目数	同比增长（%）	占比（%）	指数
2017	64	39.13	29.49	230.22	217	6.90	63.82	164.89
2018	82	28.13	26.89	294.96	305	40.55	57.12	231.76
2019	37	-54.88	18.05	133.09	205	-32.79	44.96	155.78
合计	454		22.21		2044		61.09	
2011—2015年均值	27.80			100.00	131.60			100.00

年份	发展中经济体							
	非洲				亚洲			
	项目数	同比增长（%）	占比（%）	指数	项目数	同比增长（%）	占比（%）	指数
2005	2		15.38	27.78	10		76.92	28.25
2006	1	-50.00	6.67	13.89	11	10.00	73.33	31.07
2007	9	800.00	25.71	125.00	18	63.64	51.43	50.85
2008	9	0.00	21.43	125.00	27	50.00	64.29	76.27
2009	7	-22.22	30.43	97.22	15	-44.44	65.22	42.37
2010	5	-28.57	13.89	69.44	22	46.67	61.11	62.15
2011	4	-20.00	10.26	55.56	22	0.00	56.41	62.15
2012	10	150.00	24.39	138.89	19	-13.64	46.34	53.67
2013	5	-50.00	18.52	69.44	16	-15.79	59.26	45.20
2014	9	80.00	11.84	125.00	46	187.50	60.53	129.94
2015	8	-11.11	7.92	111.11	74	60.87	73.27	209.04
2016	32	300.00	23.02	444.44	90	21.62	64.75	254.24
2017	26	-18.75	26.00	361.11	52	-42.22	52.00	146.89
2018	40	53.85	21.16	555.56	123	136.54	65.08	347.46
2019	37	-7.50	17.13	513.89	116	-5.69	53.70	327.68
合计	204		18.68		661		60.53	
2011—2015年均值	7.20			100.00	35.40			100.00

续表

| 年份 | 发展中经济体 | | | | | | | | | | | |
| | 拉丁美洲和加勒比海地区 | | | | 大洋洲 | | | | 小计 | | | |
	项目数	同比增长（%）	占比（%）	指数	项目数	同比增长（%）	占比（%）	指数	项目数	同比增长（%）	占比（%）	指数
2005	1		7.69	7.04	0		0.00	n.a.	13		25.00	22.89
2006	3	200.00	20.00	21.13	0	n.a.	0.00	n.a.	15	15.38	32.61	26.41
2007	8	166.67	22.86	56.34	0	n.a.	0.00	n.a.	35	133.33	32.71	61.62
2008	6	-25.00	14.29	42.25	0	n.a.	0.00	n.a.	42	20.00	34.15	73.94
2009	1	-83.33	4.35	7.04	0	n.a.	0.00	n.a.	23	-45.24	14.65	40.49
2010	9	800.00	25.00	63.38	0	n.a.	0.00	n.a.	36	56.52	20.81	63.38
2011	13	44.44	33.33	91.55	0	n.a.	0.00	n.a.	39	8.33	20.21	68.66
2012	12	-7.69	29.27	84.51	0	n.a.	0.00	n.a.	41	5.13	22.28	72.18
2013	6	-50.00	22.22	42.25	0	n.a.	0.00	n.a.	27	-34.15	15.61	47.54
2014	21	250.00	27.63	147.89	0	n.a.	0.00	n.a.	76	181.48	39.18	133.80
2015	19	-9.52	18.81	133.80	0	n.a.	0.00	n.a.	101	32.89	40.89	177.82
2016	17	-10.53	12.23	119.72	0	n.a.	0.00	n.a.	139	37.62	37.87	244.72
2017	21	23.53	21.00	147.89	1		1.00	n.a.	100	-28.06	29.41	176.06
2018	26	23.81	13.76	183.10	0	-100.00	0.00	n.a.	189	89.00	35.39	332.75
2019	63	142.31	29.17	443.66	0	n.a.	0.00	n.a.	216	14.29	47.37	380.28
合计	226		20.70		1		0.09		1092		32.64	
2011—2015年均值	14.20			100.00	0.00			100.00	56.80			100.00

| 年份 | 转型经济体 | | | | | | | | | | | |
| | 东南欧 | | | | 独联体国家 | | | | 小计 | | | |
	项目数	同比增长（%）	占比（%）	指数	项目数	同比增长（%）	占比（%）	指数	项目数	同比增长（%）	占比（%）	指数
2005	0		0.00	0.00	9		100.00	100.00	9		17.31	91.84
2006	0	n.a.	0.00	0.00	6	-33.33	100.00	66.67	6	-33.33	13.04	61.22
2007	0	n.a.	0.00	0.00	3	-50.00	100.00	33.33	3	-50.00	2.80	30.61
2008	0	n.a.	0.00	0.00	4	33.33	100.00	44.44	4	33.33	3.25	40.82

续表

年份	转型经济体											
	东南欧				独联体国家				小计			
	项目数	同比增长（%）	占比（%）	指数	项目数	同比增长（%）	占比（%）	指数	项目数	同比增长（%）	占比（%）	指数
2009	0	n. a.	0.00	0.00	7	75.00	100.00	77.78	7	75.00	4.46	71.43
2010	0	n. a.	0.00	0.00	9	28.57	100.00	100.00	9	28.57	5.20	91.84
2011	1	n. a.	12.50	125.00	7	-22.22	87.50	77.78	8	-11.11	4.15	81.63
2012	0	-100.00	0.00	0.00	5	-28.57	100.00	55.56	5	-37.50	2.72	51.02
2013	0	0.00	0.00	0.00	8	60.00	100.00	88.89	8	60.00	4.62	81.63
2014	2	n. a.	28.57	250.00	5	-37.50	71.43	55.56	7	-12.50	3.61	71.43
2015	1	-50.00	4.76	125.00	20	300.00	95.24	222.22	21	200.00	8.50	214.29
2016	1	0.00	4.00	125.00	24	20.00	96.00	266.67	25	19.05	6.81	255.10
2017	3	200.00	13.04	375.00	20	-16.67	86.96	222.22	23	-8.00	6.76	234.69
2018	4	33.33	10.00	500.00	36	80.00	90.00	400.00	40	73.91	7.49	408.16
2019	10	150.00	28.57	1250.00	25	-30.56	71.43	277.78	35	-12.50	7.68	357.14
合计	22		10.48		188		89.52		210		6.28	
2011—2015年均值	0.80			100.00	9.00			100.00	9.80			100.00

年份	总计			
	项目数	同比增长（%）	占比（%）	指数
2005	52		100.00	26.24
2006	46	-11.54	100.00	23.21
2007	107	132.61	100.00	53.99
2008	123	14.95	100.00	62.06
2009	157	27.64	100.00	79.21
2010	173	10.19	100.00	87.29
2011	193	11.56	100.00	97.38
2012	184	-4.66	100.00	92.84
2013	173	-5.98	100.00	87.29
2014	194	12.14	100.00	97.88
2015	247	27.32	100.00	124.62

续表

年份	总计			
	项目数	同比增长（%）	占比（%）	指数
2016	367	48.58	100.00	185.17
2017	340	-7.36	100.00	171.54
2018	534	57.06	100.00	269.42
2019	456	-14.61	100.00	230.07
合计	3346		100.00	
2011—2015年均值	198.20			100.00

二、民营企业海外绿地投资金额在不同经济体的分布

有别于民企绿地投资项目数量分布，绿地金额标的国以发展中经济体为主，2005—2019 年间合计接受 1612.36 亿美元，在民企总绿地投资规模中占比达 60.31%，其中流向发展中经济体的投资有 57.05% 分布在亚洲；发达经济体十五年间合计获得 773.34 亿美元的投资，占比为 28.93%，与项目数量的占比呈现两个极端，且在 2015—2019 年的五年间，民企在发达经济体的绿地投资金额持续低于发展中经济体，差距最大的是 2016 年，达到了发达经济体的 3 倍；转型经济体十五年间只承接了 10.76% 的金额，合计 287.80 亿美元，且其中 90.57% 集中于独联体国家。

2019 年民企绿地投资金额持续上涨，从统计数据来看，这一增长主要得益于转型经济体 2019 年陡增 328.05%，在 2019 中占比达到 30.37%，其中对独联体国家的投资同比增加 540.54%，投资规模为 123.81 亿美元，为十五年最高水平。同期民企在发达经济体和发展中经济体的投资金额分别同比下降 47.43% 和 1.15%，民企对发达经济体的投资受到较大冲击。

表4-3-2　2005—2019年中国民营企业绿地投资金额
在不同经济体的分布及指数汇总表

（单位：百万美元）

年份	发达经济体							
	欧洲				北美洲			
	金额	同比增长（%）	占比（%）	指数	金额	同比增长（%）	占比（%）	指数
2005	146.80		70.27	12.27	11.70		5.60	0.38
2006	308.40	110.08	54.49	25.77	112.80	864.10	19.93	3.70
2007	511.98	66.01	54.22	42.78	164.90	46.19	17.46	5.41
2008	1206.89	135.73	85.51	100.84	96.50	-41.48	6.84	3.17
2009	426.27	-64.68	45.21	35.62	240.71	149.44	25.53	7.90
2010	1074.34	152.03	52.42	89.76	523.70	117.56	25.56	17.19
2011	1279.01	19.05	41.47	106.87	1295.47	147.37	42.01	42.51
2012	602.02	-52.93	20.80	50.30	1846.00	42.50	63.79	60.58
2013	1575.04	161.63	43.08	131.60	2007.60	8.75	54.91	65.88
2014	2088.22	32.58	19.49	174.48	6952.10	246.29	64.89	228.14
2015	439.91	-78.93	7.32	36.76	3135.47	-54.90	52.18	102.89
2016	7960.72	1709.62	54.91	665.14	3384.20	7.93	23.34	111.05
2017	3017.30	-62.10	39.88	252.11	2567.11	-24.14	33.93	84.24
2018	3940.13	30.58	26.32	329.21	4632.95	80.47	30.95	152.03
2019	4042.01	2.59	51.66	337.72	2989.60	-35.47	38.21	98.11
合计	28619.04		37.01		29960.81		38.74	
2011—2015年均值	1196.84		100.00		3047.33		100.00	

年份	发达经济体							
	其他发达经济体				小计			
	金额	同比增长（%）	占比（%）	指数	金额	同比增长（%）	占比（%）	指数
2005	50.40		24.13	4.91	208.90		11.26	3.96
2006	144.80	187.30	25.58	14.10	566.00	170.94	15.17	10.74
2007	267.30	84.60	28.31	26.03	944.18	66.82	18.69	17.91
2008	107.98	-59.60	7.65	10.51	1411.37	49.48	19.05	26.78

续表

年份	发达经济体							
	其他发达经济体				小计			
	金额	同比增长（%）	占比（%）	指数	金额	同比增长（%）	占比（%）	指数
2009	275.90	155.51	29.26	26.86	942.88	-33.19	39.15	17.89
2010	451.25	63.56	22.02	43.94	2049.29	117.34	30.40	38.88
2011	509.37	12.88	16.52	49.60	3083.85	50.48	23.60	58.50
2012	445.80	-12.48	15.41	43.41	2893.82	-6.16	42.55	54.90
2013	73.61	-83.49	2.01	7.17	3656.25	26.35	83.69	69.36
2014	1672.91	2172.67	15.62	162.89	10713.23	193.01	46.36	203.24
2015	2433.50	45.47	40.50	236.94	6008.88	-43.91	22.42	113.99
2016	3152.45	29.54	21.74	306.95	14497.37	141.27	24.37	275.03
2017	1980.80	-37.17	26.18	192.87	7565.21	-47.82	30.78	143.52
2018	6395.08	222.85	42.72	622.67	14968.15	97.86	37.65	283.96
2019	792.58	-87.61	10.13	77.17	7824.19	-47.73	18.55	148.43
合计	18753.72		24.25		77333.57		28.93	
2011—2015年均值	1027.04			100.00	5271.21			100.00

年份	发展中经济体							
	非洲				亚洲			
	金额	同比增长（%）	占比（%）	指数	金额	同比增长（%）	占比（%）	指数
2005	22.90		6.83	7.54	297.70		88.81	4.63
2006	1500.00	6450.22	79.74	494.15	334.00	12.19	17.75	5.20
2007	1330.35	-11.31	36.04	438.27	1959.89	486.79	53.09	30.51
2008	3265.51	145.46	55.79	1075.78	980.77	-49.96	16.76	15.27
2009	303.91	-90.69	27.49	100.12	741.72	-24.37	67.09	11.55
2010	341.50	12.37	8.61	112.50	2830.90	281.67	71.34	44.07
2011	139.20	-59.24	1.53	45.86	8130.39	187.20	89.61	126.57
2012	171.90	23.49	4.43	56.63	3011.08	-62.97	77.62	46.88
2013	18.92	-88.99	2.76	6.23	327.00	-89.14	47.67	5.09
2014	871.22	4504.77	9.66	287.01	3525.39	978.10	39.09	54.88

续表

年份	发展中经济体							
	非洲				亚洲			
	金额	同比增长（%）	占比（%）	指数	金额	同比增长（%）	占比（%）	指数
2015	316.50	-63.67	1.59	104.27	17123.73	385.73	85.82	266.58
2016	23345.21	7276.05	53.06	7690.76	19340.83	12.95	43.96	301.09
2017	3868.90	-83.43	26.76	1274.56	9703.43	-49.83	67.12	151.06
2018	6591.04	70.36	30.24	2171.33	14291.35	47.28	65.57	222.48
2019	7278.34	10.43	33.78	2397.75	9393.81	-34.27	43.60	146.24
合计	49365.40		30.62		91991.99		57.05	
2011—2015年均值	303.55		100.00		6423.52			100.00

年份	发展中经济体											
	拉丁美洲和加勒比海地区				大洋洲				小计			
	金额	同比增长（%）	占比（%）	指数	金额	同比增长（%）	占比（%）	指数	金额	同比增长（%）	占比（%）	指数
2005	14.60		4.36	0.81	0.00		0.00	n. a.	335.20		18.07	3.93
2006	47.20	223.29	2.51	2.63	0.00	n. a.	0.00	n. a.	1881.20	461.22	50.44	22.07
2007	401.40	750.42	10.87	22.36	0.00	n. a.	0.00	n. a.	3691.64	96.24	73.09	43.32
2008	1606.50	300.22	27.45	89.49	0.00	n. a.	0.00	n. a.	5852.78	58.54	78.98	68.68
2009	60.00	-96.27	5.43	3.34	0.00	n. a.	0.00	n. a.	1105.63	-81.11	45.91	12.97
2010	795.93	1226.55	20.06	44.34	0.00	n. a.	0.00	n. a.	3968.33	258.92	58.87	46.56
2011	803.90	1.00	8.86	44.78	0.00	n. a.	0.00	n. a.	9073.49	128.65	69.44	106.47
2012	696.35	-13.38	17.95	38.79	0.00	n. a.	0.00	n. a.	3879.39	-57.25	57.04	45.52
2013	340.00	-51.17	49.57	18.94	0.00	n. a.	0.00	n. a.	685.92	-82.32	15.70	8.05
2014	4621.57	1259.28	51.25	257.45	0.00	n. a.	0.00	n. a.	9018.18	1214.76	39.03	105.82
2015	2513.67	-45.61	12.60	140.03	0.00	n. a.	0.00	n. a.	19953.90	121.26	74.45	234.14
2016	1309.80	-47.89	2.98	72.97	0.00	n. a.	0.00	n. a.	43995.84	120.49	73.94	516.25

年份	发展中经济体											
	拉丁美洲和加勒比海地区				大洋洲				小计			
	金额	同比增长(%)	占比(%)	指数	金额	同比增长(%)	占比(%)	指数	金额	同比增长(%)	占比(%)	指数
2017	875.79	-33.14	6.06	48.79	8.40	n. a.	0.06	n. a.	14456.52	-67.14	58.82	169.63
2018	912.19	4.16	4.19	50.82	0.00	-100.00	0.00	n. a.	21794.58	50.76	54.82	255.74
2019	4871.07	434.00	22.61	271.35	0.00	n. a.	0.00	n. a.	21543.21	-1.15	51.08	252.79
合计	19869.96		12.32		8.40		0.01		161235.76		60.31	
2011—2015年均值	1795.10		100.00		0.00		100.00		8522.16		100.00	

年份	转型经济体											
	东南欧				独联体国家				小计			
	金额	同比增长(%)	占比(%)	指数	金额	同比增长(%)	占比(%)	指数	金额	同比增长(%)	占比(%)	指数
2005	0.00		0.00	0.00	1310.42		100.00	160.17	1310.42		70.66	126.49
2006	0.00	n. a.	0.00	0.00	1282.70	-2.12	100.00	156.78	1282.70	-2.12	34.39	123.82
2007	0.00	n. a.	0.00	0.00	415.20	-67.63	100.00	50.75	415.20	-67.63	8.22	40.08
2008	0.00	n. a.	0.00	0.00	146.30	-64.76	100.00	17.88	146.30	-64.76	1.97	14.12
2009	0.00	n. a.	0.00	0.00	359.80	145.93	100.00	43.98	359.80	145.93	14.94	34.73
2010	0.00	n. a.	0.00	0.00	723.10	100.97	100.00	88.38	723.10	100.97	10.73	69.80
2011	0.00	n. a.	0.00	0.00	909.00	25.71	100.00	111.11	909.00	25.71	6.96	87.74
2012	0.00	n. a.	0.00	0.00	28.45	-96.87	100.00	3.48	28.45	-96.87	0.42	2.75
2013	0.00	n. a.	0.00	0.00	26.80	-5.80	100.00	3.28	26.80	-5.80	0.61	2.59
2014	1035.59	n. a.	30.68	475.36	2340.00	8631.34	69.32	286.02	3375.59	2495.49	14.61	325.84
2015	53.67	-94.82	6.39	24.64	786.39	-66.39	93.61	96.12	840.06	-75.11	3.13	81.09
2016	13.00	-75.78	1.29	5.97	992.38	26.19	98.71	121.30	1005.38	19.68	1.69	97.05
2017	125.63	866.38	4.91	57.67	2431.00	144.97	95.09	297.14	2556.63	154.29	10.40	246.78
2018	1059.31	743.20	35.40	486.25	1932.89	-20.49	64.60	236.26	2992.20	17.04	7.53	288.83

续表

年份	转型经济体											
	东南欧				独联体国家				小计			
	金额	同比增长（%）	占比（%）	指数	金额	同比增长（%）	占比（%）	指数	金额	同比增长（%）	占比（%）	指数
2019	427.24	-59.67	3.34	196.11	12381.01	540.54	96.66	1513.33	12808.25	328.05	30.37	1236.34
合计	2714.44		9.43		26065.44		90.57		28779.89		10.76	
2011—2015年均值	217.85			100.00	818.13			100.00	1035.98			100.00

年份	总计			
	项目数	同比增长（%）	占比（%）	指数
2005	1854.52		100.00	12.51
2006	3729.90	101.12	100.00	25.15
2007	5051.02	35.42	100.00	34.06
2008	7410.45	46.71	100.00	49.97
2009	2408.31	-67.50	100.00	16.24
2010	6740.72	179.89	100.00	45.46
2011	13066.34	93.84	100.00	88.11
2012	6801.60	-47.95	100.00	45.87
2013	4368.97	-35.77	100.00	29.46
2014	23107.00	428.89	100.00	155.82
2015	26802.84	15.99	100.00	180.74
2016	59498.59	121.99	100.00	401.22
2017	24578.36	-58.69	100.00	165.74
2018	39754.94	61.75	100.00	268.08
2019	42175.66	6.09	100.00	284.41
合计	267349.22		100.00	
2011—2015年均值	14829.35			100.00

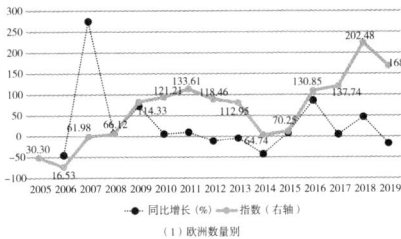

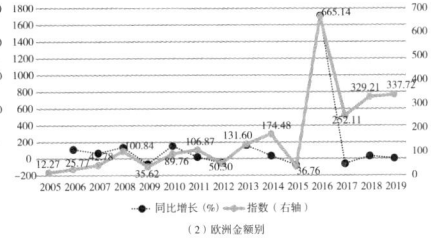

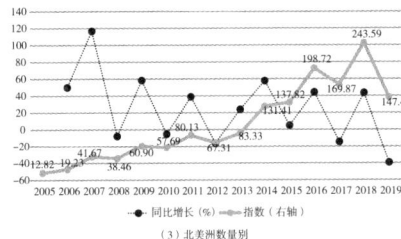

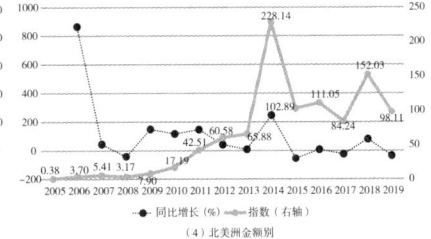

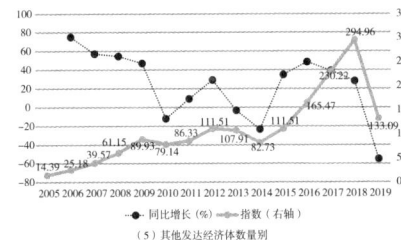

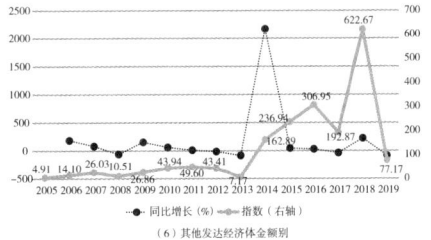

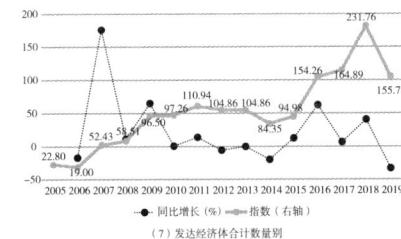

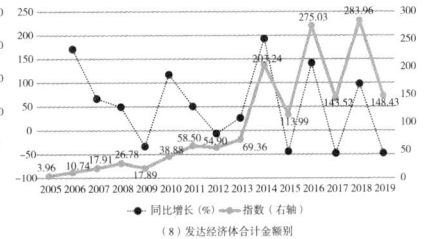

图 4-3-1 2005—2019 年中国民营企业绿地投资发达
经济体项目数量和金额指数变化图

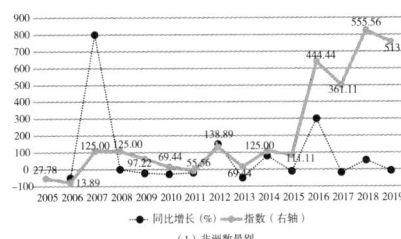

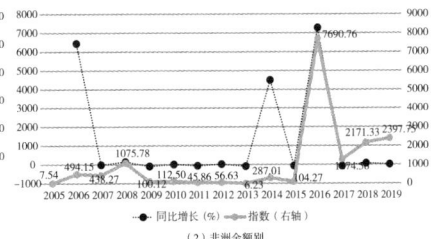

（3）亚洲数量别

（4）亚洲金额别

（5）拉丁美洲和加勒比海地区数量别

（6）拉丁美洲和加勒比海地区金额别

（7）大洋洲地区数量别

（8）大洋洲地区金额别

（9）发展中经济体合计数量别

（10）发展中经济体合计金额别

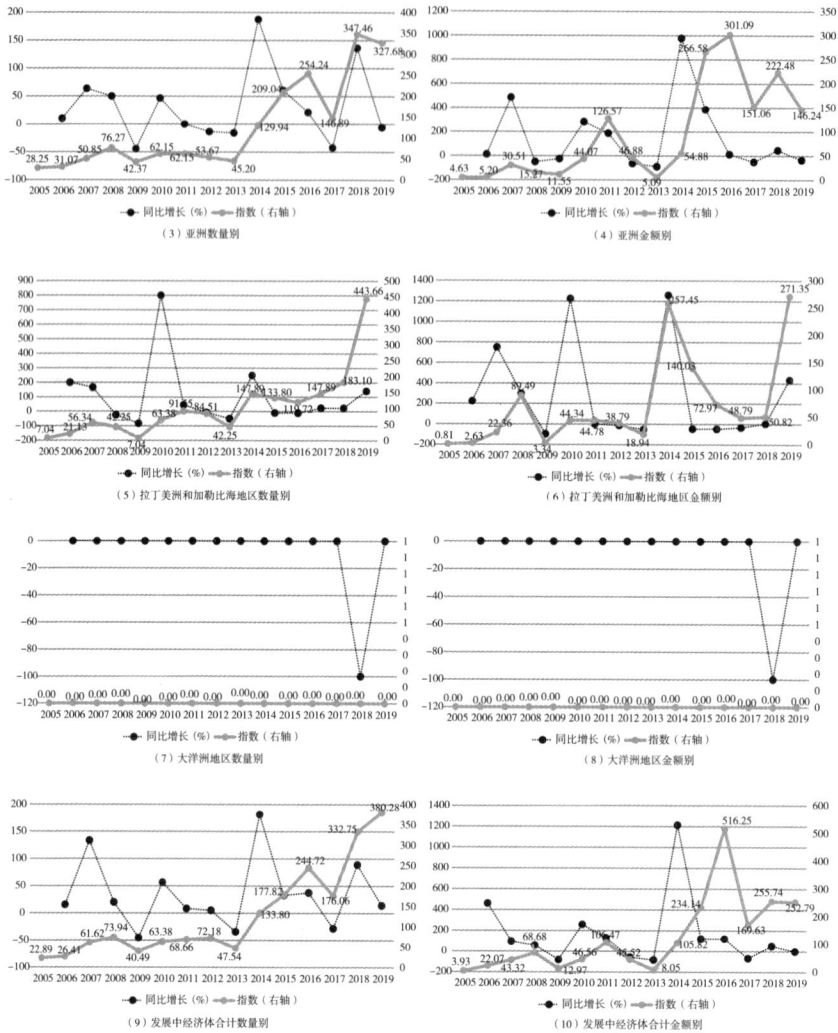

**图 4-3-2　2005—2019 年中国民营企业绿地投资发展中
经济体项目数量和金额指数变化图**

　　根据 NK-GERC 数据库显示，从绿地项目数量上看，美国 2005—2019
年间合计获得 427 件，为标的国数量之首；其次是德国，合计获得 373 件；
印度以 233 件排第三。十五年间接受项目超过 100 件的标的国（地区）还
有英国（182 件）、中国香港地区（123 件）和俄罗斯（123 件）。在 2019
年，印度成为民企绿地投资最多的国家，共计获得 49 件，较 2018 年同比

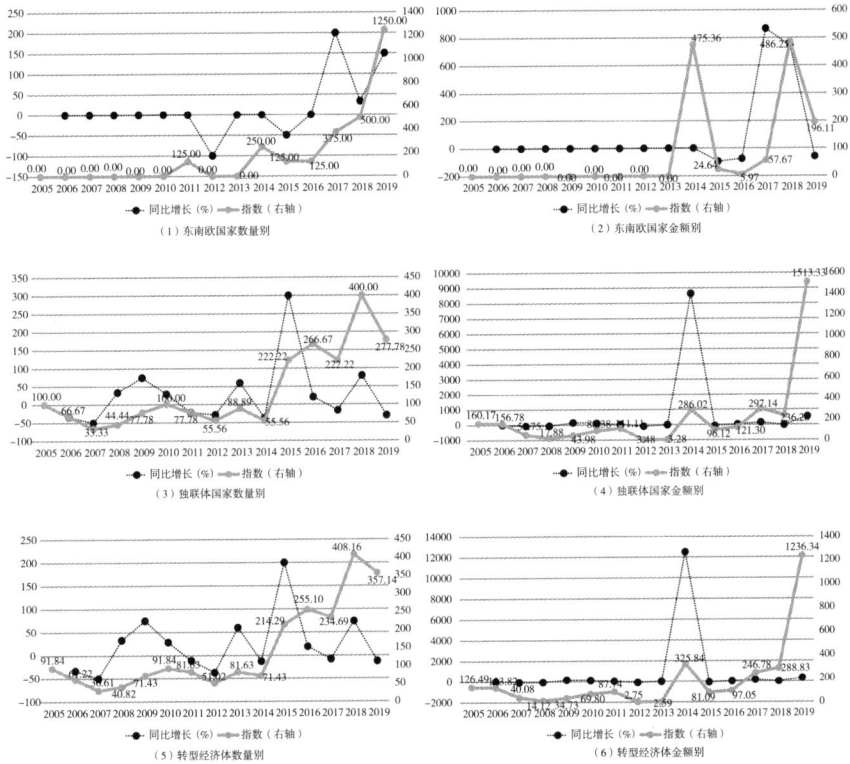

图4-3-3　2005—2019年中国民营企业绿地投资转型
经济体项目数量和金额指数变化图

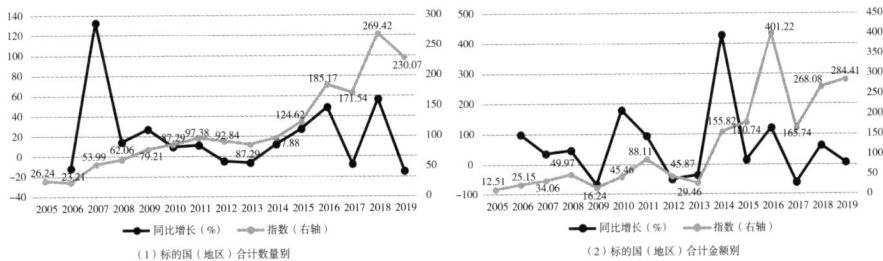

图4-3-4　2005—2019年中国民营企业绿地投资标的国（地区）
项目数量和金额指数变化图

增长 16.67%。而累计接受投资数量最多的美国，2019 年却同比下降 44.29% 至 39 件，另外民企对德国也出现 25% 的下跌（详见本书附录 2）。

不同于项目数量分布，在 2005—2019 年绿地金额合计中，前三大标的国依次是印度、美国和埃及，合计金额分别为 302.02 亿美元、276.36 亿美元和 247.20 亿美元，其中印度和埃及均属于发展中经济体，且是与中国建立"一带一路"倡议合作伙伴关系的国家。在 2019 年，金额最多的国家为俄罗斯，较 2018 年同比上涨 3034.46%，达 122.37 亿美元；印度和越南以 32.79 亿美元和 27.87 亿美元位列第二和第三，同比增长率分别达到 8.18%、465.76%；对美国的绿地投资较 2018 年降低 43.56% 至 24.82 亿美元，排列第四名（详见本书附录 2）。

第四节　民营企业海外绿地投资行业别指数

本节按照投资标的行业的不同对中国民营企业海外绿地投资项目数量和金额分布情况进行分析，将投资标的行业分为制造业和非制造业两大部分。其中制造业按照 OECD 技术划分标准分为 4 大类，分别是高技术、中高技术、中低技术和低技术制造业；非制造业则划分为服务业，农、林、牧、渔业，采矿业，电力、热力、燃气及水生产和供应业，建筑业五大部类。

一、民营企业海外绿地投资项目数量在标的行业的分布

2005—2019 年十五年间，中国民企 74.45% 的绿地投资项目数量投向非制造业，且集中分布于服务业，服务业在非制造业合计中占比 91.33%，累计 2275 件；在非制造业中占据第二位的是电力、热力、燃气及水生产和供应业，十五年间合计获得 102 件投资，占非制造业总数的 4.09%。制造业十五年间累计获得投资 855 件，其中 398 件投向中高技术行业，131 件投向高技术，可见项目数量在技术密集度较高的行业分布多。

2019 年，非制造业的项目数下降比例超过制造业，降幅达 18.23%，由 2018 年的 406 件降低至 332 件。其中 2019 年占非制造业总数 95.48% 的服务业共计获得 317 件投资，同比下降 13.86%。投资标的行业为制造业的

有 124 件，同比下降 3.13%，但值得注意的是，制造业中除中低技术行业
出现缩减外，其他标的行业所获交易数均有所上升。其中占比 43.55% 和
18.55% 的中高技术行业和高技术行业分别获得 54 件和 23 件项目，同比增
长 10.20% 和 4.55%。

**表 4-4-1　2005—2019 年中国民营企业绿地投资项目数量
在标的行业的分布及指数汇总表**

（单位：件）

| 年份 | 制造业 | | | | | | | | | | | |
| | 高技术 | | | | 中高技术 | | | | 中低技术 | | | |
	项目数	同比增长（%）	占比（%）	指数	项目数	同比增长（%）	占比（%）	指数	项目数	同比增长（%）	占比（%）	指数
2005	4		26.67	58.82	7		46.67	32.11	2		13.33	15.63
2006	6	50.00	35.29	88.24	10	42.86	58.82	45.87	1	-50.00	5.88	7.81
2007	5	-16.67	13.89	73.53	16	60.00	44.44	73.39	8	700.00	22.22	62.50
2008	0	-100.00	0.00	0.00	14	-12.50	51.85	64.22	10	25.00	37.04	78.13
2009	5	n. a.	20.00	73.53	14	0.00	56.00	64.22	1	-90.00	4.00	7.81
2010	5	0.00	13.16	73.53	30	114.29	78.95	137.61	2	100.00	5.26	15.63
2011	4	-20.00	8.89	58.82	17	-43.33	37.78	77.98	17	750.00	37.78	132.81
2012	5	25.00	13.16	73.53	17	0.00	44.74	77.98	13	-23.53	34.21	101.56
2013	5	0.00	20.83	73.53	9	-47.06	37.50	41.28	2	-84.62	8.33	15.63
2014	5	0.00	8.62	73.53	29	222.22	50.00	133.03	9	350.00	15.52	70.31
2015	15	200.00	16.85	220.59	37	27.59	41.57	169.72	23	155.56	25.84	179.69
2016	17	13.33	17.17	250.00	47	27.03	47.47	215.60	17	-26.09	17.17	132.81
2017	10	-41.18	10.87	147.06	48	2.13	52.17	220.18	20	17.65	21.74	156.25
2018	22	120.00	17.19	323.53	49	2.08	38.28	224.77	27	35.00	21.09	210.94
2019	23	4.55	18.55	338.24	54	10.20	43.55	247.71	16	-40.74	12.90	125.00
合计	131		15.32		398		46.55		168		19.65	
2011—2015 年均值	6.80			100.00	21.80			100.00	12.80			100.00

续表

年份	制造业							
	低技术				小计			
	项目数	同比增长（%）	占比（%）	指数	项目数	同比增长（%）	占比（%）	指数
2005	2		13.33	21.28	15		28.85	29.53
2006	0	-100.00	0.00	0.00	17	13.33	36.96	33.46
2007	7	n. a.	19.44	74.47	36	111.76	33.64	70.87
2008	3	-57.14	11.11	31.91	27	-25.00	21.95	53.15
2009	5	66.67	20.00	53.19	25	-7.41	15.92	49.21
2010	1	-80.00	2.63	10.64	38	52.00	21.97	74.80
2011	7	600.00	15.56	74.47	45	18.42	23.32	88.58
2012	3	-57.14	7.89	31.91	38	-15.56	20.65	74.80
2013	8	166.67	33.33	85.11	24	-36.84	13.87	47.24
2014	15	87.50	25.86	159.57	58	141.67	29.90	114.17
2015	14	-6.67	15.73	148.94	89	53.45	36.03	175.20
2016	18	28.57	18.18	191.49	99	11.24	26.98	194.88
2017	14	-22.22	15.22	148.94	92	-7.07	27.06	181.10
2018	30	114.29	23.44	319.15	128	39.13	23.97	251.97
2019	31	3.33	25.00	329.79	124	-3.13	27.19	244.09
合计	158		18.48		855		25.55	
2011—2015年均值	9.40			100.00	50.80			100.00

年份	非制造业							
	服务业				采矿业			
	项目数	同比增长（%）	占比（%）	指数	项目数	同比增长（%）	占比（%）	指数
2005	36		97.30	27.36	0		0.00	0.00
2006	25	-30.56	86.21	19.00	2	n. a.	6.90	166.67
2007	66	164.00	92.96	50.15	4	100.00	5.63	333.33
2008	87	31.82	90.63	66.11	1	-75.00	1.04	83.33

年份	非制造业							
	服务业				采矿业			
	项目数	同比增长（%）	占比（%）	指数	项目数	同比增长（%）	占比（%）	指数
2009	126	44.83	95.45	95.74	2	100.00	1.52	166.67
2010	133	5.56	98.52	101.06	0	-100.00	0.00	0.00
2011	138	3.76	93.24	104.86	0	n.a.	0.00	0.00
2012	136	-1.45	93.15	103.34	1	n.a.	0.68	83.33
2013	134	-1.47	89.93	101.82	2	100.00	1.34	166.67
2014	116	-13.43	85.29	88.15	1	-50.00	0.74	83.33
2015	134	15.52	84.81	101.82	2	100.00	1.27	166.67
2016	223	66.42	83.21	169.45	2	0.00	0.75	166.67
2017	236	5.83	95.16	179.33	0	-100.00	0.00	0.00
2018	368	55.93	90.64	279.64	5	n.a.	1.23	416.67
2019	317	-13.86	95.48	240.88	1	-80.00	0.30	83.33
合计	2275		91.33		23		0.92	
2011—2015年均值	131.60			100.00	1.20			100.00

年份	非制造业							
	电力、热力、燃气及水生产和供应业				建筑业			
	项目数	同比增长（%）	占比（%）	指数	项目数	同比增长（%）	占比（%）	指数
2005	0		0.00	0.00	1		2.70	19.23
2006	0	n.a.	0.00	0.00	2	100.00	6.90	38.46
2007	0	n.a.	0.00	0.00	1	-50.00	1.41	19.23
2008	7	n.a.	7.29	74.47	1	0.00	1.04	19.23
2009	3	-57.14	2.27	31.91	1	0.00	0.76	19.23
2010	1	-66.67	0.74	10.64	1	0.00	0.74	19.23
2011	9	800.00	6.08	95.74	1	0.00	0.68	19.23
2012	6	-33.33	4.11	63.83	3	200.00	2.05	57.69

续表

年份	非制造业							
	电力、热力、燃气及水生产和供应业				建筑业			
	项目数	同比增长（%）	占比（%）	指数	项目数	同比增长（%）	占比（%）	指数
2013	8	33.33	5.37	85.11	5	66.67	3.36	96.15
2014	11	37.50	8.09	117.02	8	60.00	5.88	153.85
2015	13	18.18	8.23	138.30	9	12.50	5.70	173.08
2016	15	15.38	5.60	159.57	28	211.11	10.45	538.46
2017	7	−53.33	2.82	74.47	5	−82.14	2.02	96.15
2018	17	142.86	4.19	180.85	16	220.00	3.94	307.69
2019	5	−70.59	1.51	53.19	9	−43.75	2.71	173.08
合计	102		4.09		91		3.65	
2011—2015年均值	9.40			100.00	5.20			100.00

年份	非制造业				总计			
	小计							
	项目数	同比增长（%）	占比（%）	指数	项目数	同比增长（%）	占比（%）	指数
2005	37		71.15	25.10	52		100.00	26.24
2006	29	−21.62	63.04	19.67	46	−11.54	100.00	23.21
2007	71	144.83	66.36	48.17	107	132.61	100.00	53.99
2008	96	35.21	78.05	65.13	123	14.95	100.00	62.06
2009	132	37.50	84.08	89.55	157	27.64	100.00	79.21
2010	135	2.27	78.03	91.59	173	10.19	100.00	87.29
2011	148	9.63	76.68	100.41	193	11.56	100.00	97.38
2012	146	−1.35	79.35	99.05	184	−4.66	100.00	92.84
2013	149	2.05	86.13	101.09	173	−5.98	100.00	87.29
2014	136	−8.72	70.10	92.27	194	12.14	100.00	97.88
2015	158	16.18	63.97	107.19	247	27.32	100.00	124.62
2016	268	69.62	73.02	181.82	367	48.58	100.00	185.17
2017	248	−7.46	72.94	168.25	340	−7.36	100.00	171.54

续表

年份	非制造业				总计			
	小计							
	项目数	同比增长（%）	占比（%）	指数	项目数	同比增长（%）	占比（%）	指数
2018	406	63.71	76.03	275.44	534	57.06	100.00	269.42
2019	332	-18.23	72.81	225.24	456	-14.61	100.00	230.07
合计	2491		74.45		3346		100.00	
2011—2015年均值	147.40			100.00	198.20			100.00

二、民营企业海外绿地投资金额在标的行业的分布

民企对制造业和非制造业绿地投资金额的分布较为平均，2005—2019年间非制造业和制造业分别获得1452.30亿美元和1221.19亿美元的绿地投资，在民企绿地总投资中分别占比54.32%、45.68%。与项目数量还有较大不同的是，十五年中民企对非制造业的投资金额并非集中在服务业，而是以建筑业为主，2005—2019年合计金额达到668.25亿美元，在非制造业中占比46.01%，而服务业只占有27.34%的份额，可见民企对服务业的投资以量显著，但单笔投资金额相对建筑业有较大差距。在制造业中，高、低技术密集型行业的金额分布相对均匀，十五年间民企在中低技术行业的金额合计最高，为476.91亿美元，在制造业中占比39.05%。其次是中高技术制造业，合计获得474.56亿美元，占比38.86%，而只有5.77%的金额投向高技术行业。

2019年，民企对非制造业的绿地投资金额呈下滑趋势，而制造业有所提升。其中，民企2019年51.55%的金额投向非制造业，合计217.42亿美元，同比下降5.34%；48.45%的金额流向制造业，合计204.33亿元，较2018年上升21.74%，连续三年处于增长态势。进一步对行业细分后，可发现2019年增幅位于前三名的分别是采矿业、中高技术和高技术行业；降

幅最大的是电力、热力、燃气及水生产和供应业，在 2018 年同比增长111.57% 的基础上下跌 89.66%。

表 4-4-2　2005—2019 年中国民营企业绿地投资金额
在标的行业的分布及指数汇总表

（单位：百万美元）

| 年份 | 制造业 | | | | | | | | | | | |
| | 高技术 | | | | 中高技术 | | | | 中低技术 | | | |
	金额	同比增长（%）	占比（%）	指数	金额	同比增长（%）	占比（%）	指数	金额	同比增长（%）	占比（%）	指数
2005	104.60		8.26	41.32	235.50		18.60	9.73	283.90		22.42	6.59
2006	170.20	62.72	14.21	67.24	1017.00	331.85	84.93	42.00	10.20	-96.41	0.85	0.24
2007	105.30	-38.13	2.82	41.60	1124.09	10.53	30.12	46.43	2398.35	23413.24	64.27	55.65
2008	0.00	-100.00	0.00	0.00	1190.26	5.89	35.79	49.16	2078.24	-13.35	62.49	48.22
2009	193.73	n. a.	15.66	76.54	818.75	-31.21	66.09	33.82	35.00	-98.32	2.83	0.81
2010	511.85	164.21	11.70	202.21	3772.60	360.78	86.23	155.82	23.40	-33.14	0.53	0.54
2011	135.30	-73.57	1.35	53.45	1431.74	-62.05	14.29	59.13	8267.65	35231.84	82.54	191.85
2012	78.10	-42.28	2.01	30.85	1933.33	35.03	49.70	79.85	1782.01	-78.45	45.81	41.35
2013	14.03	-82.04	1.31	5.54	417.69	-78.40	39.07	17.25	205.23	-88.48	19.20	4.76
2014	159.80	1038.99	1.33	63.13	5122.19	1126.31	42.70	211.56	2434.50	1086.23	20.30	56.49
2015	878.39	449.68	5.97	347.02	3200.95	-37.51	21.74	132.21	8858.04	263.85	60.17	205.55
2016	1335.56	52.05	11.33	527.63	6016.77	87.97	51.05	248.51	2875.49	-67.54	24.40	66.72
2017	315.23	-76.40	1.94	124.54	6866.34	14.12	42.15	283.59	5172.80	79.89	31.76	120.03
2018	903.51	186.62	5.38	356.94	3775.41	-45.02	22.49	155.93	9771.91	88.91	58.22	226.75
2019	2136.38	136.45	10.46	844.01	10533.80	179.01	51.55	435.07	3494.63	-64.24	17.10	81.09
合计	7041.98		5.77		47456.42		38.86		47691.35		39.05	
2011—2015 年均值	253.12			100.00	2421.18			100.00	4309.49			100.00

续表

年份	制造业							
	低技术				小计			
	金额	同比增长（%）	占比（%）	指数	金额	同比增长（%）	占比（%）	指数
2005	642.42		50.73	47.42	1266.42		68.29	15.19
2006	0.00	-100.00	0.00	0.00	1197.40	-5.45	32.10	14.36
2007	104.00	n. a.	2.79	7.68	3731.74	211.65	73.88	44.75
2008	57.00	-45.19	1.71	4.21	3325.50	-10.89	44.88	39.88
2009	189.35	232.19	15.31	13.98	1236.83	-62.81	51.36	14.83
2010	67.00	-64.62	1.53	4.95	4374.85	253.71	64.90	52.47
2011	182.36	172.18	1.82	13.46	10017.05	128.97	76.66	120.13
2012	96.75	-46.95	2.49	7.14	3890.19	-61.16	57.20	46.65
2013	432.00	346.51	40.41	31.89	1068.95	-72.52	24.47	12.82
2014	4278.87	890.48	35.67	315.84	11995.36	1022.16	51.91	143.85
2015	1783.73	-58.31	12.12	131.67	14721.11	22.72	54.92	176.54
2016	1558.92	-12.60	13.23	115.07	11786.74	-19.93	19.81	141.35
2017	3934.75	152.40	24.16	290.44	16289.12	38.20	66.27	195.35
2018	2333.99	-40.68	13.91	172.28	16784.82	3.04	42.22	201.29
2019	4268.44	82.88	20.89	315.07	20433.24	21.74	48.45	245.05
合计	19929.58		16.32		122119.32		45.68	
2011—2015年均值	1354.74			100.00	8338.53			100.00

年份	非制造业							
	服务业				采矿业			
	金额	同比增长（%）	占比（%）	指数	金额	同比增长（%）	占比（%）	指数
2005	338.10		57.49	18.83	0.00		0.00	0.00
2006	1999.80	491.48	78.97	111.38	96.90	n. a.	3.83	587.84
2007	641.74	-67.91	48.64	35.74	627.74	547.82	47.58	3808.18
2008	692.40	7.89	16.95	38.56	2600.00	314.18	63.65	15772.87

续表

年份	非制造业							
	服务业				采矿业			
	金额	同比增长（%）	占比（%）	指数	金额	同比增长（%）	占比（%）	指数
2009	811.91	17.26	69.31	45.22	307.70	-88.17	26.27	1866.66
2010	2117.97	160.86	89.52	117.96	0.00	-100.00	0.00	0.00
2011	1918.36	-9.42	62.91	106.84	0.00	n. a.	0.00	0.00
2012	493.51	-74.27	16.95	27.49	0.00	n. a.	0.00	0.00
2013	482.71	-2.19	14.63	26.88	0.00	n. a.	0.00	0.00
2014	3595.87	644.94	32.36	200.27	0.00	n. a.	0.00	0.00
2015	2487.21	-30.83	20.59	138.52	82.42	n. a.	0.68	500.00
2016	5251.79	111.15	11.01	292.49	89.10	8.10	0.19	540.52
2017	4412.34	-15.98	53.23	245.74	0.00	-100.00	0.00	0.00
2018	8673.91	96.58	37.76	483.08	1761.45	n. a.	7.67	10685.82
2019	5790.53	-33.24	26.63	322.50	11100.00	530.16	51.05	67338.02
合计	39708.15		27.34		16665.31		11.48	
2011—2015年均值	1795.53			100.00	16.48			100.00

年份	非制造业							
	电力、热力、燃气及水生产和供应业				建筑业			
	金额	同比增长（%）	占比（%）	指数	金额	同比增长（%）	占比（%）	指数
2005	0.00		0.00	0.00	250.00		42.51	10.49
2006	0.00	n. a.	0.00	0.00	435.80	74.32	17.21	18.28
2007	0.00	n. a.	0.00	0.00	49.80	-88.57	3.77	2.09
2008	592.55	n. a.	14.51	25.82	200.00	301.61	4.90	8.39
2009	31.87	-94.62	2.72	1.39	20.00	-90.00	1.71	0.84
2010	155.50	387.92	6.57	6.77	92.40	362.00	3.91	3.88
2011	1080.93	595.13	35.45	47.09	50.00	-45.89	1.64	2.10
2012	1880.10	73.93	64.58	81.91	537.80	975.60	18.47	22.56

年份	非制造业							
	电力、热力、燃气及水生产和供应业				建筑业			
	金额	同比增长（%）	占比（%）	指数	金额	同比增长（%）	占比（%）	指数
2013	99.77	-94.69	3.02	4.35	2717.54	405.31	82.35	114.01
2014	2359.70	2265.07	21.24	102.81	5156.08	89.73	46.40	216.32
2015	6055.82	156.64	50.12	263.84	3456.28	-32.97	28.61	145.01
2016	2487.72	-58.92	5.21	108.38	39883.24	1053.94	83.59	1673.28
2017	2185.30	-12.16	26.36	95.21	1691.60	-95.76	20.41	70.97
2018	4623.52	111.57	20.13	201.44	7911.24	367.68	34.44	331.91
2019	478.24	-89.66	2.20	20.84	4373.64	-44.72	20.12	183.49
合计	22031.02		15.17		66825.42		46.01	
2011—2015年均值	2295.26			100.00	2383.54			100.00

年份	非制造业				总计			
	小计							
	项目数	同比增长（%）	占比（%）	指数	项目数	同比增长（%）	占比（%）	指数
2005	588.10		31.71	9.06	1854.52		100.00	12.51
2006	2532.50	330.62	67.90	39.02	3729.90	101.12	100.00	25.15
2007	1319.28	-47.91	26.12	20.33	5051.02	35.42	100.00	34.06
2008	4084.95	209.63	55.12	62.93	7410.45	46.71	100.00	49.97
2009	1171.48	-71.32	48.64	18.05	2408.31	-67.50	100.00	16.24
2010	2365.87	101.96	35.10	36.45	6740.72	179.89	100.00	45.46
2011	3049.29	28.89	23.34	46.98	13066.34	93.84	100.00	88.11
2012	2911.41	-4.52	42.80	44.85	6801.60	-47.95	100.00	45.87
2013	3300.02	13.35	75.53	50.84	4368.97	-35.77	100.00	29.46
2014	11111.65	236.71	48.09	171.19	23107.00	428.89	100.00	155.82
2015	12081.73	8.73	45.08	186.14	26802.84	15.99	100.00	180.74
2016	47711.85	294.91	80.19	735.07	59498.59	121.99	100.00	401.22
2017	8289.24	-82.63	33.73	127.71	24578.36	-58.69	100.00	165.74

续表

年份	非制造业				总计			
	小计							
	项目数	同比增长 （%）	占比 （%）	指数	项目数	同比增长 （%）	占比 （%）	指数
2018	22970.12	177.11	57.78	353.89	39754.94	61.75	100.00	268.08
2019	21742.41	-5.34	51.55	334.97	42175.66	6.09	100.00	284.41
合计	145229.90		54.32		267349.22		100.00	
2011— 2015 年 均值	6490.82			100.00	14829.35			100.00

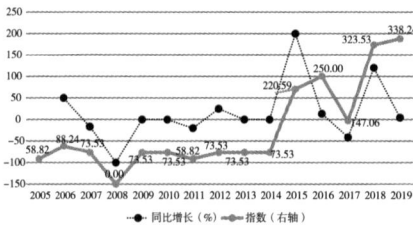

（1）高技术数量别

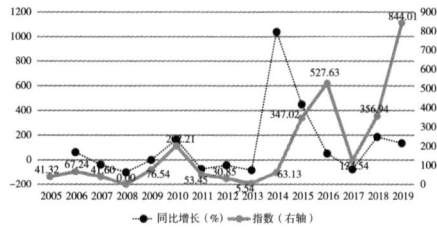

（2）高技术金额别

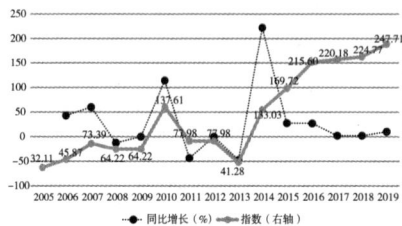

（3）中高技术数量别

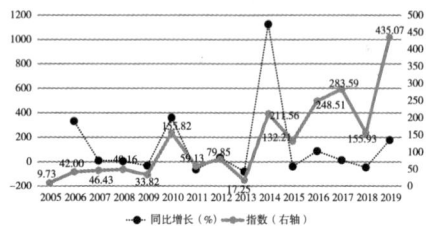

（4）中高技术金额别

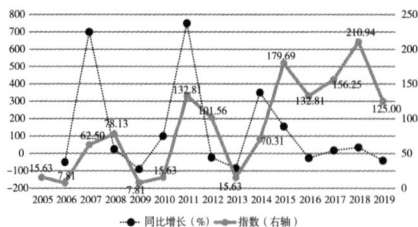

（5）中低技术数量别

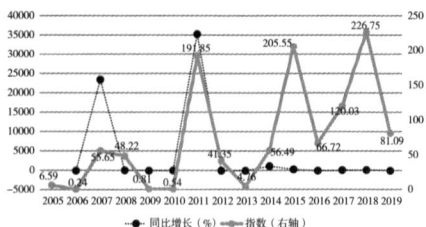

（6）中低技术金额别

（7）低技术数量别

（8）低技术金额别

（9）制造业合计数量别

（10）制造业合计金额别

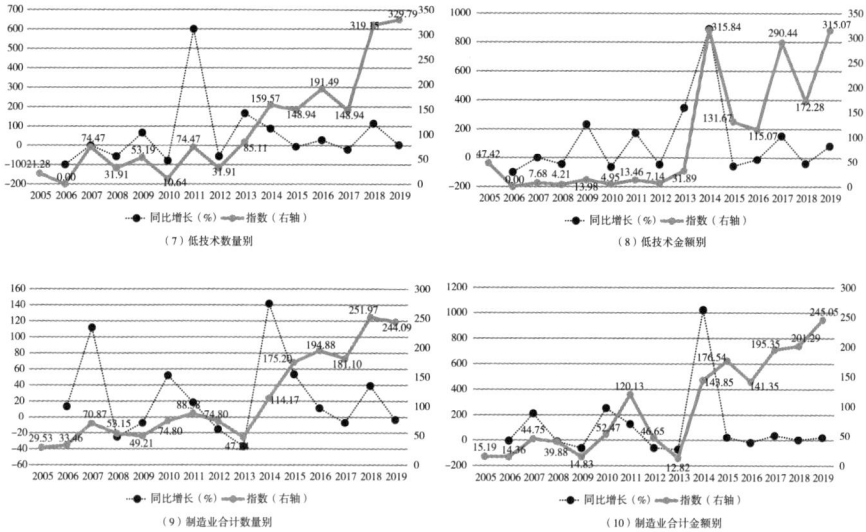

图4-4-1　2005—2019年中国民营企业绿地投资制造业项目数量和金额指数变化图

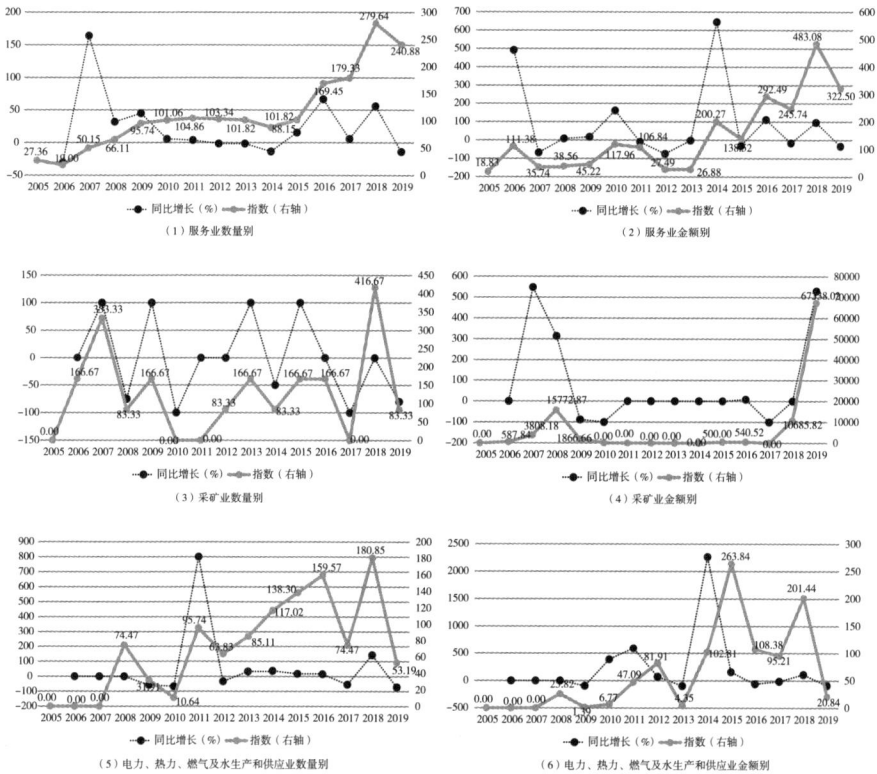

（1）服务业数量别

（2）服务业金额别

（3）采矿业数量别

（4）采矿业金额别

（5）电力、热力、燃气及水生产和供应业数量别

（6）电力、热力、燃气及水生产和供应业金额别

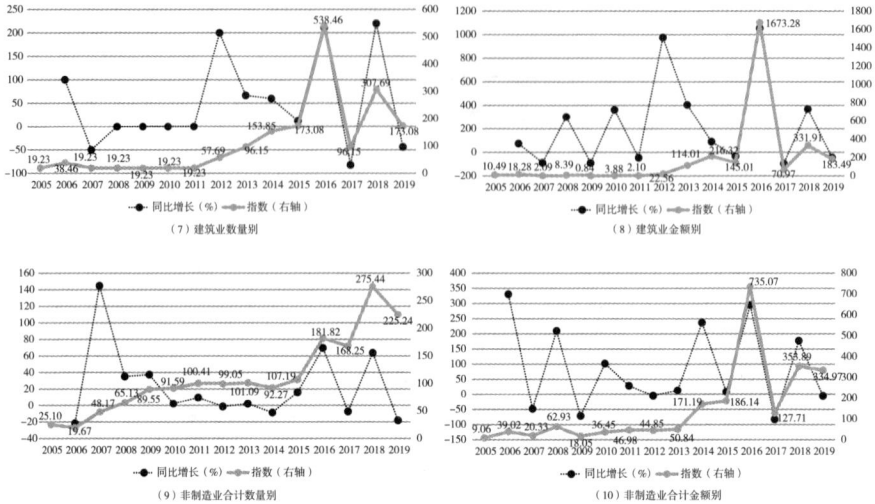

图 4-4-2　2005—2019 年中国民营企业绿地投资非制造业项目数量和金额指数变化图

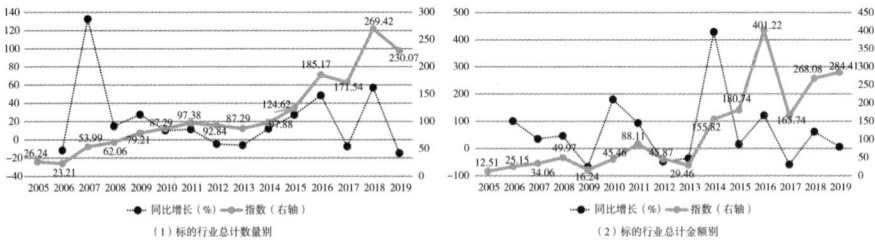

图 4-4-3　2005—2019 年中国民营企业绿地投资标的行业项目数量和金额指数变化图

根据 NK-GERC 数据库，在项目数量上，2005—2019 年十五年间民企绿地投资最多的行业是批发和零售业，合计 1035 件，占总投资的 30.93%，约为第二位租赁和商务服务业（394 件）的 2.63 倍。信息传输、软件和信息技术服务业以 311 件位于第三位。在 2019 年绿地总投资下降的情况下，医疗器械、精密仪器和光学仪器、钟表业、木材、纸浆、纸张、纸制品、印刷及出版业和化学品及化学制品（不含制药）业等共计 8 个行业的投资数量较 2018 年翻一番。

从金额方面看，十五年间房屋建筑业获得 519.40 亿美元的投资，在所有细分行业中排列首位；第二名是基本金属和金属制品行业，累计获得

296.26 亿美元；电力、热力生产和供应业获得 214.51 亿美元的投资，排列第三名。在 2019 年，位于前三的行业分别是石油和天然气开采业、汽车、挂车和半挂车业和化学品及化学制品（不含制药）业。统计显示，2019 年内医疗器械、精密仪器和光学仪器、钟表行业不仅在项目数量方面增速较快，在金额方面也实现大幅扩张，较 2018 年同比增长 2886.79%。

本章小结

一、2019 年民企绿地投资金额小幅上涨，在全国企业绿地投资中的地位进一步加强

在国际贸易争端问题层出不穷，全球经济下行的 2019 年，企业海外投资积极性受挫，全国企业绿地投资项目数量和金额分别出现 20.67%、33.44% 的下降。民企作为中国企业"走出去"的重要载体，绿地投资活动在 2019 年总体表现出稳健发展的趋势，全年绿地投资项目数量 456 件，较 2018 年虽下降 14.61%，但仍位于 2005—2019 年中投资项目数量的高位水平；绿地投资金额不降反升，由 2018 年的 397.55 亿美元增长至 412.76 亿美元，小幅上涨 6.09%。民企绿地投资的稳健发展进一步加强了其在全国企业绿地投资活动中的地位，2019 年在全国企业绿地投资项目数量中，68.26% 的投资来源于民企；在投资金额方面，民企绿地投资在全国企业绿地投资中占比 68.52%，为 2005—2019 年中的最高占比。

二、珠三角地区企业在民企绿地投资中愈发活跃，增长趋势较其他地区稳健

尽管不论从投资项目数量角度看，还是从投资金额角度看，在统计年份内珠三角地区企业都不是对民企绿地投资贡献最大的来源地，但珠三角地区民企近年来却凭借着稳健的增长趋势，正逐步赶超其他地区。自 2014 年企业"走出去"的步伐加快以来，珠三角地区民企绿地投资项目数量保

持高速增长的趋势，仅 2017 年出现 14.62% 的下跌，其他年份均维持增长态势，2018 年、2019 年增幅保持在 20% 左右水平；投资金额方面，珠三角地区民企在 2014—2019 年间总体增长趋势相对稳定，除 2015 年和 2017 年小幅下滑外均处于增长状态，波动幅度小于其他地区。珠三角地区民企绿地活跃度逐步提高，统计显示 2019 年 37.69% 的绿地投资项目数量、29.44% 的绿地投资金额来自于珠三角地区的民企，成为当年度五类区域中投资项目数量占比最高、投资金额仅次于环渤海的区域。

三、民企对发达经济体的绿地投资规模在 2019 年大幅缩减

2019 年民企对发达经济体的绿地投资项目数量同比下降 32.79%，为统计年限内的最大降幅，较 2018 年减少 100 件绿地投资交易；绿地投资金额由 2018 年的 149.68 亿美元跌至 78.24 亿美元，与民企绿地投资金额总体上升的趋势相背离，降幅达到 47.73%。民企在发达经济体的投资规模呈现出大幅缩减趋势，这可能与发达国家或地区 2019 年投资环境恶化、投资风险增大有关，阻碍了民企向发达经济体开展绿地投资活动，如 2019 年对主要投资标的国（地区）中国香港地区、英国、美国的绿地投资项目数量分别同比下降 85.19%、56.25% 和 44.29%，投资金额下降 98.98%、77.38% 和 43.56%。

四、民企在服务业的绿地投资呈现出数量多、金额少的特点

不同于民企并购投资中近一半的项目数量和金额都集中于服务业的现象，民企对服务业的绿地投资呈现出项目数量多、金额规模小的特征。在 2005—2019 年间，每年 60% 左右的民企绿地投资项目数量流向服务业，近年来民企在服务业的绿地投资项目数量占比还呈现上升趋势，统计显示十五年间服务业合计获得 2275 件投资，在绿地总投资中占比 67.99%。但在投资金额上，服务业所获得绿地投资金额虽总体增长，但其在绿地总投资中的占比与项目数量相比差距较大，十五年间合计 397.09 亿美元，占比 14.85%。民企逐渐将投资金额转移至其他非制造业行业，如近年来对建筑

业的绿地投资规模波动上涨，以 2013 年为区分，前七年间对建筑业绿地投资金额在绿地总投资中占比 3.48%，而后八年内的合计投资在总投资中的占比已达到 29.59%，民企十五年间合计对建筑业投资 668.25 亿美元，约为服务业投资的 1.68 倍。

补论 1　中国企业海外直接投资的对比分析

——基于不同所有制视角

不同所有制企业的发展模式各具特色，在"走出去"过程中有着差异化的判断和决策，为进一步分析企业所有制异质性对海外直接投资的影响，本补论基于 NK-GERC 数据库，分别从各类型企业海外直接投资总体、投资模式别、投资来源地、投资标的国（地区）和投资标的行业多种视角切入，对比分析了民营、国有、港澳台资和外资四种所有制企业的海外直接投资特征，同时还探讨了四种所有制企业在"一带一路"沿线国家的投资变化，以期结合中国基本国情探索出适合不同所有制企业"走出去"的发展之路①。

一、不同所有制企业海外直接投资概况

本部分对四种所有制企业海外直接投资特征作总体分析。

1. 不同所有制企业海外直接投资在全国的占比

为比较不同所有制企业海外直接投资的程度，本报告测度了四种所有制企业的项目数量及其金额在全国企业的占比情况，如补论图 1-1 所示。

总体来看，无论是项目数量占比还是金额占比，港澳台资企业和外资企业都相对较低，民营企业和国有企业占据整体的绝大部分。在数量占比

---

① 本补论从 BvD-Zephyr 并购数据库和 fDi Markets 绿地投资数据库中筛选出 2005—2019 年进行了海外直接投资的中国企业，并且将企业划分为民营企业、国有企业、港澳台资企业和外资企业四种所有制形式，由此获得了中国不同所有制企业海外直接投资的相关数据，不同企业所有制划分的具体标准参照本书序章第一节。

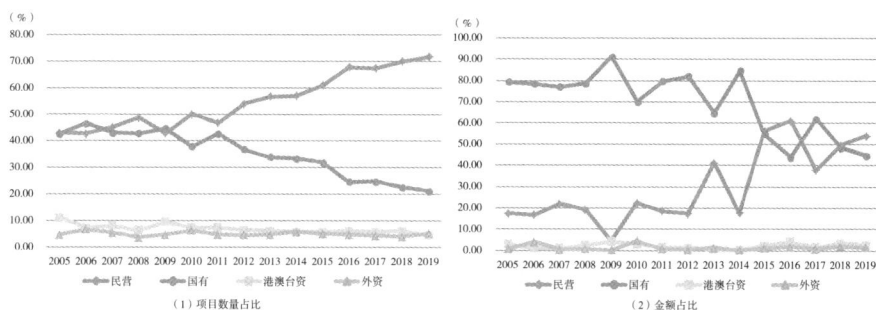

补论图 1-1　2005—2019 年中国不同所有制企业海外直接投资项目数量和金额占比图

中，民企在 2005—2019 年十五年间的占比持续上升，2019 年达到 71.61%，领先地位愈发明显。2005 年国企与民企相差无几，均为 42% 左右，但其在 2005—2019 年间持续下降，2019 年仅为 21%。而在金额占比中，国企和民企呈波动变化态势。其中，国企占比总体下降，由 2005 年的 79.26% 减少到 2019 年 44.71%，失去了绝对主导地位；民企占比由 2005 年的 17.46% 波动增加至 2019 年的 53.95%，逐渐占据主体。结合项目数量占比和金额占比图，本补论发现民企在项目数量和金额上都逐渐有突出表现，其在数量占比中更加具有优势，这体现了民企在中国企业 OFDI 中愈发活跃。

2. 不同所有制企业 OFDI 综合指数

补论表 1-1　2005—2019 年中国不同所有制企业 OFDI 综合指数统计

年份	OFDI 综合指数			
	民营	国有	港澳台资	外资
2005	15.09	24.43	40.64	19.07
2006	18.94	33.77	29.35	79.04
2007	32.06	47.85	48.29	36.24
2008	38.46	56.27	68.27	39.14
2009	32.56	73.95	141.32	45.04
2010	48.05	58.96	103.72	190.79

续表

年份	OFDI 综合指数			
	民营	国有	港澳台资	外资
2011	53.89	83.18	93.04	69.72
2012	50.53	63.90	68.16	51.15
2013	78.13	63.01	56.04	92.91
2014	118.04	176.76	74.68	103.57
2015	199.41	113.15	208.07	182.65
2016	252.24	105.83	366.31	279.08
2017	203.42	127.47	201.55	194.11
2018	213.72	99.98	268.76	232.10
2019	174.67	73.13	154.74	174.14

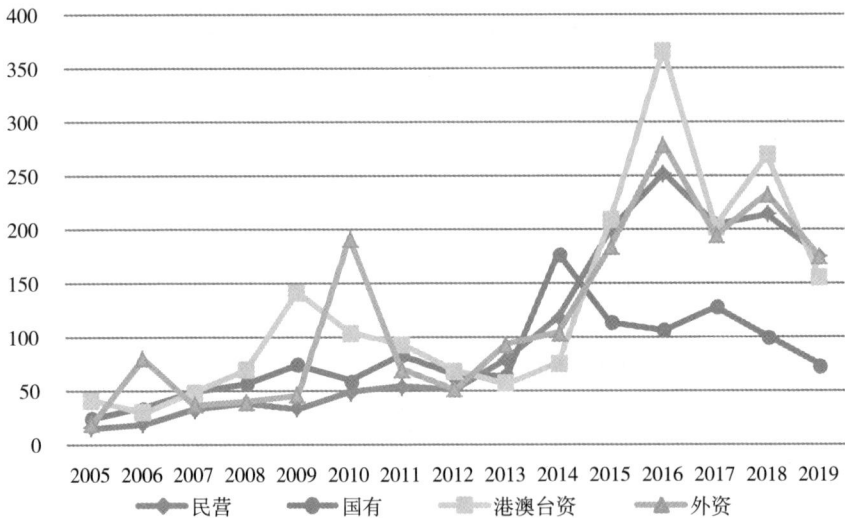

补论图 1-2　2005—2019 年中国不同所有制企业 OFDI 综合指数变化图

　　按照中国民营企业 OFDI 综合指数的计算方法，本报告还分别测算了民营、国有、港澳台资、外资企业 OFDI 综合指数①，如补论表 1-1 和补论

---

① OFDI 综合指数测算方法参照本书序章第一节。

图 1-2 所示。不同所有制企业的 OFDI 综合指数的测算有助于从整体上了解四种所有制企业在统计时间段内海外直接投资的概况。在 2005—2019 年间，四种所有制企业 OFDI 综合指数总体呈波动增长，并于近年出现下降调整趋势。2014 年四种所有制企业开启快速增长模式，其中以国企增幅最高，达到 180.53%，但随后几年国企 OFDI 综合指数逐渐降低，特别是在 2018 年、2019 年出现持续下降的态势；其他三种所有制企业自 2014 年后持续高速增长，于 2016 年达到峰值水平后呈现下降趋势。由此可见，2014—2016 年内全国企业 OFDI 总体发展势头迅猛，但受国内政策调整以及全球经济形势恶化影响，近三年来四种所有制企业海外投资规模均较以往年份出现不同程度的回落。值得注意的是，2016 年民企、港澳台资企业和外资企业的综合指数均达到了十五年间的最高值，说明这个时期中国企业 OFDI 的基本形势较好。而 2019 年四种所有制企业均呈现下降态势，这与全球经济形势低迷和中国的贸易环境相对恶化有一定关系。

3. 不同所有制企业海外直接投资项目数量及金额指数

补论图 1-3 反映了 2005—2019 年中国不同所有制企业海外直接投资项目数量指数和金额指数的变化。从图中可以看出，民企、国企、港澳台资企业和外资企业这四种不同所有制企业的项目数量指数在 2005—2019 年间变化趋势基本一致，除 2019 年出现增长回调之外，总体上升态势较为明显。而四种企业的金额指数则较为波动，且波动幅度存在较大差异。

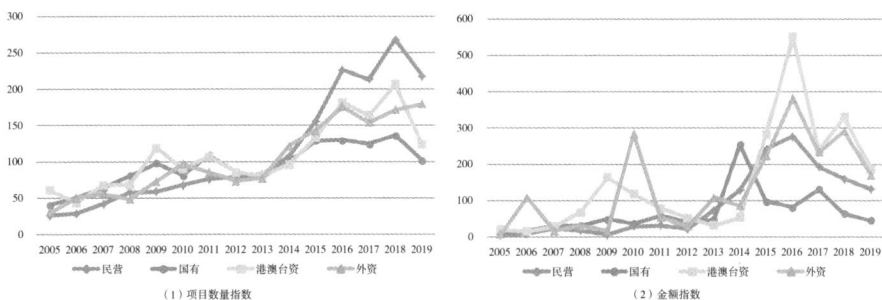

（1）项目数量指数　　　　　　（2）金额指数

补论图 1-3　2005—2019 年中国不同所有制企业海外直接
投资项目数量指数和金额指数变化图

从项目数量指数来看，2005 年至 2013 年间民企、国企、港澳台资企业和外资企业增速平缓且相差较小。在 2014 年整体增速加快后，民企和港澳台资企业变化趋势大致相同，但民企的增幅高于港澳台资企业，国企变动相对平缓。2019 年除外资企业外，其他三种所有制企业的项目数量指数均有所下降，中国企业对外直接投资的形势愈发严峻。

从金额指数来看，港澳台资企业和外资企业波动更为剧烈。港澳台资企业从 2014 年开始快速增长，并于 2016 年到达十五年间的峰值 382.47。外资企业的波动与港澳台资企业相似，但波动幅度较港澳台资企业小，且在 2014 年整体快速增长前还出现过 2006 年、2010 年两个高增长点。国企的波动相对较为和缓，投资更具稳定性，2014 年达到峰值后回落，并在 2016 年小幅反弹之后开始下降调整。而民企于 2013 年开始稳步快速增长，在 2016 年达到峰值之后开始回落调整。

二、不同所有制企业海外直接投资的分视角概况

（一）从不同投资模式角度分析

本部分基于 2005—2019 年民营、国有、港澳台资和外资四种类型企业海外并购、绿地投资项目数量和金额相关数据，从投资模式角度分析不同所有制企业海外投资特征。

1. 不同投资模式下四种所有制企业投资项目数量及金额在全国的占比

为了分析不同所有制企业在整体并购、绿地投资中的参与及贡献，本补论分别测算了不同投资模式下民营、国有、港澳台资和外资企业投资项目数量及金额在总体中的占比，得到了如下的占比图。

通过对比可以发现，补论图 1-4 和补论图 1-5 显示的不同所有制企业并购投资项目数量、金额占比变化与补论图 1-1 变化基本一致。其中，民企在并购投资中表现最为突出，自 2011 年起项目数量在并购总投资中的比重直线上升，2019 年达到 73.61%；金额占比于 2016 年达到峰值水平 63.75%，总体呈波动上升趋势。2005—2019 年间，在项目数量上国企与民企差距逐渐扩大，2019 年国企在总体中的占比由 2005 年的 40.09% 跌至

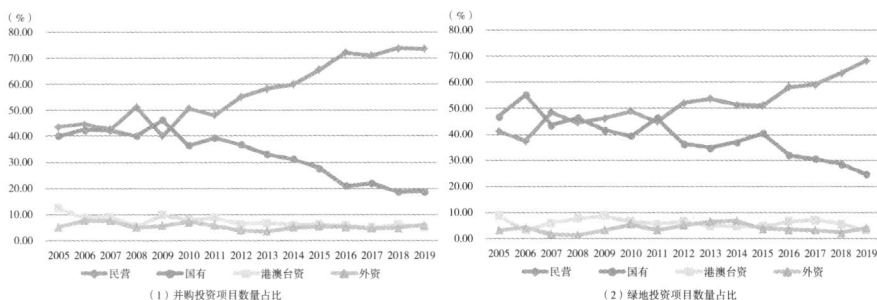

补论图 1-4　2005—2019 年中国不同所有制企业海外并购、绿地投资项目数量占比变化图

18.87%。国企在金额占比上虽波动下降，但现阶段仍为全国企业并购投资金额中贡献最高的企业类型。

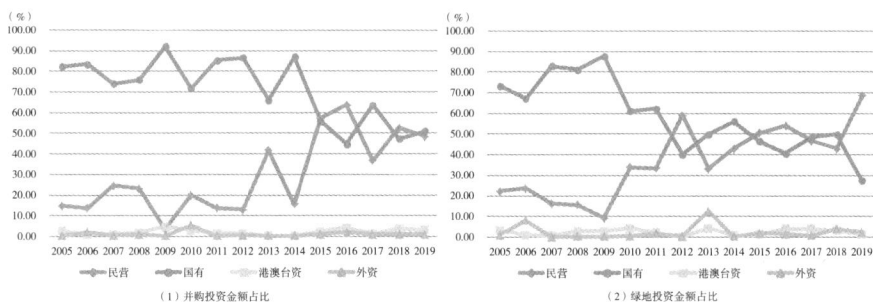

补论图 1-5　2005—2019 年中国不同所有制企业海外并购、绿地投资金额占比变化图

在不同所有制企业的绿地投资项目数量和金额占比变化中，补论图 1-4、补论图 1-5 显示港澳台资企业和外资企业仍占据较小比重，2005—2019 年间两类企业项目数量合计在绿地总投资中占比 9.62%，金额合计占比 4.55%，与其在并购中的占比相近。在民企、国企的绿地投资中，民企项目数量与国企差距较小，但自 2016 年以来该差距呈扩大趋势，而同时段内在并购投资占比中两者差距逐渐平缓。金额占比方面，2005—2019 年间国企下降趋势明显，2019 年仅为 27.58%，是十五年来的最低占比。由此可见，不论是从并购投资还是绿地投资角度，民企在中国海外投资活动中都表现得十分活跃，在绿地投资上则发展得更为稳定。

2. 不同投资模式下四种所有制企业海外投资项目数量及金额指数

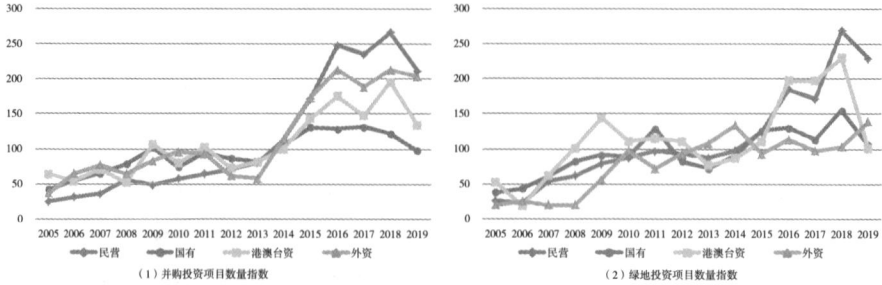

补论图1-6　2005—2019年中国不同所有制企业海外并购、绿地投资项目数量指数变化图

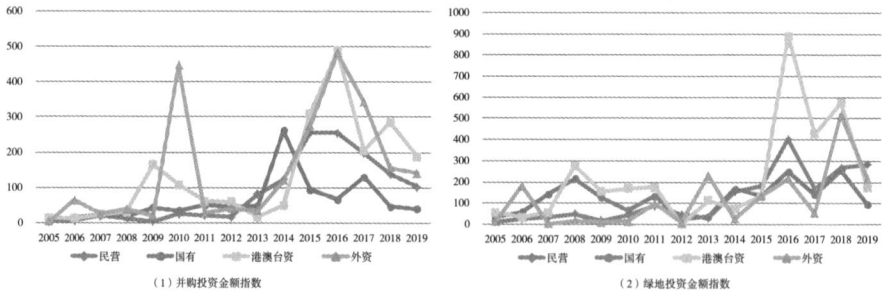

补论图1-7　2005—2019年中国不同所有制企业海外并购、绿地投资金额指数变化图

补论图1-6展示了2005—2019年不同所有制企业海外并购、绿地投资项目数量指数变化，可以看出并购投资的项目数量指数十五年间呈现波动上升趋势，但于近年来出现下降趋势，而绿地指数波动幅度更大。从并购投资来看，民企前期增长平缓，2015年至2016年显著增长；国企不如民企增长强劲，2016年前虽有增长但涨幅较小，2017年至2019年民企和国企下降趋势明显。从绿地投资来看，四种所有制企业在2005—2018年间都呈现波动上升趋势，2019年除外资企业外均有明显下降。其中民企和港澳台资企业增长速度较大，国企变动幅度相对较小。民企在2016年和2018年有突出增加，国企则总体平稳，2011年明显增长。

相较项目数量指数，并购、绿地投资的金额指数波动更为明显。从海外并购投资来看，民企2005年至2015年呈现上升趋势，但2016年后直线下降。国企除 2014 年有显著增长外，指数变化较为平稳。而绿地指数呈现大幅度的波动，其中港澳台资企业和外资企业较为明显。国企和民企指数变动相对平缓，民企呈现波浪状上升，2014 年后上升趋势更加明显，2016年有显著增加；国企 2008 年指数较高，自 2014 年后变动更为波折。除了民企绿地投资外，2019 年不同所有制企业海外并购、绿地投资金额指数均有所下降。

通过对不同投资模式下四种所有制企业海外投资项目数量及金额指数的分析，不难发现海外并购投资的指数变动趋势更接近中国企业总体指数的变化，体现了并购投资在我国海外直接投资中的重要地位。

（二）从投资方来源地角度分析

按照 NK-GERC 数据库对企业海外投资方来源地的划分①，本部分对比分析了四种所有制企业在环渤海地区、长三角地区、珠三角地区、中部地区和西部地区的海外投资项目数量和金额的变化。

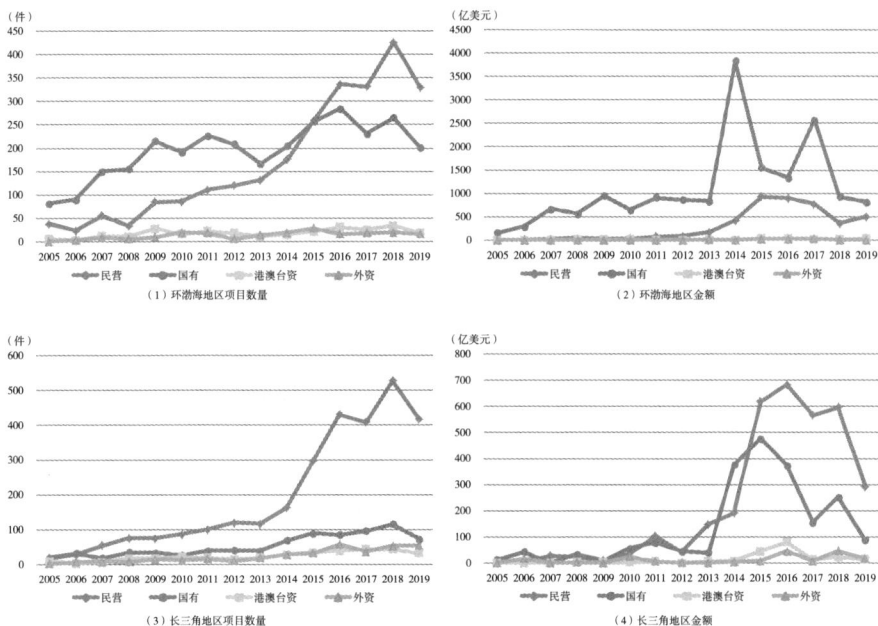

（1）环渤海地区项目数量

（2）环渤海地区金额

（3）长三角地区项目数量

（4）长三角地区金额

① 详见本书序章第一节。

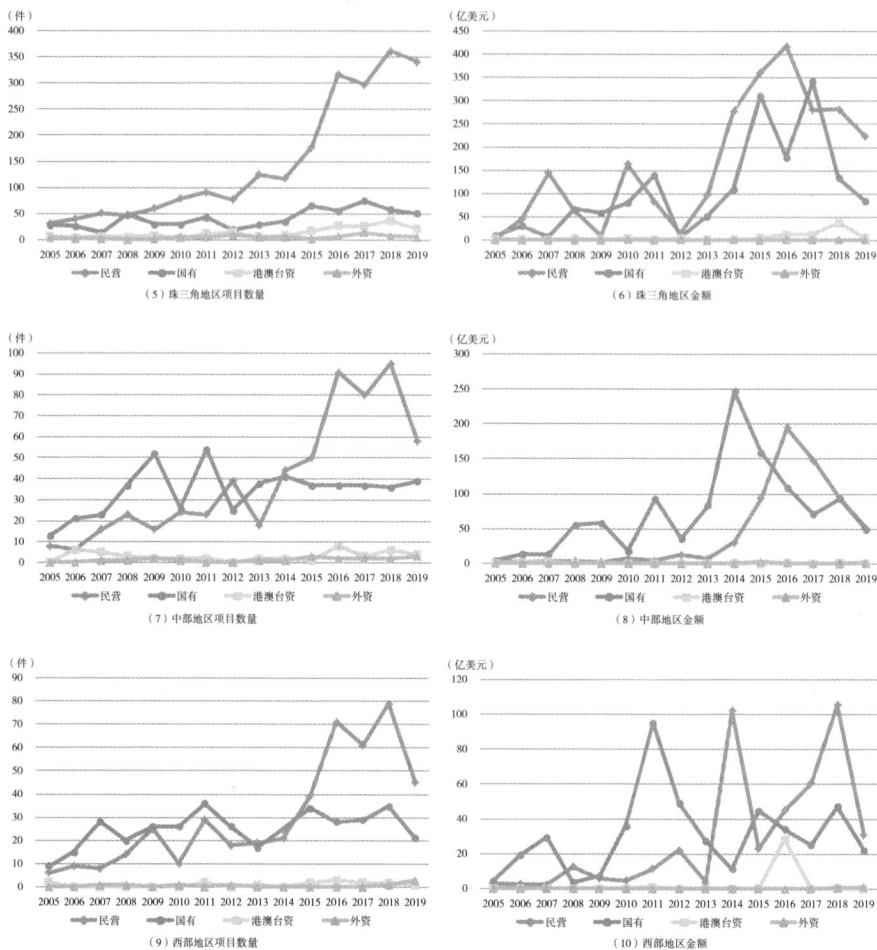

补论图 1-8　2005—2019 年五大投资方来源地不同所有制企业
海外直接投资项目数量、金额变化图

　　从四种所有制企业在不同来源地投资项目数量和金额变化图中可以看出，五大来源地中港澳台资企业、外资企业投资项目数量和金额均占比较小，各区域均以民企和国企为 OFDI 的主体，且近年来各区域内民企投资势头纷纷超越国企，这也表明民企已然成为决定中国企业 OFDI 增长变化趋势的关键力量。但不同区域内经济发展程度、政策力度不同，导致海外投资在五大区域内的变化存在差异，且主要体现在民企与国企的投资活动中。

在五大投资方来源地中，民企投资规模大幅超过国企的地区位于长三角和珠三角。自 2014 年以来，长三角、珠三角地区的民企 OFDI 规模实现快速扩张，2014—2019 年的六年内项目数量在两地区分别达到 2245 件、1611 件，金额合计分别达到 2948.11 亿美元、1844.39 亿美元。同时期、同地区的国企海外投资虽呈增长趋势，但与民企的差距十分明显，特别是在项目数量方面，国企在 2014—2019 年的投资不及两地区民企的四分之一。

环渤海地区企业海外投资活动投资以国企为主。自统计年份开始，环渤海地区国企投资项目数量、金额便超过民企，尤其在金额方面，2005—2019 年内国企每年均高于民企，十五年间国企合计投资金额约为民企总投资的 4 倍，达到 16916.51 亿美元。在项目数量上，民企于 2015 年才实现首次赶超，2018 年峰值时高于国企 161 件投资，与长三角地区和珠三角地区 2018 年民企高于国企 413 件、304 件投资差距形成鲜明对比。

中西部地区企业 OFDI 呈现出 2014 年前以国企为主、2014 年后以民企为主的特点。在 2014 年前，民企与国企在项目数量上差距不大，国企稍占优势，金额上两地区以国企投资为主的特点较为显著。2014 年以后，民企投资项目数量和金额逐渐与国企拉开差距，在项目数量上体现更为明显，统计显示在 2014—2019 年的六年间，中部地区民企投资项目数量合计约为国企的 2 倍，西部地区民企约为国企的 1.5 倍。

综合不同所有制企业 2005—2019 年五大投资方来源地 OFDI 项目数量、金额变化，可以发现在五大投资方来源地中国企和民企占据绝对领导地位，外资企业和港澳台资企业占比较少且波动平缓。在这十五年间，民企 OFDI 有显著的提高，逐渐居于领导地位。

（三）从投资标的国（地区）角度分析

按照 NK-GERC 数据库对企业海外投资标的国（地区）的划分[①]，本

[①]　详见本书序章第一节。

部分对比分析了四种所有制企业在发达经济体、发展中经济体和转型经济体的海外投资项目数量和金额的变化。

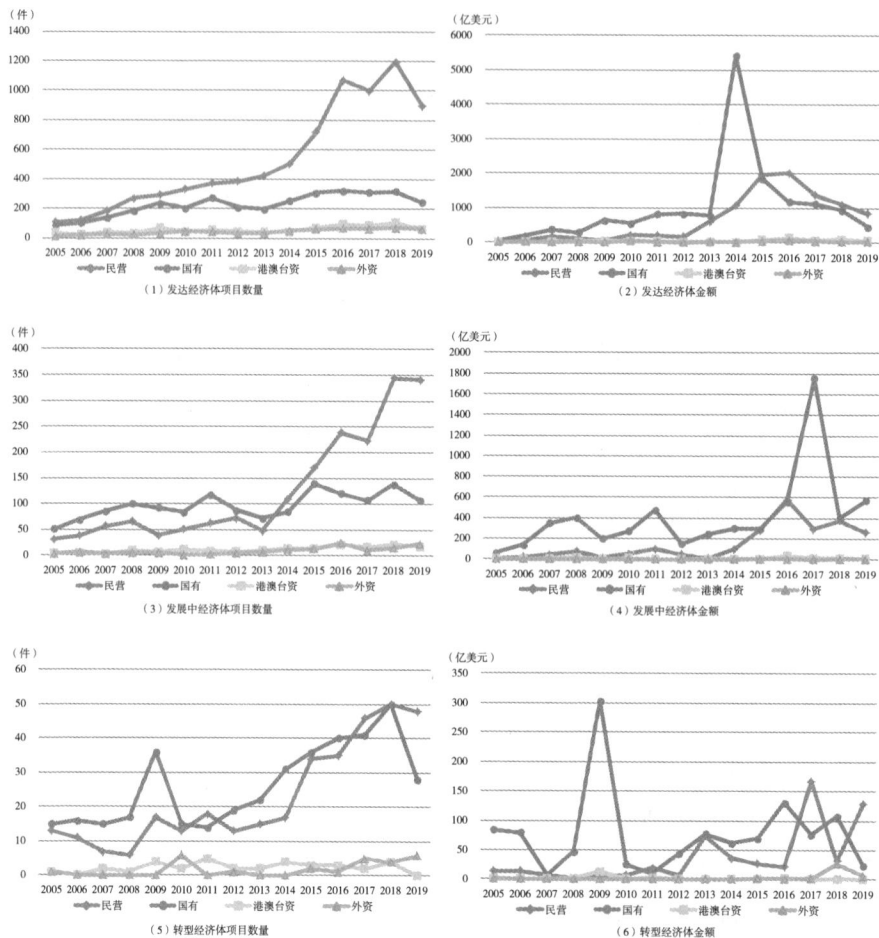

**补论图 1-9　2005—2019 年中国不同所有制企业在三类经济体
海外直接投资项目数量、金额变化图**

　　补论图 1-9 展示了 2005—2019 年不同所有制企业在三类经济体海外直接投资项目数量、金额变化。总体来看，项目数量的波动要略小于金额；在三类经济体内，海外投资的主体均为民营企业和国有企业，港澳台资企业、外资企业投资项目数量和金额占比较小，其中民企在三类经济体的投资项目数量上均表出现优于国企的特征，但金额上国企表现优于民企。

在不同所有制企业对发达经济体的投资中，民企近年来逐渐占据绝对优势地位，特别是在项目数量上，与其他企业形成鲜明对比。自 2013 年起民企投资项目数量和金额快速增长，2018 年峰值水平时项目数量约为国企的 3.78 倍，为港澳台资和外资企业总体的 6.64 倍；投资金额上，在 2013—2015 连续三年的增长后，2015 年民企成为在发达经济体中投资金额最高的企业类型，随后年份中均占比最高，统计显示 2015—2019 的五年中民企的投资额合计在全国企业中占比近 60%。尽管国企投资规模近年来不如民企，但从总体看，国企依然是对发达经济体投资金额最多的企业类型。

在对发展中经济体的投资中，国企表现更为突出。2005—2019 年中国企的投资金额合计在全国总投资中占比达到 72.58%，且在全球经济下行影响下的 2017—2019 年间，国企仍呈增长趋势，并于 2017 年达到峰值 1757.54 亿美元。而民企的投资规模近年来快速增长，有赶超国企的趋势，在项目数量上 2014—2019 年间民企的投资持续超过国企，而投资金额除个别年份外已基本接近国企水平。

民企和国企对转型经济体投资项目数量增长变化较为同步，且差距不大，投资金额波动增长，但仍以国企为主。2013 年起，民企和国企投资增速提高，其中民企在项目数量上的增长幅度稍高于国企，十五年间合计为 343 件，国企为 395 件；从投资金额角度看，国企 2009 年以 303.92 亿美元的投资达到峰值水平，2016 年在经历稳步增长后开始回落，出现下降趋势；民企的投资金额不及国企，但 2013—2019 年间投资金额整体波动上涨，2019 年投资金额约为国企的 5.6 倍，在全国企业对转型经济体的投资中占比为 81.43%。

（四）从投资标的行业角度分析

1. 制造业和非制造业层面

按照 NK-GERC 数据库对企业海外投资标的行业的划分[①]，本部分对比

[①]　详见本书序章第一节。

分析了四种所有制企业在制造业和非制造业的海外投资项目数量和金额的变化。

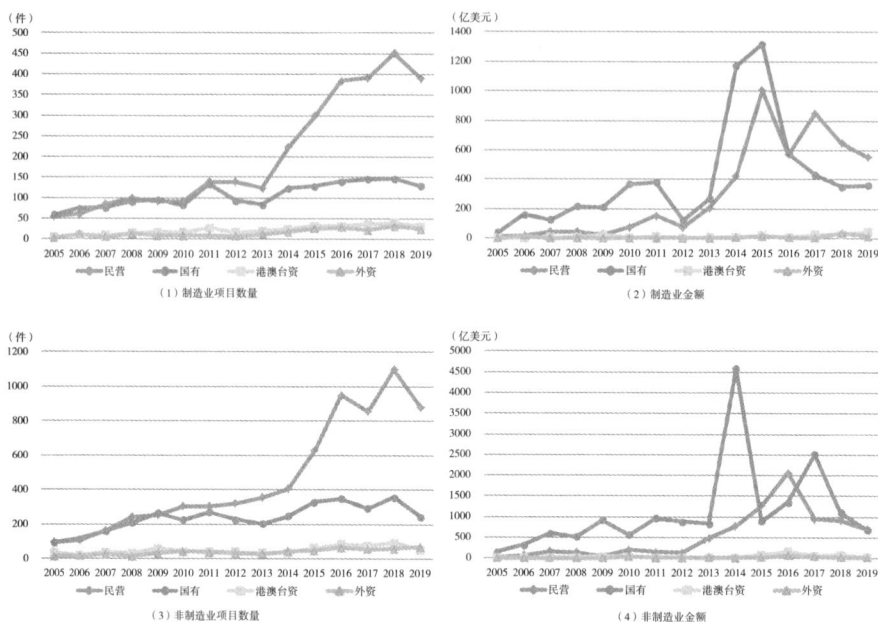

补论图 1-10　2005—2019 年中国不同所有制企业向两种标的行业海外直接投资项目数量、金额变化图

四种所有制企业的投资规模在制造业和非制造业的排序基本一致：项目数量上，民企为主，国企次之，港澳台资企业第三位，外资企业规模最小；金额上，国企占比最高，其余分别是民企、港澳台资企业和外资企业。

如补论图 1-10，无论是在制造业还是非制造业中，民企 OFDI 的项目数量和金额自 2014 年起快速增长，在项目数量上逐渐大幅超越其他企业，2018 年在制造业和非制造业投资项目数量达到十五年间峰值时，已然超过国企的 3 倍；投资金额上，国企和民企自 2013 年以来与港澳台资和外资企业的投资显著分化，民企近年来的投资均出现赶超国企的趋势。

补论表 1-2 2005—2019 年中国不同所有制企业对制造业投资①
在本类企业总投资中的占比汇总表

年份	项目数量占比（%）				金额占比（%）			
	民营企业	国有企业	港澳台资企业	外资企业	民营企业	国有企业	港澳台资企业	外资企业
2005	36.42	38.67	12.82	18.75	34.24	20.71	6.92	63.79
2006	35.71	39.36	35.71	40.74	19.78	34.15	49.33	92.85
2007	34.41	32.20	20.45	17.24	21.59	17.39	55.08	20.43
2008	28.91	30.30	31.82	50.00	25.00	29.78	28.97	49.83
2009	26.38	26.39	23.68	21.05	47.98	18.62	42.09	14.60
2010	23.17	26.80	27.59	16.33	27.82	39.78	10.04	6.78
2011	31.29	32.92	39.13	20.45	51.14	28.34	49.24	17.75
2012	30.28	28.97	29.09	18.42	36.85	12.35	17.03	23.10
2013	25.73	28.92	37.74	27.50	30.39	24.47	67.12	15.08
2014	35.51	33.24	41.67	26.98	35.08	20.35	56.81	30.66
2015	32.22	27.95	33.70	35.62	44.26	59.55	20.34	36.28
2016	28.79	28.69	27.19	30.43	21.76	29.98	5.95	10.47
2017	31.33	33.18	32.43	27.85	47.38	14.76	30.22	10.79
2018	29.06	29.11	30.30	34.83	41.71	24.19	27.74	68.57
2019	30.68	34.49	36.47	25.81	44.01	34.78	73.35	46.38
合计	30.23	30.81	31.04	28.02	37.00	26.63	28.46	30.80

对比四种所有制企业在制造业和非制造业的偏好上看，尽管非制造业集中了四类企业大量的海外投资，但民企、港澳台资企业对制造业的投资偏好性逐渐增强，国企和外资企业并未有显著体现。统计显示，民企对制造业的投资金额在民企总投资的占比呈波动上升趋势，由 2005 年的34.24% 增长至 2019 年的 44.01%。

---

① 即对高技术制造业和中高技术制造业的投资项目数量或金额的合计。

2. 不同技术水平制造业及服务业

（1）在不同技术水平制造业层面

按照 NK-GERC 数据库对企业海外投资制造业的划分①，本部分进一步对比分析了四种所有制企业在高技术、中高技术、中低技术和低技术制造业海外投资项目数量和金额的变化。

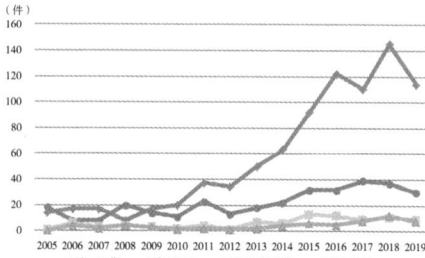

（1）高技术制造业项目数量

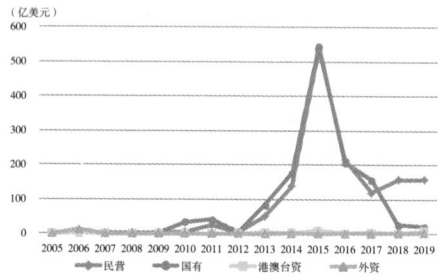

（2）高技术制造业金额

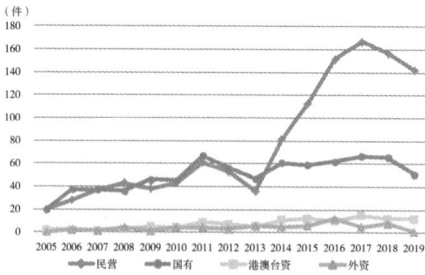

（3）中高技术制造业项目数量

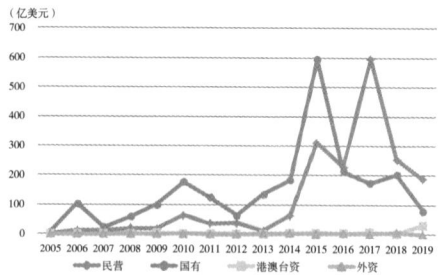

（4）中高技术制造业金额

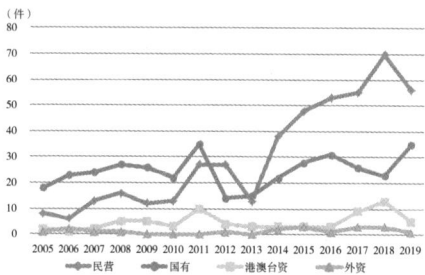

（5）中低技术制造业项目数量

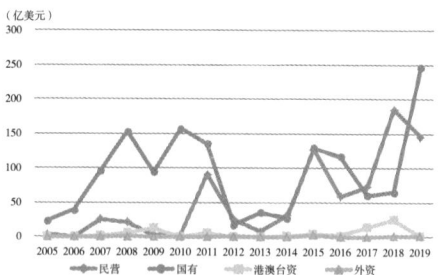

（6）中低技术制造业金额

---

① 详见本书序章第一节。

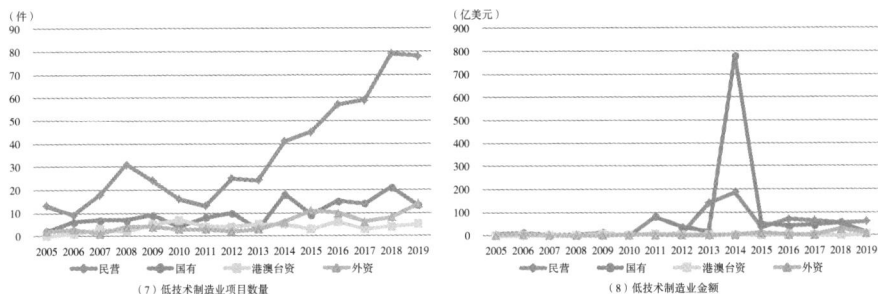

补论图 1-11　2005—2019 年中国不同所有制企业在不同制造业
海外直接投资项目数量、金额变化图

外资企业、港澳台资企业对不同技术制造业的海外投资项目数量和金额在全国企业中占比较小，不同技术水平制造业的投资均以国企和民企为主，其中四种企业在项目数量上的分布表现出相类似的特征：民企占比总体最高，并于 2013 年后与其他企业在项目数量上的差距逐渐拉大，民企在高技术、中高技术、中低技术和低技术制造业的投资项目数量处于峰值水平时分别可以达到其他所有制企业投资总和的 2.42 倍、1.92 倍、1.79 倍和 2.39 倍。

投资金额方面，在高技术制造业中，国企和民企 2005—2016 年投资金额基本一致，2017 年后开始分化，民企的投资维持稳定，国企却持续高速下滑，十五年间民企合计投资 1428.21 亿美元，高于国企 1318.51 亿美元；在中高技术制造业中，民企波动幅度小于国企，高速扩张期长于国企，其中国企于 2015 年达到峰值 594.97 亿美元，而后大幅下降，民企高增长期则可从 2014 年维持至 2017 年，2017 年达到峰值 596.39 亿美元后下降，但总体来看国企依然是对中高技术制造业投资金额的主要企业类型；中低技术制造业中国企和民企投资金额的差距更为明显，虽然民企增长显著，且 2017—2018 年实现对国企的超越，但民企的投资总体依然不及国企，统计显示 2005—2019 年国企投资合计约为民企的 1.75 倍；在低技术制造业中，除 2014 年国企突增至 781.34 亿美元远高于民企外，其他年份和民企差距不大。

补论表 1-3　2005—2019 年中国不同所有制企业对较高技术水平制造业
投资在本类企业制造业投资中的占比汇总表

年份	项目数量占比（%）				金额占比（%）			
	民营企业	国有企业	港澳台资企业	外资企业	民营企业	国有企业	港澳台资企业	外资企业
2005	61.82	65.52	60.00	0.00	29.04	26.96	74.00	0.00
2006	75.00	60.81	80.00	54.55	96.22	68.28	86.34	68.12
2007	63.53	59.21	44.44	60.00	36.06	20.13	26.80	96.91
2008	52.04	62.22	50.00	61.54	45.79	28.95	14.06	80.41
2009	60.44	63.16	44.44	50.00	80.11	48.82	17.30	17.32
2010	68.48	68.29	37.50	62.50	94.19	57.47	54.58	51.90
2011	71.01	67.67	48.15	66.67	39.81	43.70	16.23	45.89
2012	62.59	74.19	50.00	57.14	56.68	56.04	58.09	35.07
2013	69.92	78.31	60.00	72.73	29.66	81.51	70.42	82.25
2014	64.57	67.48	68.00	52.94	48.27	30.87	65.45	77.50
2015	68.79	71.09	80.65	46.15	84.09	86.48	79.28	16.66
2016	71.35	67.14	70.97	60.71	77.50	72.88	44.65	62.88
2017	70.84	72.60	66.67	59.09	84.00	75.93	45.41	49.43
2018	66.96	70.07	57.50	64.52	63.33	65.75	11.69	24.46
2019	65.64	62.79	67.74	37.50	62.83	28.50	86.58	25.31
合计	67.30	67.75	61.09	55.61	69.65	58.37	49.47	40.49

　　另外，对比不同所有制企业对于制造业技术水平的偏好性来看，民企和国企在项目数量和金额上均表现出偏好于较高技术水平制造业①的特征。2005—2019 年民企在制造业投资项目数量总和的 67.30%、金额的 69.65% 流向较高技术水平制造业；十五年间国企对较高技术水平制造业投资项目

---

　　①　即对高技术制造业和中高技术制造业的投资项目数量或金额的合计。

数量和金额在总和中的占比分别达到 67.75%、58.37%；港澳台资企业和外资企业对较高技术水平制造业的偏好性更多体现在项目数量上，但偏好程度不如民企和国企。从每年的占比上看，项目数量上民企、国企每年对较高技术水平制造业的投资基本维持在 70% 左右，金额上虽有波动，但多数年份高于中低技术水平制造业和低技术水平制造业的占比。

（2）在对服务业海外直接投资层面

在非制造业中，本部分进一步对比分析了四种所有制企业在服务业海外直接投资项目数量和金额的变化。

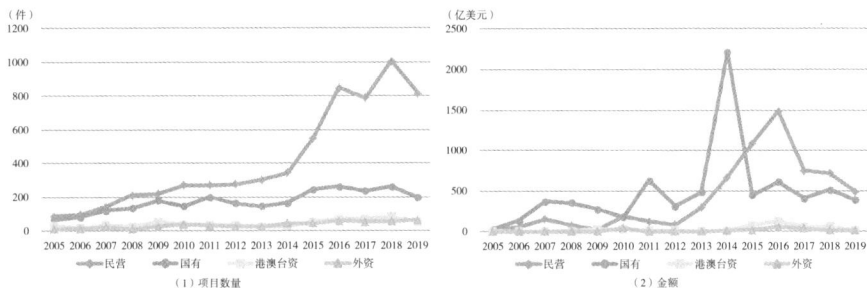

补论图 1-12　2005—2019 年中国不同所有制企业在服务业
海外直接投资项目数量、金额变化图

2005—2019 年对服务业的投资总体呈现出项目数量以民企投资为主，金额上虽国企总体上占优势，但近年来逐渐被民企超越的特点。民企在 2014 年前后呈现出高速增长趋势，特别是在项目数量方面显著高于其他所有制企业，且差距逐渐增大。在金额方面，国企 2005—2019 年的投资总额在服务业投资合计中占比达到 54.78%，在除 2010 年外的 2005—2014 年的十年内一直是投资额最高的企业类型。但伴随着民企的快速增长，国企投资趋于稳定，民企在 2015—2019 年逐渐超越国企。尽管 2017—2019 年民企金额持续下降，但依然是近年来对服务业的投资金额中占比最高的企业类型。

补论表 1-4　2005—2019 年中国不同所有制企业对服务业投资
在本类企业非制造业投资中的占比汇总表

年份	项目数量占比（%）				金额占比（%）			
	民营企业	国有企业	港澳台资企业	外资企业	民营企业	国有企业	港澳台资企业	外资企业
2005	91.67	73.91	91.18	92.31	61.25	19.44	97.26	45.58
2006	87.96	71.93	88.89	87.50	79.25	43.30	42.93	95.67
2007	88.27	75.63	97.14	95.83	95.21	62.52	99.48	88.39
2008	87.55	65.22	83.33	92.31	57.93	69.05	36.90	77.41
2009	87.01	67.55	91.38	86.67	74.18	30.48	94.96	82.03
2010	88.52	64.73	88.10	92.68	95.89	31.93	82.32	99.31
2011	89.11	73.80	83.33	91.43	83.69	65.42	89.59	28.10
2012	86.25	71.49	84.62	83.87	64.81	36.06	92.64	83.69
2013	85.07	72.06	78.79	89.66	62.08	57.70	81.52	5.63
2014	84.69	67.61	80.00	97.83	86.03	48.43	81.16	99.73
2015	87.56	73.94	86.89	93.62	85.69	50.10	95.58	81.59
2016	89.26	75.57	83.13	90.63	72.25	45.48	76.30	86.45
2017	91.95	80.27	92.00	94.74	79.11	16.29	92.13	95.12
2018	91.55	73.46	92.39	94.83	79.08	46.77	78.85	91.80
2019	92.62	80.41	98.15	94.20	70.17	57.80	93.92	90.33
合计	89.42	72.76	88.51	92.50	77.41	43.79	86.05	83.49

从对服务业的投资偏好性上看，民企、港澳台资企业和外资企业在非制造业中均倾向于服务业，特别是港澳台资企业和外资企业。国企的投资偏好性较其他企业弱，虽然在项目数量上对服务业的投资仍超过其他非制造业，但在金额上多数年份都低于其他非制造业，2005—2019 年间对服务业投资金额合计在非制造业中占比为 43.79%。根据数据库统计，在其他非制造业中，国企还侧重于采矿业和电力、热力、燃气及水生产和供应业。

三、不同所有制企业在"一带一路"沿线国家的海外直接投资

"一带一路"倡议作为中国融入经济全球化过程中的重要方针政策，有效地加强了中国与"一带一路"沿线国家的投资合作关系，对于中国企业"走出去"具有积极影响。为进一步分析中国企业在"一带一路"沿线国家的投资特征，本补论以 NK-GERC 数据库为基础，从整体、投资模式别两个角度对比分析了不同所有制企业的"一带一路"海外直接投资概况。

（一）不同所有制企业"一带一路"海外直接投资概况

补论表 1-5 展示了 2005—2019 年中国不同所有制企业对"一带一路"海外直接投资的项目数量和金额，其中民企的项目数量增长最多，特别是在 2013 年"一带一路"倡议提出后成为"一带一路"OFDI 的主要来源企业类型，2018 年峰值时达到 398 件，约为其他企业的 1.7 倍；国企在 2005—2011 年间一直高于其他企业，自倡议提出以来呈现持续增长，但增幅不及民企，所占的份额逐渐下降，由 2005 年的 50.85% 的占比跌至 2019 年的 21.27%；港澳台资企业和外资企业较为接近，在"一带一路"中占比份额较小，2005—2019 年间两类企业投资项目数量合计在全国企业"一带一路"总投资中占比 10.04%。

从投资金额来看，国企占据主导地位，2017 年达到峰值水平 1734.77 亿美元，但其占比总体呈现出波动下降趋势，2018—2019 年尤为显著，2019 年跌至 27.94%；民企虽然整体不及国企，但近年并未出现大涨大跌的情况，增长趋势相对稳定，其占比也呈现波动上升趋势；相较于项目数量，港澳台资企业和外资企业在投资金额中的份额更少。

补论表 1-5　2005—2019 年中国不同所有制企业对"一带一路"海外直接投资项目数量和金额汇总表

年份	不同所有制企业对"一带一路"海外直接投资							
	项目数量（件）				金额（亿美元）			
	民营	国有	港澳台资	外资	民营	国有	港澳台资	外资
2005	51	60	4	3	18.61	129.99	2.39	0.87
2006	45	64	5	6	18.33	180.98	1.86	12.96
2007	52	87	5	6	27.35	233.75	4.45	0.69
2008	62	80	11	6	25.27	254.94	12.40	1.13
2009	62	95	12	10	14.55	450.98	13.77	0.53
2010	73	72	15	10	49.40	141.20	7.66	3.20
2011	73	96	13	6	108.70	181.69	4.74	0.24
2012	81	71	9	9	43.91	63.64	0.24	1.76
2013	78	75	15	6	86.79	167.60	4.42	0.04
2014	122	85	14	11	85.90	227.15	2.76	2.51
2015	215	139	19	16	295.30	446.63	6.04	6.20
2016	294	143	22	30	549.33	515.60	34.58	6.11
2017	290	117	14	20	407.09	1734.77	12.21	6.17
2018	398	175	27	32	359.48	515.02	5.61	30.98
2019	339	107	22	35	416.10	169.03	7.34	12.58

（二）不同所有制企业"一带一路"海外直接投资指数

1. "一带一路"OFDI 综合指数

本部分参照中国民企 OFDI 综合指数的算法，还分别测算了不同所有制企业在"一带一路"沿线国家的 OFDI 综合指数，综合分析不同所有制企业的"走出去"特征，如补论表 1-6 和补论图 1-14 所示。

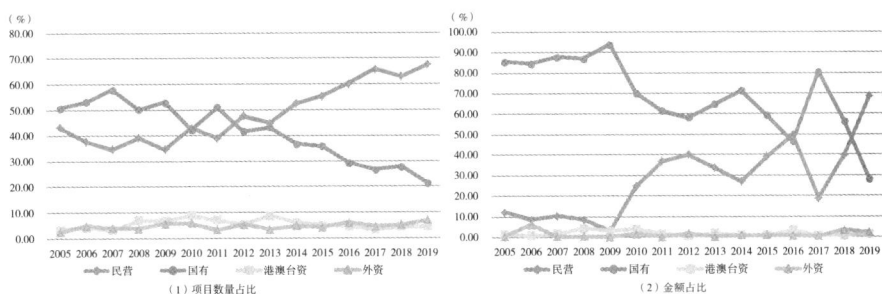

补论图 1-13　2005—2019 年中国不同所有制企业"一带一路"海外
直接投资项目数量和金额占比变化图

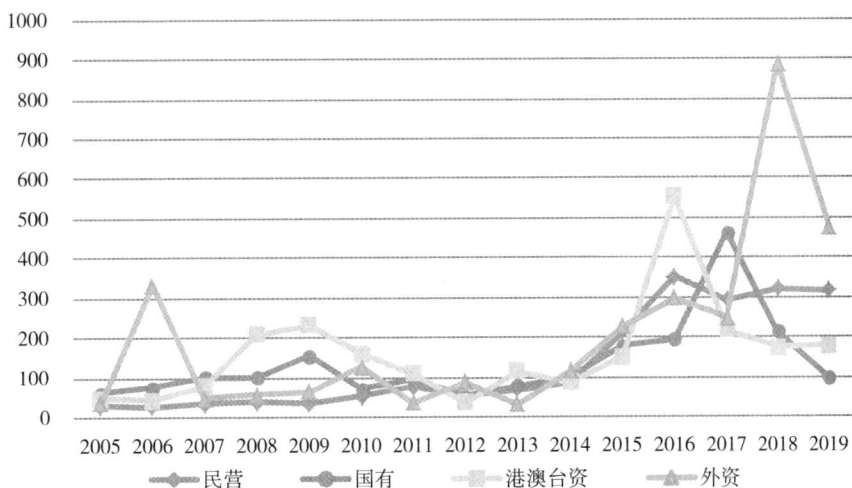

补论图 1-14　2005—2019 年中国不同所有制企业"一带一路"
OFDI 综合指数变化图

补论表 1-6　2005—2019 年中国不同所有制企业"一带一路"
OFDI 综合指数汇总表

年份	"一带一路"OFDI 综合指数			
	民营	国有	港澳台资	外资
2005	29.91	62.09	47.11	35.79
2006	27.15	75.97	43.47	332.77
2007	33.87	100.45	78.96	47.41

年份	"一带一路" OFDI 综合指数			
	民营	国有	港澳台资	外资
2008	37.42	101.57	209.59	57.51
2009	33.10	154.71	232.06	64.51
2010	51.97	71.11	158.83	126.59
2011	75.86	93.30	111.55	36.89
2012	53.28	52.73	35.44	87.84
2013	69.23	78.79	114.27	32.06
2014	88.21	97.86	87.92	115.68
2015	213.42	177.32	150.82	227.53
2016	350.46	195.33	553.55	298.35
2017	291.41	461.86	217.70	247.74
2018	319.68	212.37	173.42	887.13
2019	316.56	96.29	179.34	474.87

2005—2015 年间，不同所有制企业"一带一路"OFDI 综合指数差异相对较小，2015 年后的几年间，指数开始显著分化。其中民企在 2016 年达到峰值后呈平稳变动趋势；国企自 2017 年达到峰值后，指数便持续下降，2019 年指数接近 2014 年水平；港澳台资企业指数变动趋势和民企较为相似，2018—2019 年间平稳变化；外资企业指数的波动幅度最大。

总体来看，自 2013 年"一带一路"倡议提出以来，不同所有制企业"一带一路"OFDI 综合指数于 2014—2016 年间显著上升，2017 年至 2019 年出现稳定或下降趋势。

2. "一带一路"海外直接投资项目数量及金额指数

补论图 1-15 展示了 2005—2019 年不同所有制企业"一带一路"海外直接投资项目数量及金额指数的变化。

在项目数量指数上，四种所有制企业在十五年间波动上升，2019 年除外资企业外均出现明显下降。其中外资企业和民企在 2013—2016 年间增长较快，港澳台资企业和国企指数变化相对稳定，且两指数较为接近。2017

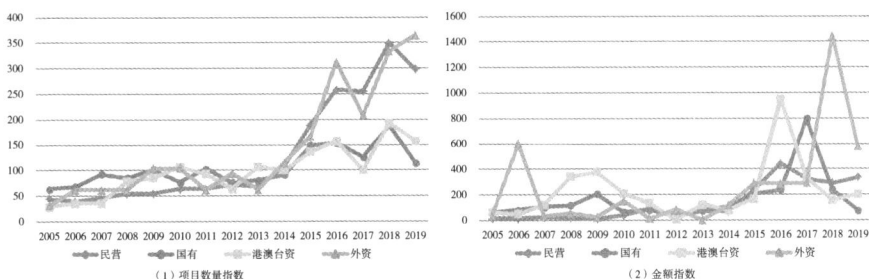

补论图 1-15　2005—2019 年中国不同所有制企业"一带一路"
海外直接投资项目数量及金额指数变化图

年四种所有制企业指数均出现不同程度的下降，2018 年同步回升。

在金额指数上，四种所有制企业在 2016—2019 年显著分化，除民企平稳变化外，其他企业的指数在近年来波动较大，下降趋势明显。

综合来看，近年来投资环境恶化对于不同所有制企业"一带一路"海外直接投资项目数量和金额指数的变动均带来不利影响，在 2019 年体现尤为突出。

（三）从投资模式别看不同所有制企业"一带一路"海外直接投资

本部分基于 2005—2019 年民营、国有、港澳台资和外资四种类型企业对"一带一路"地区进行海外并购、绿地投资项目数量和金额的相关数据，从投资模式角度分析不同所有制企业"一带一路"海外投资的特征。

1. 不同投资模式下"一带一路"海外直接投资项目数量及金额的占比

由项目数量占比变化图可知，民企在十五年间发展迅猛，其中并购投资表现更加突出。2013 年后民企项目数量的占比持续超过其他所有制企业，且差距不断扩大，2019 年民企占比达到并购投资总数的 71.04%，绿地投资总数的 67.41%。相对应的，国企项目数量的占比在并购投资和绿地投资两种模式中均逐渐减少。

在不同投资模式的金额占比上，港澳台资企业和外资企业无论是在并购投资还是绿地投资均处于较低水平，其中在并购投资相对更少，十五年间合计仅占 1.07%。两种投资模式中民企占比十五年间均呈上升趋势，国企下降趋势明显，在绿地投资中民企重要性更为凸出，2019 年绿地投资的

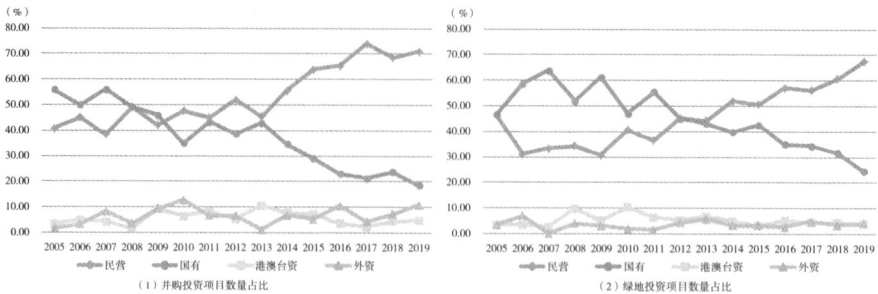

**补论图 1-16　2005—2019 年中国不同所有制企业"一带一路"
海外并购、绿地投资项目数量占比变化图**

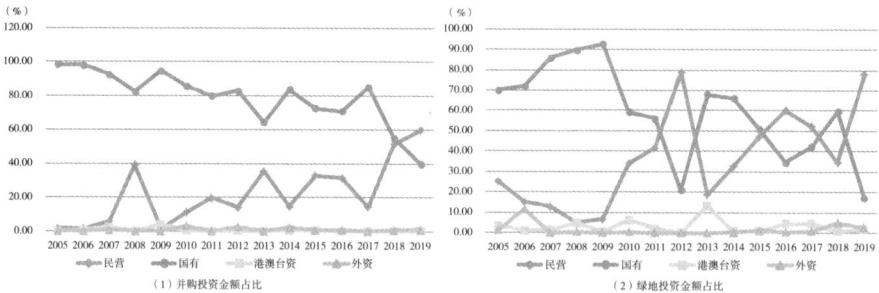

**补论图 1-17　2005—2019 年中国不同所有制企业"一带一路"
海外并购、绿地投资金额占比变化图**

77.85%来源于民企，而在并购投资中该占比为 59.61%。

2. 不同投资模式下四种所有制企业"一带一路"海外投资项目数量及金额指数

在项目数量指数变化中，并购投资和绿地投资均呈增长趋势，且民企和外资企业自 2014 年起增幅快于国企和港澳台资企业。对比四种所有制企业的增幅来看，国企在绿地投资的涨幅高于并购投资，2019 年国企绿地投资指数达到 114.19，较 2005 年增长 144.44%，而在并购投资中增长率为 24.24%。相反，外资企业并购投资指数的涨幅高于绿地。民企、港澳台资企业在两种投资模式下的指数变动均差异不明显，扩张程度基本一致。

在金额指数变化方面，不同模式下的指数变化波动较大，且除民企外，其他所有制企业的指数均出现了大涨大跌的情况，如国企 2017 年和外

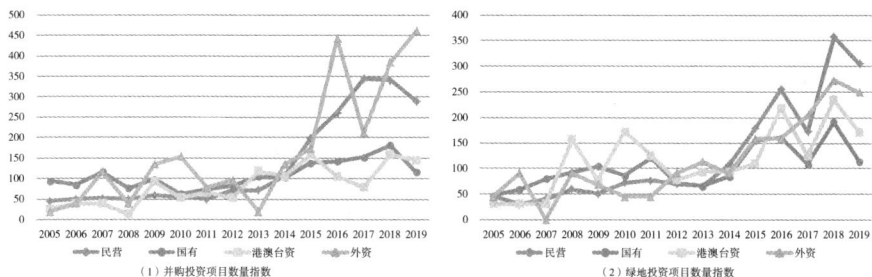

补论图 1-18　2005—2019 年中国不同所有制企业"一带一路"
海外并购、绿地投资项目数量指数变化图

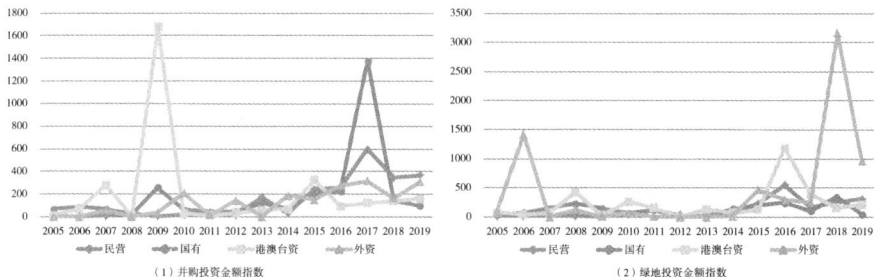

补论图 1-19　2005—2019 年中国不同所有制企业"一带一路"
海外并购、绿地投资金额指数变化图

资 2018 年指数的突增等，这些大幅度的扩张后均伴随着较高水平的回落。近年来，面对全球经济环境的变化，四种所有制企业的金额指数在不同投资模式下表现各异，在 2019 年指数总体下降的情况下，绿地投资金额指数降幅超过并购投资，且主要体现在外资和国企的下降上，而民企和港澳台资企业不论是在并购投资还是在绿地投资中，2019 年较 2018 年均有所增长。

补论 2　中国企业 OFDI 与宏观经济指标的协动关系

　　企业"走出去"步伐的快慢、"走出去"质量的高低不仅取决于企业自身发展的需要，还依赖于国家政策、经济发展阶段等宏观因素的调控。中国作为新兴的发展中大国，中国特色的社会主义体系表明中国企业"走出去"的道路与其他国家有着本质的区别，为从中国基本国情角度探究影响中国企业 OFDI 的宏观因素，本补论使用相关系数法分析判断中国企业 OFDI 综合指数与中国主要宏观经济指标之间的协动性关系，以期推动中国企业高质量、高效率的 OFDI。

　　本补论分别从内循环和外循环两个视角考虑中国企业 OFDI 综合指数与宏观经济指标的协动关系，其中内循环指标分为 GDP 增速、人均可支配收入、居民消费价格指数、公共预算支出、M2 增速、第三产业占比、研发投入七类，本补论统称为"内部"指标，外循环视角下的宏观经济指标采用国际市场占有率、外汇储备规模、人民币实际有效汇率三类指标表示，本补论统称为"外部"指标。补论图 2-1 展示了 2005—2019 年间中国企业 OFDI 综合指数与中国内部、外部合计 10 个主要宏观经济指标的散点图，补论表 2-1 则汇总了 OFDI 综合指数与 10 个宏观经济指标的 Pearson 相关系数和 Spearman 序列相关系数。其中相关系数在显著水平内越接近于 1 时，表明中国企业 OFDI 综合指数与该指标之间正向协动关系越强，越接近于 -1 代表两者之间负向协动关系越强。

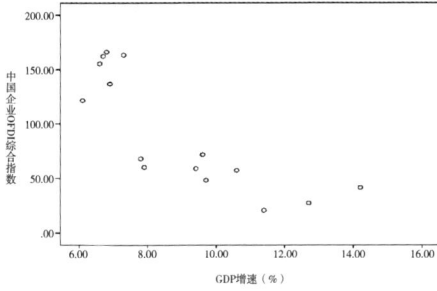

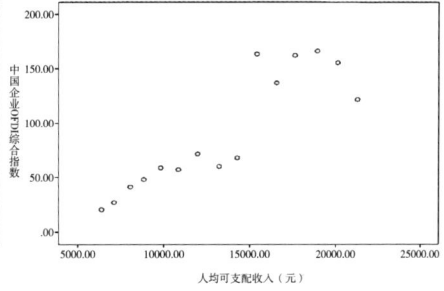

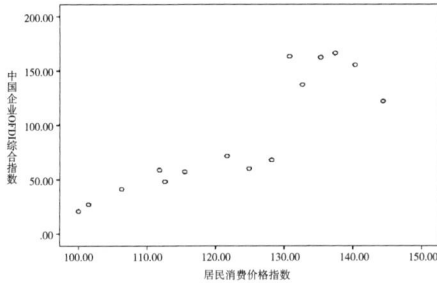

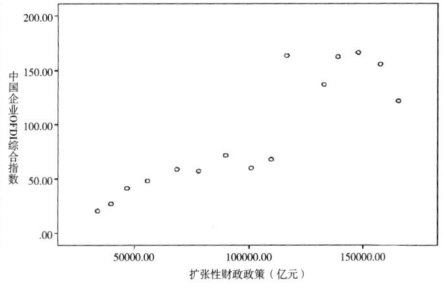

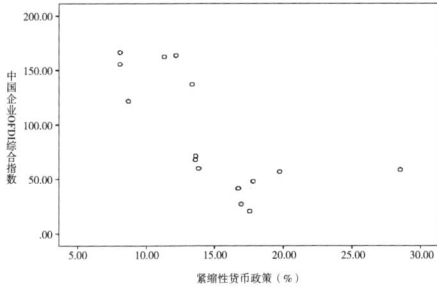

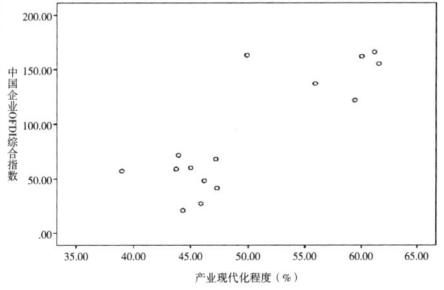

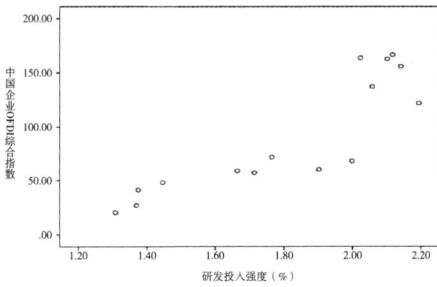

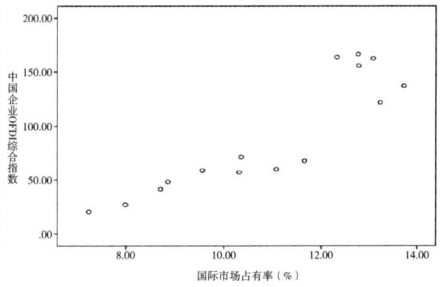

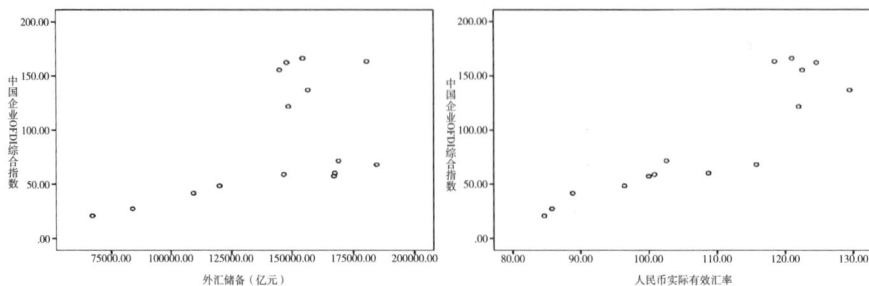

补论图 2-1　中国企业 OFDI 综合指数与我国主要宏观经济变量的散点图

补论表 2-1　中国企业 OFDI 综合指数与我国主要宏观经济变量的相关性检验①

宏观经济指标			中国企业 OFDI 综合指数与各指标相关性	
			Pearson 相关系数	Spearman 相关系数
内部	中国经济增长	GDP 增速	−0.814 **	−0.864 **
	国民经济运行状况	人均可支配收入	0.889 **	0.896 **
		居民消费价格指数	0.878 **	0.889 **
	政府政策调控	财政政策（公共预算支出）	0.889 **	0.896 **
		货币政策（M2 增速）	−0.684 **	−0.838 **
	产业结构调整	产业现代化程度（第三产业占比）	0.838 **	0.693 **
	技术创新能力	研发投入	0.869 **	0.896 **
外部	国际竞争能力	国际市场占有率	0.897 **	0.871 **
	国际收支状况	外汇储备规模	0.524 *	0.550 *
	汇率水平	人民币实际有效汇率	0.899 **	0.893 **

数据来源：中经网统计数据库；UNCTAD 数据库；国际清算银行 BIS 数据库。

---

①　（1）表示在 0.01 水平（双侧）上显著相关，* 表示在 0.05 水平（双侧）上显著相关；（2）部分指标解释：本补论分别从内循环和外循环两个视角考虑中国企业 OFDI 综合指数与宏观经济指标的协动关系，其中内循环指标分为 GDP 增速、人均可支配收入、居民消费价格指数、公共预算支出、M2 增速、第三产业占比、研发投入七类，本补论统称为"内部"指标，外循环视角下的宏观经济指标采用国际市场占有率、外汇储备规模、人民币实际有效汇率三类指标表示，本补论统称为"外部"指标。

结合中国企业 OFDI 综合指数与主要宏观经济指标的散点图和相关系数结果，本补论作如下分析：

1. 中国经济增长与中国企业 OFDI

在中国经济新常态的背景下，中国 GDP 增速与中国企业 OFDI 综合指数呈显著负相关关系，这表明 GDP 增速的下调并未抑制中国企业 OFDI 进程，反而推动了企业"走出去"，稳态化的中国经济为企业海外投资提供条件，也反映出中国企业"走出去"满足了现阶段中国经济发展的需要。

2. 国民经济运行状况与中国企业 OFDI

本补论从人均收入水平和居民消费价格指数两个视角分析国民经济运行状况与 OFDI 的关系。

（1）收入提高能有效拉动内需，激励企业向国际市场扩张，从而获取低成本的原材料、劳动力以及先进技术水平，以满足日益增长的国内需求，实现利润最大化的目标，因此人均收入水平与中国企业 OFDI 之间存在显著正相关关系；

（2）补论表 2-1 所示居民消费价格指数与中国企业 OFDI 综合指数之间显著正相关。消费者价格指数的波动反映了物价的变化，物价上涨带动企业生产成本提高，推动企业将生产场地转移至成本更低的海外市场，以降低成本增长带来的利润损失。

3. 政府政策调控与中国企业 OFDI

（1）本补论使用公共预算支出程度衡量政府财政政策的实施方向，公共预算支出越高，表明政府采取了相对积极的财政政策。从公共预算支出与 OFDI 综合指数的相关系数看，积极的财政政策一方面刺激国内消费需求，以内需带动企业 OFDI，另一方面财政政策的扩张代表政府提高了购买能力，政府用于社会基础设施、基础教育的投资增加，为企业 OFDI 创造条件。

（2）本补论使用 M2 增速衡量政府货币政策的实施方向，M2 增速越低，表明政府适当收紧了货币政策。补论表 2-1 表示 M2 增速与 OFDI 综合指数相关系数为负，可见尽管央行货币政策的适当收紧，有效的抑制非理性的 OFDI，但与此同时也加大了企业的融资难度、提高融资成本，降低了企业 OFDI 激励。

4. 产业结构调整与中国企业 OFDI

产业结构优化作为中国经济转型升级的重要环节，与中国企业 OFDI 互相促进，联系紧密。本补论用第三产业占比衡量了产业结构优化调整程度，相关系数显示第三产业占比与 OFDI 综合指数显著正相关。近年来中国人口红利消退，劳动力成本提升，企业亟须转型升级以适应国家发展要求和社会消费需要。在此背景下部分企业通过 OFDI 方式将已经发展成熟的生产活动转移至劳动力成本低的国家，或者通过向产业结构优化程度高的发达国家进行 OFDI，以帮助企业较快地获取经验，促进企业成长和升级。

与此同时，企业 OFDI 的扩张反过来将有助于中国产业结构优化调整，例如对于知识技术丰裕的发达国家进行 OFDI 还会带来知识技术外溢，有利于企业资源配置的改善，推动产业结构调整。

5. 技术创新能力与中国企业 OFDI

技术创新能力作为国家经济增长的源泉，影响着国家经济发展的方方面面。相关系数表明中国研发投入的增多对于中国企业 OFDI 会产生正向推动作用。企业研发强度的增强提升了企业技术创新水平，为企业与世界先进国家接轨提供了基础，有助于企业 OFDI 战略目标的实现。

6. 国际竞争能力与中国企业 OFDI

本补论使用中国国际市场占有率代表中国企业国际竞争能力，相关系数检验结果显示国际市场占有率与中国企业 OFDI 显著正相关。产品海外市场占有率越高表明中国产品较其他国家产品而言更容易受到海外消费者的青睐，产品国际竞争能力越强。因此企业直接在市场潜力大的地区设厂或合资生产，不仅可以降低贸易中的运输成本和贸易壁垒给企业带来的损失，还有利于企业对产品的本地化改进以适应投资标的区域的消费需求。由此可见，产品国际竞争能力的增强对于企业 OFDI 会产生较大的吸引力。

7. 国际收支与中国企业 OFDI

本书选取外汇储备规模来衡量中国国际收支状况。外汇储备的快速增加和大规模的外债积累为中国金融市场的发展带来了隐患，例如当国际金融体系出现紊乱时，可能会出现资本回报率低的外债不能有效偿付资本回报率高的外国投资的情况。在此压力下，政府部门致力于推动企业 OFDI，以 OFDI 规模的扩张缩小资本项目顺差，缓解中国在经济全球化过程中可能面临的金融风险，因此，相关系数显示中国的国际储备规模与企业 OFDI 综合指数存在正向的相关性。

8. 汇率与中国企业 OFDI

补论表 2-1 中人民币实际有效汇率与中国企业 OFDI 综合指数相关系数显著为正，符合基本的经济现象：人民币实际有效汇率的提升使得国内企业面临通货膨胀的压力，国内生产成本相对国外而言变高，成本增加的预期将推动企业在海外投资设厂。

补论3 中国企业 2020—2021 年 OFDI 预测及展望

——基于 2005—2019 年 OFDI 金额的趋势分析

从补论 2 的协动性分析可看出，中国经济增速变化、国民经济运行状况、政府政策调控程度等反映中国宏观经济的指标变化影响着中国企业 OFDI 的开展。那么在中国宏观经济调控的过程和变幻莫测的国际局势影响下，中国企业 OFDI 将会如何发展变化呢？科学合理地判断 OFDI 变化趋势对于政府部门政策措施的制定以及企业自身战略布局的调整而言均具有重要参考价值。本补论基于此考虑，以 2005—2019 年中国企业 OFDI 金额为基础，通过构建计量模型对中国企业在 2020—2021 年 OFDI 规模进行预测，展望中国 OFDI 可能的发展变化，以期在对中国企业 OFDI 未来发展趋势有初步推断的基础上为中国企业更好更快"走出去"提供科学依据。

一、中国企业 OFDI 预测模型的构建

1. 模型设定

本补论参考 Mario，Anderson 和 Yotov（2017）[①] 中对于影响海外直接投资的主要因素的选择，基于中国的基本国情，构建如下面板计量模型：

$$OFDI_{cjt} = \beta_0 + \beta_1 CNGDP_{ct} + \beta_2 CR_{ct} + \beta_2 FGDP_{jt} + \beta_4 + FTA_{cjt} + \beta_5 BIT_{cjt} + \beta_6 CL_j +$$

---

① Mario L., Anderson J. E. and Yotov Y. V., "Trade Liberalization, Growth, and FDI: A Structural Estimation Framework", *Annual Conference* 2017 (*Vienna*): *Alternative Structures for Money and Banking*, 2017 (14).

$\beta_7 CB_j + \beta_9 D_j + \beta_9 EI_{ct} + \varepsilon_{cjt}$

其中，下标 c 代表中国，j 代表东道国，t 为年份。被解释变量 $OFDI_{cjt}$ 表示第 t 年中国企业对 j 国的海外直接投资金额规模。解释变量可划分为中国宏观经济指标、投资标的宏观经济指标、经贸投资协议的签订、生效和升级、语言和地理因素、重大经济事件影响五类：（1）中国宏观经济指标包括 $CNGDP_{ct}$、CR_{ct}，分别代表第 t 年中国的国内生产总值、消费占收入的比例；（2）$FGDP_{jt}$ 表示 t 年标的国的国内生产总值，用来衡量投资标的国的经济发展状况；（3）FTA_{cjt} 代表中国与标的国在 t 年双边或多边经贸协议的签订和生效[①]，BIT_{cjt} 则表示中国与标的国 t 年双边投资协议及补充协议的签订和生效[②]；（4）CL_j、CB_j 和 D_j 分别代表中国与 j 国的官方语言是否相同、与 j 国是否接壤以及与 j 国的地理距离；（5）EI_{ct} 表示影响中国企业"走出去"进程的重大经济事件。本补论所包括的重大事件分为三种：①2013 年"一带一路"倡议的提出（BRI_{ct}）；②2015 年国家三部委联合出台的《推动共建丝绸之路经济带和 21 世纪海上丝绸之路的愿景与行动》（$VAJBBRI_{ct}$）；③2018 年中美贸易摩擦（TW_{ct}）。ε_{cjt} 则表示随机扰动项。

2. 数据来源

本补论中预测模型使用的是 2005—2019 年国家层面的面板数据，东道国包括了 NK-GERC 数据库中中国企业海外直接投资的所有标的国家和地区。

其中，（1）被解释变量 $OFDI_{cjt}$ 来自于 NK-GERC 数据库，单位为百万美元。（2）$CNGDP_{ct}$ 来自于中国国家统计局公布的国民总收入年度数据，单位为十亿人民币。（3）CR_{ct} 为每年国家统计局公布的人均居民消费水平乘以当年度总人口后与 GDP 的比值。（4）$FGDP_{jt}$ 来源于世界银行以及 IMF

---

① FTA_{cjt} 包括：（1）$MFTASE_{cjt}$ 多边自由贸易协定的签署和生效；（2）$FTAUS_{cjt}$ 签署双边自由贸易升级协定；（3）$FTAUE_{cjt}$ 双边自由贸易升级协定的生效。

② BIT_{cjt} 包括：（1）$BITS_{cjt}$ 双边投资协定；（2）$BITE_{cjt}$ 双边投资协定生效；（3）$BITAS_{cjt}$ 签署双边投资协定补充协议；（4）$BITAE_{cjt}$ 双边投资协定补充协议的生效。

公布的 *World Economic Outlook*，单位为十亿美元[①]。（5）FTA_{cjt}、BIT_{cjt} 和 EI_{ct} 均为年份虚拟变量，签署协议、协议生效或者经济事件发生的当年以及之后年份取值为 1，之前年份取值为 0。其中，自由贸易协定和双边投资协定的签署和生效年份根据中国商务部网站的数据整理得到，比较详细的升级协定的年份则根据中国商务部网站的新闻整理得到。（6）CL_j、CB_j 和 D_j 整理自 CEPII 网站的数据。

3. 模型估计

本补论使用随机效应模型对上述计量模型进行面板回归，回归结果如下表所示。

补论表 3-1　随机效应模型的面板数据估计结果

解释变量		系数	标准差	t 值	P 值	显著水平
中国宏观经济指标	CNGDP	0.019	0.027	0.71	0.477	
	CR	47.343	221.952	0.21	0.831	
标的国宏观经济指标	FGDP	1.967	0.189	10.4	0	***
经贸投资协议的相关安排	双边或多边经贸协议的签订、生效和升级	MFTASE	−524.57	1192.5	−0.44	0.66	
		FTASE	65.523	1289.945	0.05	0.959	
		FTAUS	7024.164	4237.405	1.66	0.097	*
		FTAUE	−7716.781	5451.457	−1.42	0.157	
	双边投资协议及补充协议的签订和生效	BITS	−85.639	2118.276	−0.04	0.968	
		BITE	573.811	2086.969	0.28	0.783	
		BITAS	−479.858	2107.656	−0.23	0.82	
		BITAE	588.339	2125.112	0.28	0.782	

[①]　由于截至本补论写作时间，世界银行数据库中仍缺失部分国家 2019 年的 GDP 数据，对于这些国家 2019 年的 GDP，本补论使用 2020 年 4 月 1 日 IMF 公布的 *World Economic Outlook* 中提出的 GDP 增长率进行测算，除这些缺失的数据外，其他国家（包括 2019 年缺失 GDP 国家）的各年份 GDP 数据均来源于世界银行。

解释变量		系数	标准差	t 值	P 值	显著水平
语言与地理因素	CL	3201.089	2044.662	1.57	0.117	
	CB	712.96	1149.342	0.62	0.535	
	D	0.029	0.091	0.31	0.753	
重大经济事件	BRI	1287.655	1003.902	1.28	0.2	
	VAJBBRI	-289.091	957.026	-0.3	0.763	
	TW	-1763.746	878.394	-2.01	0.045	**
常数项		-3194.093	8914.237	-0.36	0.72	

*** 表示在 1% 的显著水平内相关;** 表示在 5% 的显著水平内相关;* 表示在 10% 的显著水平内相关。

从补论表 3-1 的回归结果中可看出,投资标的国 GDP 的提高、双边自由贸易升级协定的签署以及 2018 年中美贸易摩擦的出现在 10% 的显著水平内对于中国企业 OFDI 产生影响。其中,(1)标的国 GDP 越高,表明标的国经济发展势头良好,有着相对完善的制度和金融体系,对于企业 OFDI 产生较大的吸引力;(2)中国与标的国所签订的双边自由贸易协定的优化完善,为企业提供了良好的投资环境,激励企业对标的国开展海外投资活动;(3)2018 年中美贸易摩擦的出现使得中国企业在"走出去"过程中面临着较大的风险和不确定性,潜在的沉没成本阻碍企业海外投资。

4. 模型的拟合程度检验及差异分析

为判断预测模型的解释能力,本补论将补论表 3-1 使用随机效应模型估计出的系数代入所设定的模型中,最终得到中国企业 OFDI 预测模型,同时测算出中国企业在 2005—2019 年 OFDI 的拟合值,并将拟合值与 NK-GERC 数据库中实际统计的中国企业 OFDI 金额进行比较,从而检验本预测模型的解释效果。为探寻中国企业对"一带一路"沿线国家的境外投资变动特点,本补论还以"一带一路"沿线国家为样本对"一带一路"OFDI 进行估计。OFDI 拟合值与实际值的比较如补论图 3-1 所示。

从补论图 3-1 中可以看出,不论是中国企业对全世界的投资还是对"一带一路"沿线国家的投资,本补论所构建的 OFDI 预测模型得到的

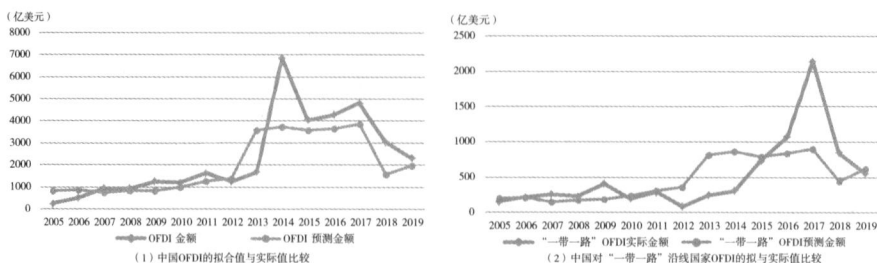

（1）中国OFDI的拟合值与实际值比较　　　　（2）中国对"一带一路"沿线国家OFDI的拟与实际值比较

**补论图 3-1　2005—2019 年中国 OFDI、对"一带一路"国家
OFDI 的拟合值与实际值比较**

OFDI 金额拟合值与实际投资值变动趋势基本保持一致，且在 2005—2012 年间拟合度较好。2013 年后伴随着中国经济全球化进程的深入，影响企业"走出去"的因素更为复杂，国内政策调整、世界主要国家之间关系紧张、全球经济不确定程度提高等多种因素的存在导致中国企业 OFDI 波动明显。部分因素由于缺乏数据支持、无法观测或政策滞后效应等客观原因的存在，不能被精确地纳入 OFDI 预测模型中，影响对企业 OFDI 预测值的估算准确度，因此使用预测模型得到的 2013 年后 OFDI 拟合值与实际值较以往年份而言存在显著差异。如 OFDI 拟合值在 2013 年"一带一路"倡议提出之后立即大幅度提高，实际 OFDI 金额于 2014 年快速增长，可能主要源于从"一带一路"倡议提出到企业开始制定或重新调整境外投资战略存在一个的过程，并非所有的企业都能够根据政策信号对投资活动进行及时的规划安排。

尽管本补论预测的企业 OFDI 金额与实际金额存在差距，但中国企业 OFDI 预测值在 2005—2019 年的变化趋势与实际变化相近。补论图 3-1 中显示，中国企业 OFDI 预测值在 2005—2019 年间总体呈增长趋势，特别是在 2013—2014 年间出现高速扩张，随后的三年间增长变化趋缓，企业 OFDI 呈稳定发展态势，进入 2018—2019 年 OFDI 规模逐步缩减，且 2018 年波动幅度高于 2019 年。由此表明，本补论基于中国企业 OFDI 预测模型所估计的 OFDI 金额能够相对有效地反映出中国企业 OFDI 的发展趋势，具有科学性和一定的参考价值。

二、中国企业 2020—2021 年 OFDI 预测及趋势展望

为进一步判断中国企业 OFDI 在未来年份的发展趋势，本补论基于上一部分所构建的中国企业 OFDI 预测模型，在合理的估计和假定 2020—2021 年与预测模型解释变量相关的数据后，对 2020—2021 年中国企业 OFDI 金额进行预测。

1. 关于 2020—2021 年解释变量的数据处理

由于在解释变量中，除语言和地理因素不随时间发展改变外，其余解释变量均为时变变量，因此本补论对此类解释变量在 2020—2021 年的数据作如下估计和假定：

（1）本补论根据 IMF 在 *World Economic Outlook* 中对世界各国 2020—2021 年 GDP 增长率的预测值，在 2019 年 GDP 基础上测算出中国和各标的国 2020—2021 年的 GDP[1]；

（2）本补论根据《中国经济安全展望报告 2020》中对 2020 年消费增长率的预测[2]，基于 2019 年消费总额估计 2020 年中国总消费，其中 2019 年消费总额由 2019 年居民人均消费乘以 2019 年总人口获得[3]；2021 年消费总额为预期同比增长率加 1 后乘以所测算的 2020 年居民消费，其中本补论用 2015—2019 年五年间居民消费增长率的平均值衡量 2021 年消费同比增长率；

（3）经贸投资协议相关安排以及重大经济事件因素（FTA_{cjt}、BIT_{cjt} 和

---

① 以 IMF 预测的 2020—2021 年 GDP 增速估算 2020—2021 年各国的 GDP 不可避免的存在误差，但由于 2020 年新冠肺炎疫情影响，若参照《2019 年度中国民营企业海外直接投资指数——基于中国民企 500 强的数据分析》补论 3 中所使用的自回归模型进行估计将不符合客观事实，因此在数据有限的情况下，本补论采用国际社会所公认的 IMF 对 GDP 增速的预测值对 GDP 进行估计。

② 刘伟、苏剑：《中国经济安全展望报告 2020：供求双萎缩下的经济形势与政策》，中国经济出版社 2020 年版。

③ 本补论采用消费增速测算消费总额的原因在于疫情影响下，以往年消费总额为基础使用自回归模型得到的估计不符合客观事实，使用预测的增长率得到的消费总额更贴合实际。

EI_{ct}）一旦实施便不会轻易变动，能够长期影响企业海外投资，因此本补论假定 2020—2021 年 FTA_{cjt}、BIT_{cjt} 和 EI_{ct} 在各投资标的国对应的取值仍延续 2019 年前的状态。

2. 中国企业 2020—2021 年 OFDI 趋势预测及展望

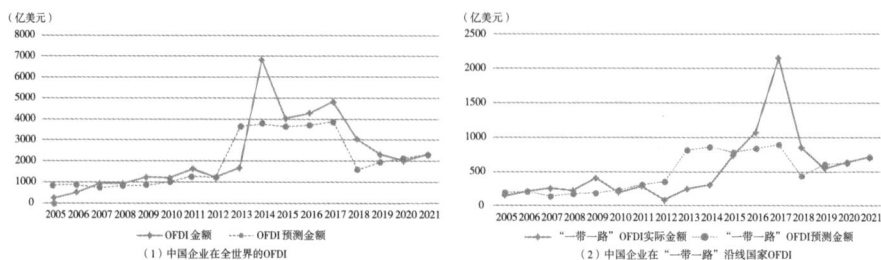

补论图 3-2　2005—2021 年中国企业在全世界和"一带一路"
沿线国家 OFDI 预测值变化

　　本补论将上述估计的 2020—2021 年时变性解释变量代入中国企业 OFDI 预测模型中，计算出 2020—2021 年中国企业在世界范围内 OFDI 预测值，预期变化趋势如补论图 3-2 所示。在 2020—2021 年中国各项经贸投资协议安排持续完善、"一带一路"政策运行良好以及中美贸易摩擦仍然存在的假定下，受新冠肺炎在全球肆虐影响，2020 年中国企业 OFDI 预计较 2019 年下降 13.16% 至 2013.93 亿美元，2021 年 OFDI 可能伴随着经济的逐步回暖出现小幅增长至 2307.04 亿美元，但仍将显著低于金融危机后 2014—2017 年间全球经济复苏阶段的投资水平。在对"一带一路"沿线国家的投资预测上，本补论估计 2020—2021 年中国企业"一带一路"投资相比 2019 年呈稳定增长趋势，预计 2020 年、2021 年分别对"一带一路"沿线国家投资 637.27 亿美元和 713.26 亿美元。本补论将从以下几方面分析中国企业 2020—2021 年 OFDI 预期出现补论图 3-2 趋势的原因。

（1）新冠肺炎疫情对全球经济的冲击以及疫情后期的经济复苏

　　2020 年初新型冠状病毒肺炎疫情突然暴发，并在中国和世界其他国家扩散。中国政府在全国范围内采取严格的防控措施，有效地抑制了病毒的传播，如封城、封村、封社区等，并投入大量人力、物力、财力与病毒对抗，3 月上旬管控措施效果显著，疫情得到有效遏制，但仍然不可避免地对中国经济产生了较大的负面影响。随着疫情在世界范围内蔓延，全球经济发展受到强烈冲击，生产停顿、失业率上升、消费需求下降等负作用显现，IMF 预测 2020 年全球总产出将收缩 3%，中国实际 GDP 增速降至 1.2%。中国企业 OFDI 将同步受到抑制。

2020 年第二季度，在复工复产的推进以及政府稳经济等政策的大力支持下，中国经济率先回暖，对致力于"走出去"的企业将传递出积极信号，企业海外投资的逐步恢复可能对疫情前期的下跌产生一定冲抵作用。2021 年随着疫苗的出现和世界各国经济回归正常轨道，全球经济进一步复苏，IMF 预测 2021 年中国 GDP 增速预期在 9.2% 左右，世界产出增长率将达到 5.8%，企业对外投资在经济复苏中趋于稳定。

（2）中国经济下行压力

现阶段中国经济增长正处于转型升级的重要时期，经济运行以高质量、平稳发展为目标，增速逐渐放缓，2019 年国内生产总值的同比增长率由 2018 年的 6.6% 降至 6.1%，从长期来看这一变化符合中国经济增长的目标，但也意味着中国经济需在一段时间内承受着下行的压力。根据国家统计局统计，在供给方面，中国规模以上工业增加值同比增速自 2017 年起持续下降，2019 年增速跌至 5.7%；在需求方面，中国固定资产投资增速较 2018 年增长 5.4%，也延续了 2018 年的低迷趋势，内需呈现出疲弱迹象。整体上看，国内企业的生产发展还需时间去适应中国经济发展模式的转变，企业对外直接投资活动也将跟随国家发展转型需要进行适当调整，稳中求增的可能性高，与本补论的预期相一致。

（3）国际投资环境仍有较高不确定性

国际局势方面，中美贸易摩擦不仅来源于两国之间长期积累的问题，且涉及到国家发展战略规划，合理解决好贸易争端需要时间，短期内的贸易问题仍有可能存在变数。除此之外，日韩贸易摩擦、英国脱欧、以美国为主的种族矛盾升级等问题在世界主要国家依然存在，均导致国际经济情况不甚明朗，这在一定程度上影响中国企业"走出去"的积极性，出现类似于2013—2015年高速增长趋势的可能性较小。

（4）中国政府对企业境外投资管控升级

首先，随着中国海外直接投资规模的迅速扩大，一些企业的非理性投资行为也为中国经济稳定运行带来了风险隐患。政府自2017年起接连出台相关政策措施限制企业对于房地产、酒店、影城、娱乐业、体育俱乐部行业的非理性投资，并针对民营企业的海外直接投资的经营行为制定规范，引导民企合理开展境外投资，防范风险。政府加强对于企业海外直接投资行为的审查和监管，符合现阶段政府对于实现中国经济高质量、稳增长目标的规划安排，由此推测在中国不断融入经济全球化的未来时期内，这种对于企业境外投资的监管仍将持续，并且深入、扩展到更多行业和领域，企业投资将愈发理性化，投资稳健性增强。另外，伴随着外储下降以及人民币贬值压力增加，相信一段时期内我国对用于OFDI的外汇使用也会更加趋紧。因为OFDI需要消耗一定的外汇储备，外汇储备的减少将对OFDI造成一定的约束。同时，人民币贬值使得同样一笔人民币资金能兑换的外币资金减少，这增加了中国企业OFDI的成本。

（5）投资互惠协议的签订及鼓励性政策推动

自2013年"一带一路"倡议提出以来，中国企业OFDI金额出现快速增长，特别是在"一带一路"沿线国家体现显著，投资互惠协定的签订以及税收优惠等政策的出台加强了中国企业与"一带一路"沿线国家的合作关系，即使在疫情影响下，2020年一季度中国企业对"一带一路"沿线的52个国家非金融类OFDI同比增长11.7%，占同期投资总额的17.3%[①]。为进一步促进企业OFDI，中国政府正在通过积极谈判，逐步深化投资双边或多边的互惠协议，如2020年6月中欧领导人会晤中重申了2020年达成投资协定的决心。投资互惠协定的制定和完善，以及鼓励性政策的出台对于降低企业投资门槛、提高企业投资便利化水平具有重要作用，为中国企

---

① 商务部新闻办公室：《商务部合作司负责人谈2020年一季度我国对外投资合作情况》，2020年4月21日，见 http://www.mofcom.gov.cn/article/ae/sjjd/202004/20200402957267.shtml。

业"走出去"提供机遇，激励中国企业参与海外投资活动。

　　综上，在疫情暴发、国内外投资环境恶化和政府限制性政策的影响下，中国企业海外投资面临着一系列的挑战，但伴随着中国国际地位的提高以及政府对企业"走出去"的大力支持，又为企业参与境外投资带来机遇，因此本补论预测 2020—2021 年间中国企业 OFDI 将在下滑后趋于稳定。

　　然而国际经济格局是不断发展变化的，未来时期内大国之间政治经济方面的博弈导致世界经济秩序和规则存在重新调整的可能，同时疫情能否在全球范围内有效遏制等问题仍未可知，这些均可能造成本补论所预测的中国企业在 2020—2021 年 OFDI 的变化趋势与未来的实际发生值变化出现差异。但在现有条件下，本补论通过上述方法所预测出的 2020—2021 年中国企业 OFDI 变化趋势不失为一种判断企业在未来年份"走出去"状况的重要的参考依据。

附　录

附录1　2019年中国民营企业海外直接投资
——投资方来源地别 TOP10

附录表 1-1　2019 年中国民营企业海外直接投资——投资方来源地 TOP10（项目数量）

排序	投资方来源地	项目数量（件）
1	广东	294
2	北京	230
3	浙江	169
4	上海	159
5	江苏	89
6	山东	68
7	福建	36
8	四川	16
9	河北、安徽	14

附录表 1-2　2019 年中国民营企业海外直接投资——投资方来源地 TOP10（金额）

排序	投资方来源地	金额（百万美元）
1	北京	33830.23
2	广东	19109.28
3	上海	16722.03
4	山东	8253.55

续表

排序	投资方来源地	金额（百万美元）
5	浙江	8200.35
6	河北	7700.16
7	江苏	4343.39
8	福建	2521.71
9	新疆	2426.25
10	内蒙古	2046.50

附录表 1-3　2019 年中国民营企业海外并购投资——投资方
来源地 TOP10（项目数量）

排序	投资方来源地	项目数量（件）
1	广东	143
2	北京	123
3	上海	122
4	浙江	103
5	江苏	72
6	山东	41
7	福建	22
8	四川	14
9	湖北	11
10	河北	10

附录表 1-4　2019 年中国民营企业海外并购投资——投资方来源地 TOP10（金额）

排序	投资方来源地	金额（百万美元）
1	北京	17801.42
2	上海	14806.38
3	广东	9231.96
4	山东	7628.15
5	河北	5962.74

续表

排序	投资方来源地	金额（百万美元）
6	浙江	4684.77
7	江苏	3726.27
8	湖北	952.75
9	江西	889.34
10	福建	402.89

附录表 1-5　2019 年中国民营企业海外绿地投资——投资方来源地 TOP10（项目数量）

排序	投资方来源地	项目数量（件）
1	广东	151
2	北京	107
3	浙江	66
4	上海	37
5	山东	27
6	江苏	17
7	福建	14
8	海南、安徽	5
10	河北	4

附录表 1-6　2019 年中国民营企业海外绿地投资——投资方来源地 TOP10（金额）

排序	投资方来源地	金额（百万美元）
1	北京	16028.81
2	广东	9877.32
3	浙江	3515.58
4	新疆	2386.25
5	福建	2118.82
6	内蒙古	2000.00
7	上海	1915.65

续表

排序	投资方来源地	金额（百万美元）
8	河北	1737.42
9	山东	625.40
10	江苏	617.12

附录 2　2019 年中国民营企业海外直接投资——投资标的国（地区）别 TOP10

附录表 2-1　2019 年中国民营企业海外直接投资标的国（地区）TOP10（项目数量）

排序	标的国（地区）	项目数量（件）
1	中国香港地区	204
2	美国	160
3	印度	78
4	开曼群岛	59
5	德国	49
6	新加坡	46
7	英国	43
8	澳大利亚	38
9	日本	33
10	墨西哥	29

附录表 2-2　2019 年中国民营企业海外直接投资标的国（地区）TOP10（金额）

排序	标的国（地区）	金额（百万美元）
1	美国	17655.67
2	百慕大群岛	14155.59
3	俄罗斯	12277.46
4	开曼群岛	12135.08

续表

排序	标的国（地区）	金额（百万美元）
5	新加坡	10528.23
6	中国香港地区	7592.23
7	印度	5908.36
8	英国	3727.70
9	德国	3585.71
10	越南	3064.95

附录表 2-3　2019 年中国民营企业海外并购投资标的国（地区）TOP10（项目数量）

排序	标的国（地区）	项目数量（件）
1	中国香港地区	200
2	美国	121
3	开曼群岛	59
4	德国	37
5	新加坡	34
6	澳大利亚	31
7	英国、印度	29
9	日本	27
10	英属维尔京群岛	26

附录表 2-4　2019 年中国民营企业海外并购投资标的国（地区）TOP10（金额）

排序	标的国	金额（百万美元）
1	美国	15174.07
2	百慕大群岛	14155.59
3	开曼群岛	12135.08
4	新加坡	10226.23
5	中国香港地区	7565.23
6	英国	3458.77
7	英属维尔京群岛	2777.88

续表

排序	标的国	金额（百万美元）
8	印度	2629.38
9	波兰	2530.81
10	法国	1793.55

附录表 2-5　2019 年中国民营企业海外绿地投资标的国（地区）TOP10（项目数量）

排序	标的国（地区）	项目数量（件）
1	印度	49
2	美国	39
3	墨西哥	24
4	西班牙	21
5	俄罗斯	20
6	越南	15
7	英国	14
8	意大利、巴西	13
10	德国、新加坡	12

附录表 2-6　2019 年中国民营企业海外绿地投资标的国（地区）TOP10（金额）

排序	标的国（地区）	金额（百万美元）
1	俄罗斯	12236.61
2	印度	3278.98
3	越南	2786.91
4	美国	2481.60
5	玻利维亚	2394.15
6	德国	2115.20
7	肯尼亚	2095.41
8	利比里亚	2003.30
9	埃及	1722.60
10	巴西	1264.65

附录 3　2019 年中国民营企业海外直接投资
——投资标的行业别 TOP10

附录表 3-1　2019 年中国民营企业海外直接投资标的行业别 TOP10（项目数量）

排序	标的行业	项目数量（件）
1	批发和零售业	287
2	信息传输、软件和信息技术服务业	194
3	金融业	106
4	科学研究和技术服务业	79
5	租赁和商务服务业	70
6	广播、电视和通信设备	48
7	其他机械设备	39
8	化学品及化学制品（不含制药）	38
9	交通运输、仓储和邮政业	36
10	医疗器械、精密仪器和光学仪器、钟表	33

附录表 3-2　2019 年中国民营企业海外直接投资标的行业别 TOP10（金额）

排序	标的行业	金额（百万美元）
1	信息传输、软件和信息技术服务业	23473.92
2	基本金属和金属制品	12316.32
3	石油和天然气开采业	11148.54
4	金融业	10739.62
5	其他机械设备	8182.76
6	办公、会计和计算机设备	7123.67
7	广播、电视和通信设备	5923.64
8	批发和零售业	4959.31
9	汽车、挂车和半挂车	4523.59
10	燃气生产和供应业	3630.02

附录表 3-3　2019 年中国民营企业海外并购投资标的行业别 TOP10（项目数量）

排序	标的行业	项目数量（件）
1	信息传输、软件和信息技术服务业	157
2	批发和零售业	118
3	金融业	104
4	科学研究和技术服务业	56
5	广播、电视和通信设备	33
6	医疗器械、精密仪器和光学仪器、钟表	29
	其他机械设备	
8	租赁和商务服务业	25
9	化学品及化学制品（不含制药）	23
10	其他电气机械和设备	21

本表中医疗器械、精密仪器和光学仪器、钟表以及其他机械设备的投资项目数量均为 29 件。

附录表 3-4　2019 年中国民营企业海外并购投资标的行业别 TOP10（金额）

排序	标的行业	金额（百万美元）
1	信息传输、软件和信息技术服务业	22029.42
2	金融业	10707.42
3	基本金属和金属制品	9992.24
4	办公、会计和计算机设备	7123.67
5	其他机械设备	6874.82
6	广播、电视和通信设备	3946.80
7	燃气生产和供应业	3630.02
8	批发和零售业	3525.47
9	交通运输、仓储和邮政业	2578.43
10	租赁和商务服务业	1674.59

附录表 3-5　2019 年中国民营企业海外绿地投资标的行业别 TOP10（项目数量）

排序	标的行业	项目数量（件）
1	批发和零售业	169
2	租赁和商务服务业	45
3	信息传输、软件和信息技术服务业	37
4	交通运输、仓储和邮政业	27
5	科学研究和技术服务业	23
6	广播、电视和通信设备	15
	化学品及化学制品（不含制药）	
8	汽车、挂车和半挂车	13
9	其他电气机械和设备	11
10	其他机械设备	10

本表中广播、电视和通信设备以及化学品及化学制品（不含制药）投资项目数量均为 15 件。

附录表 3-6　2019 年中国民营企业海外绿地投资标的行业别 TOP10（金额）

排序	标的行业	金额（百万美元）
1	石油和天然气开采业	11100.00
2	汽车、挂车和半挂车	3773.43
3	化学品及化学制品（不含制药）	2864.08
4	房屋建筑业	2474.34
5	基本金属和金属制品	2324.08
6	其他电气机械和设备	2206.85
7	其他制造业和再生产品	2186.90
8	广播、电视和通信设备	1976.84
9	土木工程建筑业	1899.30
10	信息传输、软件和信息技术服务业	1444.50

附录表 3-7　2019 年中国民营企业海外直接投资
标的制造业别 TOP10（项目数量）

排序	标的制造业行业	行业技术分类	项目数量（件）
1	广播、电视和通信设备	高技术	48
2	其他机械设备	中高技术	39
3	化学品及化学制品（不含制药）	中高技术	38
4	医疗器械、精密仪器和光学仪器、钟表	高技术	33
5	其他电气机械和设备	中高技术	32
6	汽车、挂车和半挂车	中高技术	28
7	食品、饮料和烟草	低技术	25
8	基本金属和金属制品	中低技术	21
	纺织、纺织品、皮革及制鞋	低技术	
10	医药制造	高技术	19
	其他制造业和再生产品	低技术	

本表中基本金属和金属制品以及纺织、纺织品、皮革及制鞋投资项目数量均为 21 件；医药制造以及其他制造业和再生产品投资项目数量均为 19 件。

附录表 3-8　2019 年中国民营企业海外直接投资标的制造业别 TOP10（金额）

排序	标的制造业行业	行业技术分类	金额（百万美元）
1	基本金属和金属制品	中低技术	12316.32
2	其他机械设备	中高技术	8182.76
3	办公、会计和计算机设备	高技术	7123.67
4	广播、电视和通信设备	高技术	5923.64
5	汽车、挂车和半挂车	中高技术	4523.59
6	化学品及化学制品（不含制药）	中高技术	3109.83
7	其他电气机械和设备	中高技术	2529.55
8	其他制造业和再生产品	低技术	2255.90
9	食品、饮料和烟草	低技术	1725.13
10	橡胶和塑料制品	中低技术	1662.37

附录表 3-9　2019 年中国民营企业海外并购投资标的
制造业别 TOP10（项目数量）

排序	标的制造业行业	行业技术分类	项目数量（件）
1	广播、电视和通信设备	高技术	33
2	医疗器械、精密仪器和光学仪器、钟表	高技术	29
	其他机械设备	中高技术	
4	化学品及化学制品（不含制药）	中高技术	23
5	其他电气机械和设备	中高技术	21
6	医药制造	高技术	19
7	食品、饮料和烟草	低技术	18
8	基本金属和金属制品	中低技术	17
9	汽车、挂车和半挂车	中高技术	15
10	橡胶和塑料制品	中低技术	13
	纺织、纺织品、皮革及制鞋	低技术	

本表中医疗器械、精密仪器和光学仪器、钟表以及其他机械设备投资项目数量均为 29 件；橡胶和塑料制品以及纺织、纺织品、皮革及制鞋投资项目数量均为 13 件。

附录表 3-10　2019 年中国民营企业海外并购投资标的制造业别 TOP10（金额）

排序	标的制造业行业	行业技术分类	金额（百万美元）
1	基本金属和金属制品	中低技术	9992.24
2	办公、会计和计算机设备	高技术	7123.67
3	其他机械设备	中高技术	6874.82
4	广播、电视和通信设备	高技术	3946.8
5	食品、饮料和烟草	低技术	1415.67
6	医药制造	高技术	1269.14
7	医疗器械、精密仪器和光学仪器、钟表	高技术	1166.15
8	橡胶和塑料制品	中低技术	1044.88
9	汽车、挂车和半挂车	中高技术	750.16
10	其他电气机械和设备	中高技术	322.7

附录表 3-11　2019 年中国民营企业海外绿地投资标的
制造业别 TOP10（项目数量）

排序	标的制造业行业	行业技术分类	项目数量（件）
1	广播、电视和通信设备	高技术	15
	化学品及化学制品（不含制药）	中高技术	
3	汽车、挂车和半挂车	中高技术	13
4	其他电气机械和设备	中高技术	11
5	其他机械设备	中高技术	10
6	木材、纸浆、纸张、纸制品、印刷及出版	低技术	9
7	纺织、纺织品、皮革及制鞋	低技术	8
8	其他非金属矿物制品	中低技术	7
	其他制造业和再生产品	低技术	
	食品、饮料和烟草	低技术	

本表中广播、电视和通信设备以及化学品及化学制品（不含制药）投资项目数量均为 15 件；其他
非金属矿物制品、其他制造业和再生产品以及食品、饮料和烟草投资项目数量均为 7 件。

附录表 3-12　2019 年中国民营企业海外绿地投资标的制造业别 TOP10（金额）

排序	海外投资标的制造业行业	行业技术分类	金额（百万美元）
1	汽车、挂车和半挂车	中高技术	3773.43
2	化学品及化学制品（不含制药）	中高技术	2864.08
3	基本金属和金属制品	中低技术	2324.08
4	其他电气机械和设备	中高技术	2206.85
5	其他制造业和再生产品	低技术	2186.90
6	广播、电视和通信设备	高技术	1976.84
7	其他机械设备	中高技术	1307.94
8	纺织、纺织品、皮革及制鞋	低技术	1121.40
9	木材、纸浆、纸张、纸制品、印刷及出版	低技术	650.68
10	橡胶和塑料制品	中低技术	617.49

附录4 2005—2019年中国民营企业在世界四大资金中转地投资项目数量、金额排序

附录表4-1 2005—2019年中国民营企业在世界四大资金中转地海外直接投资项目数量排序

年份	地区	项目数量（件）
2005	中国香港地区	19
	百慕大群岛	9
	英属维尔京群岛	9
	开曼群岛	4
2006	中国香港地区	26
	英属维尔京群岛	16
	开曼群岛	13
	百慕大群岛	8
2007	中国香港地区	32
	开曼群岛	15
	百慕大群岛	14
	英属维尔京群岛	8
2008	开曼群岛	57
	中国香港地区	41
	百慕大群岛	33
	英属维尔京群岛	19
2009	中国香港地区	41
	百慕大群岛	19
	英属维尔京群岛	19
	开曼群岛	18

年份	地区	项目数量（件）
2010	开曼群岛	45
	中国香港地区	36
	英属维尔京群岛	24
	百慕大群岛	20
2011	中国香港地区	52
	英属维尔京群岛	24
	开曼群岛	23
	百慕大群岛	11
2012	中国香港地区	62
	开曼群岛	17
	英属维尔京群岛	17
	百慕大群岛	13
2013	中国香港地区	58
	英属维尔京群岛	24
	开曼群岛	21
	百慕大群岛	16
2014	中国香港地区	57
	开曼群岛	48
	英属维尔京群岛	23
	百慕大群岛	14
2015	中国香港地区	103
	开曼群岛	82
	百慕大群岛	30
	英属维尔京群岛	16

年份	地区	项目数量（件）
2016	中国香港地区	198
	开曼群岛	85
	英属维尔京群岛	43
	百慕大群岛	16
2017	中国香港地区	213
	开曼群岛	62
	英属维尔京群岛	27
	百慕大群岛	13
2018	中国香港地区	288
	开曼群岛	81
	英属维尔京群岛	32
	百慕大群岛	22
2019	中国香港地区	204
	开曼群岛	59
	英属维尔京群岛	26
	百慕大群岛	13

附录表 4-2　2005—2019 年中国民营企业在世界四大资金
中转地海外直接投资金额排序

年份	地区	金额（百万美元）
2005	中国香港地区	1199.69
	英属维尔京群岛	35.59
	百慕大群岛	17.40
	开曼群岛	13.96

续表

年份	地区	金额（百万美元）
2006	中国香港地区	439.67
	英属维尔京群岛	141.62
	开曼群岛	135.07
	百慕大群岛	21.34
2007	中国香港地区	471.45
	英属维尔京群岛	437.38
	开曼群岛	218.49
	百慕大群岛	113.09
2008	中国香港地区	438.45
	开曼群岛	428.00
	英属维尔京群岛	396.75
	百慕大群岛	245.00
2009	英属维尔京群岛	593.16
	中国香港地区	465.53
	开曼群岛	371.79
	百慕大群岛	340.03
2010	开曼群岛	1092.96
	中国香港地区	674.62
	百慕大群岛	567.59
	英属维尔京群岛	308.18
2011	开曼群岛	2717.98
	中国香港地区	1734.99
	百慕大群岛	388.40
	英属维尔京群岛	344.22

续表

年份	地区	金额（百万美元）
2012	中国香港地区	1298.62
	开曼群岛	971.29
	英属维尔京群岛	665.68
	百慕大群岛	456.05
2013	中国香港地区	8895.75
	开曼群岛	3783.81
	英属维尔京群岛	869.59
	百慕大群岛	214.38
2014	开曼群岛	7406.11
	百慕大群岛	3079.90
	中国香港地区	2164.22
	英属维尔京群岛	1213.27
2015	开曼群岛	22276.39
	中国香港地区	8690.13
	百慕大群岛	4819.22
	英属维尔京群岛	3785.64
2016	开曼群岛	33601.14
	中国香港地区	12191.49
	英属维尔京群岛	5656.01
	百慕大群岛	1937.90
2017	中国香港地区	14764.63
	开曼群岛	12398.17
	英属维尔京群岛	2819.31
	百慕大群岛	1841.54

年份	地区	金额（百万美元）
2018	开曼群岛	20378.34
	中国香港地区	19188.79
	百慕大群岛	8501.74
	英属维尔京群岛	3827.15
2019	百慕大群岛	14155.59
	开曼群岛	12135.08
	中国香港地区	7592.23
	英属维尔京群岛	2777.88

附录表 4-3　2005—2019 年中国民营企业在世界四大资金
中转地海外并购投资项目数量排序

年份	地区	项目数量（件）
2005	中国香港地区	17
	百慕大群岛	9
	英属维尔京群岛	9
	开曼群岛	4
2006	中国香港地区	22
	英属维尔京群岛	16
	开曼群岛	13
	百慕大群岛	8
2007	中国香港地区	26
	开曼群岛	15
	百慕大群岛	14
	英属维尔京群岛	8

续表

年份	地区	项目数量（件）
2008	开曼群岛	57
	百慕大群岛	33
	中国香港地区	33
	英属维尔京群岛	19
2009	中国香港地区	30
	百慕大群岛	19
	英属维尔京群岛	19
	开曼群岛	18
2010	开曼群岛	45
	中国香港地区	30
	英属维尔京群岛	24
	百慕大群岛	20
2011	中国香港地区	49
	英属维尔京群岛	24
	开曼群岛	23
	百慕大群岛	11
2012	中国香港地区	47
	开曼群岛	17
	英属维尔京群岛	17
	百慕大群岛	13
2013	中国香港地区	53
	英属维尔京群岛	24
	开曼群岛	21
	百慕大群岛	16

年份	地区	项目数量（件）
2014	中国香港地区	50
	开曼群岛	48
	英属维尔京群岛	23
	百慕大群岛	14
2015	中国香港地区	98
	开曼群岛	82
	百慕大群岛	30
	英属维尔京群岛	16
2016	中国香港地区	192
	开曼群岛	85
	英属维尔京群岛	43
	百慕大群岛	16
2017	中国香港地区	199
	开曼群岛	62
	英属维尔京群岛	27
	百慕大群岛	13
2018	中国香港地区	261
	开曼群岛	81
	英属维尔京群岛	32
	百慕大群岛	22
2019	中国香港地区	200
	开曼群岛	59
	英属维尔京群岛	26
	百慕大群岛	13

附录表 4-4　2005—2019 年中国民营企业在世界四大资金
中转地海外并购投资金额排序

年份	地区	金额（百万美元）
2005	中国香港地区	1194.09
	英属维尔京群岛	35.59
	百慕大群岛	17.4
	开曼群岛	13.96
2006	中国香港地区	350.07
	英属维尔京群岛	141.62
	开曼群岛	135.07
	百慕大群岛	21.34
2007	英属维尔京群岛	437.38
	中国香港地区	314.45
	开曼群岛	218.49
	百慕大群岛	113.09
2008	开曼群岛	428
	英属维尔京群岛	396.75
	中国香港地区	362.07
	百慕大群岛	245
2009	英属维尔京群岛	593.16
	中国香港地区	390.03
	开曼群岛	371.79
	百慕大群岛	340.03
2010	开曼群岛	1092.96
	百慕大群岛	567.59
	中国香港地区	511.92
	英属维尔京群岛	308.18

年份	地区	金额（百万美元）
2011	开曼群岛	2717.98
	中国香港地区	1633.79
	百慕大群岛	388.4
	英属维尔京群岛	344.22
2012	中国香港地区	1072.22
	开曼群岛	971.29
	英属维尔京群岛	665.68
	百慕大群岛	456.05
2013	中国香港地区	8895.75
	开曼群岛	3783.81
	英属维尔京群岛	869.59
	百慕大群岛	214.38
2014	开曼群岛	7406.11
	百慕大群岛	3079.9
	中国香港地区	1894.62
	英属维尔京群岛	1213.27
2015	开曼群岛	22276.39
	中国香港地区	8546.53
	百慕大群岛	4819.22
	英属维尔京群岛	3785.64
2016	开曼群岛	33601.14
	中国香港地区	12093.09
	英属维尔京群岛	5656.01
	百慕大群岛	1937.9

续表

年份	地区	金额（百万美元）
2017	中国香港地区	13970.93
	开曼群岛	12398.17
	英属维尔京群岛	2819.31
	百慕大群岛	1841.54
2018	开曼群岛	20378.34
	中国香港地区	16531.29
	百慕大群岛	8501.74
	英属维尔京群岛	3827.15
2019	百慕大群岛	14155.59
	开曼群岛	12135.08
	中国香港地区	7565.23
	英属维尔京群岛	2777.88

因2005—2019年中国民营企业仅对中国香港地区有绿地投资，故此附录不再对绿地投资情况进行排序。

附录5　2019年中国民营企业海外投资案件 TOP10

附录表5-1　2019年中国民营企业海外并购投资案件 TOP10

排序	中国投资方企业名称	标的国（地区）	标的行业	交易金额（百万美元）
1	PETROCHINA CO., LTD CHINA PETROLEUM & CHEMICAL CORPORATION	巴西	焦炭、精炼石油产品及核燃料	18000.00
2	PING AN CAPITAL CO., LTD	新加坡	信息传输、软件和信息技术服务业	8800.00

续表

排序	中国投资方企业名称	标的国（地区）	标的行业	交易金额（百万美元）
3	CHINA NONFERROUS METAL MINING（GROUP）CO., LTD	刚果（金）	有色金属矿采选业	8000.00
4	PRIVATE EQUITY IN-VESTORS	美国	办公、会计和计算机设备	7000.00
5	HANERGY MOBILE ENERGY HOLDING GROUP LTD	百慕大群岛	基本金属和金属制品	6998.47
6	HAIER SMART HOME CO., LTD	百慕大群岛	其他机械设备	5536.99
7	CHINA TELECOMMU-NICATIONS CORPORA-TION	菲律宾	信息传输、软件和信息技术服务业	5400.00
8	CHINA TELECOM CORPORATION LTD	缅甸	信息传输、软件和信息技术服务业	4000.00
9	AIR CHINA LTD	中国香港	金融业	3656.78
10	ENN ECOLOGICAL HOLDINGS CO., LTD	开曼群岛	燃气生产和供应业	3628.26

根据 BvD-Zephyr 并购数据库，第 1 个案件的并购方有 2 家企业。

附录表 5-2　2019 年中国民营企业海外绿地投资案件 TOP10

排序	中国投资方企业名称	标的国（地区）	标的行业	交易金额（百万美元）
1	SIRIUS HOLDING	俄罗斯	石油和天然气开采业	11100.00
2	COSCO	秘鲁	交通运输、仓储和邮政业	3000.00
3	SHANGYOU WOOD	利比里亚	其他制造业和再生产品	2003.30
4	MINTAL GROUP	越南	基本金属和金属制品	2000.00
5	BEIJING DAMEI IN-VESTMENT	肯尼亚	房屋建筑业	1987.01
6	CONTEMPORARY AM-PEREX TECHNOLOGY（CATL）	德国	其他电气机械和设备	1770.00
7	HUAJIAN GROUP	埃及	土木工程建筑业	1649.30

续表

排序	中国投资方企业名称	标的国（地区）	标的行业	交易金额（百万美元）
8	XINJIANG TBEA GROUP	玻利维亚	化学品及化学制品（不含制药）	1490.00
9	ZHEJIANG GEELY HOLDING GROUP（GEELY HOLDING GROUP）	美国	汽车、挂车和半挂车	1192.50
10	CHINA COMMUNICA-TIONS CONSTRUCTION COMPANY	尼日利亚	交通运输、仓储和邮政业	1000.00
	HANERGY HOLDINGS GROUP	沙特	其他机械设备	1000.00

根据 fDi Markets 绿地数据库，绿地投资金额为 10 亿美元的交易有两件。

附录6　2013—2019 年中国民营企业在"一带一路"沿线国家海外直接投资 TOP10

附录表 6-1　2013—2019 年中国民营企业在"一带一路"沿线国家海外直接投资 TOP10

2013 年中国民营企业对"一带一路"沿线国家 ODI 项目数量及金额 TOP10					
排序	国家	项目数量（件）	排序	国家	金额（百万美元）
1	新加坡	19	1	俄罗斯	6173.67
2	马来西亚、波兰	6	2	塔吉克	1196.88
			3	新加坡	607.48
4	俄罗斯、印度、俄罗斯	5	4	泰国	310.59
			5	罗马尼亚	98.65
			6	波兰	74.20
7	以色列、罗马尼亚	4	7	印度	50.51
			8	哈萨克	48.10

续表

2013 年中国民营企业对"一带一路"沿线国家 ODI 项目数量及金额 TOP10					
排序	国家	项目数量（件）	排序	国家	金额（百万美元）
9	泰国、乌兹别克	3	9	以色列	31.55
			10	乌兹别克	26.80

2014 年中国民营企业对"一带一路"沿线国家 ODI 项目数量及金额 TOP10					
排序	国家	项目数量（件）	排序	国家	金额（百万美元）
1	新加坡	17	1	印尼	2419.00
2	印度	12	2	俄罗斯	2270.00
3	以色列	9	3	新加坡	920.57
4	马来西亚	8	4	波黑	635.59
5	印尼	7	5	马其顿	400.00
6	俄罗斯、越南	6	6	印度	360.79
			7	越南	272.81
8	巴基斯坦、土耳其、罗马尼亚	4	8	马来西亚	260.89
			9	以色列	166.20
			10	巴基斯坦	139.88

2015 年中国民营企业对"一带一路"沿线国家 ODI 项目数量及金额 TOP10					
排序	国家	项目数量（件）	排序	国家	金额（百万美元）
1	印度	47	1	印度	9663.15
2	新加坡	28	2	印尼	6489.23
3	以色列	15	3	新加坡	1470.18
4	马来西亚、俄罗斯、泰国	13	4	俄罗斯	1433.16
			5	斯洛伐克	1400.00
			6	马来西亚	1351.52
7	捷克	11	7	捷克	1308.64

续表

2015 年中国民营企业对"一带一路"沿线国家 ODI 项目数量及金额 TOP10

排序	国家	项目数量（件）	排序	国家	金额（百万美元）
8	印尼、哈萨克	9	8	土耳其	1030.80
			9	以色列	902.06
10	越南、阿联酋	6	10	泰国	897.98

2016 年中国民营企业对"一带一路"沿线国家 ODI 项目数量及金额 TOP10

排序	国家	项目数量（件）	排序	国家	金额（百万美元）
1	印度	59	1	埃及	21278.61
2	新加坡	44	2	印度	12160.49
3	以色列	24	3	马来西亚	3368.98
4	马来西亚	23	4	柬埔寨	2565.54
5	俄罗斯、泰国	15	5	阿联酋	2240.37
			6	印尼	2098.95
7	埃及	13	7	孟加拉国	2008.90
8	捷克	10	8	捷克	1680.00
9	阿联酋、波兰	9	9	泰国	1546.91
			10	新加坡	1328.53

2017 年中国民营企业对"一带一路"沿线国家 ODI 项目数量及金额 TOP10

排序	国家	项目数量（件）	排序	国家	金额（百万美元）
1	新加坡	53	1	俄罗斯	14810.77
2	印度	48	2	新加坡	5237.97
3	马来西亚	26	3	印度	4430.05
4	俄罗斯	25	4	印尼	3548.94
5	以色列	22	5	阿曼	2488.00
6	印尼	12	6	孟加拉国	2017.55
7	越南	10	7	巴基斯坦	1737.80
8	泰国	9	8	罗马尼亚	1006.50

2017 年中国民营企业对"一带一路"沿线国家 ODI 项目数量及金额 TOP10					
排序	国家	项目数量（件）	排序	国家	金额（百万美元）
9	埃及、阿联酋	8	9	捷克	1005.20
			10	斯洛伐克	1000.00

2018 年中国民营企业对"一带一路"沿线国家 ODI 项目数量及金额 TOP10					
排序	国家	项目数量（件）	排序	国家	金额（百万美元）
1	印度	75	1	新加坡	8464.43
2	新加坡	67	2	印度	5879.96
3	马来西亚	30	3	印尼	4306.48
4	泰国	24	4	菲律宾	3871.85
5	印尼	21	5	阿联酋	2432.10
6	以色列	20	6	埃及	1425.31
7	越南	18	7	马来西亚	1346.77
8	俄罗斯	17	8	塞尔维亚	1080.15
9	阿联酋	12	9	哈萨克	801.80
10	哈萨克、菲律宾	11	10	老挝	777.00

2019 年中国民营企业对"一带一路"沿线国家 ODI 项目数量及金额 TOP10					
排序	国家	项目数量（件）	排序	国家	金额（百万美元）
1	印度	78	1	俄罗斯	12277.46
2	新加坡	46	2	新加坡	10528.23
3	越南	24	3	印度	5908.36
4	俄罗斯	23	4	越南	3064.95
5	马来西亚	22	5	波兰	2579.39
6	泰国	16	6	埃及	1764.60
7	阿联酋、塞尔维亚	13	7	阿联酋	1276.15
			8	沙特	1179.30
9	印尼	12	9	泰国	547.30
10	以色列、波兰	10	10	塞尔维亚	441.26

附录表 6-2 2013—2019 年中国民营企业在"一带一路"
沿线国家并购投资情况

2013 年中国民营企业对"一带一路"沿线国家并购投资项目数量及金额 TOP10

排序	国家	项目数量（件）	排序	国家	金额（百万美元）
1	新加坡	13	1	俄罗斯	6173.67
2	以色列、马来西亚	4	2	塔吉克	1196.88
			3	新加坡	587.48
4	波兰、印度、俄罗斯、塔吉克	2	4	印度	50.51
			5	哈萨克	48.1
			6	以色列	31.55
			7	巴基斯坦	19.97
8	保加利亚、蒙古、菲律宾、泰国、越南、巴基斯坦、斯里兰卡、塞尔维亚、白俄罗斯、哈萨克	1	8	马来西亚	15.93
			9	越南	4
			10	泰国	3.59

2014 年中国民营企业对"一带一路"沿线国家并购投资项目数量及金额 TOP10

排序	国家	项目数量（件）	排序	国家	金额（百万美元）
1	新加坡	15	1	新加坡	919.77
2	以色列	8	2	以色列	145.5
3	马来西亚	6	3	哈萨克	122.4
4	印度、越南、哈萨克、罗马尼亚	3	4	土耳其	65
			5	越南	54.81
			6	文莱	48
			7	吉尔吉斯	29.46
8	俄罗斯	2	8	印度	21.14

排序	国家	项目数量（件）	排序	国家	金额（百万美元）
**2014 年中国民营企业对"一带一路"沿线国家并购投资项目数量及金额 TOP10**					
9	捷克、爱沙尼亚、波兰、文莱、老挝、菲律宾、泰国、巴基斯坦、阿曼、土耳其、马其顿、阿塞拜疆、白俄罗斯、吉尔吉斯、乌兹别克	1	9	巴基斯坦	17.38
			10	泰国	5.12

排序	国家	项目数量（件）	排序	国家	金额（百万美元）
**2015 年中国民营企业对"一带一路"沿线国家并购投资项目数量及金额 TOP10**					
1	新加坡	21	1	印度	2408.33
2	以色列、印度	14	2	斯洛伐克	1400
			3	新加坡	1333.38
4	捷克	11	4	捷克	1308.64
5	哈萨克	7	5	俄罗斯	1100
6	马来西亚	5	6	土耳其	1000
7	阿联酋	4	7	以色列	895.56
8	泰国	3	8	哈萨克	670.45
9	波兰、罗马尼亚、埃及、蒙古、印尼、菲律宾、越南、巴基斯坦、白俄罗斯	2	9	马来西亚	386.63
			10	文莱	325.78

排序	国家	项目数量（件）	排序	国家	金额（百万美元）
**2016 年中国民营企业对"一带一路"沿线国家并购投资项目数量及金额 TOP10**					
1	新加坡	33	1	孟加拉国	2000.1
2	以色列、印度	22	2	阿联酋	1798.47
			3	马来西亚	1702.95
4	马来西亚	11	4	捷克	1603.18

2016 年中国民营企业对"一带一路"沿线国家并购投资项目数量及金额 TOP10					
排序	国家	项目数量（件）	排序	国家	金额（百万美元）
5	捷克	8	5	泰国	1012.79
6	印尼	6	6	印度	1012.19
7	阿联酋、泰国	5	7	新加坡	941.53
			8	俄罗斯	886.9
9	哈萨克	4	9	以色列	500.8
10	越南、波兰	3	10	印尼	292.44

2017 年中国民营企业对"一带一路"沿线国家并购投资项目数量及金额 TOP10					
排序	国家	项目数量（件）	排序	国家	金额（百万美元）
1	新加坡	39	1	俄罗斯	13247.87
2	印度	29	2	新加坡	4799.97
3	以色列	20	3	印度	3209.32
4	马来西亚	18	4	孟加拉国	2017.55
5	俄罗斯	10	5	罗马尼亚	1001
6	阿联酋	7	6	捷克、斯洛伐克	1000
7	印尼、泰国	6	8	阿联酋	898.87
9	越南	5	9	塔吉克	472.94
10	哈萨克、巴基斯坦	4	10	哈萨克	416.32

2018 年中国民营企业对"一带一路"沿线国家并购投资项目数量及金额 TOP10					
排序	国家	项目数量（件）	排序	国家	金额（百万美元）
1	新加坡	49	1	新加坡	7839.63
2	印度	33	2	印度	2848.85
3	马来西亚	20	3	阿联酋	2400
4	以色列	16	4	以色列	518.39
5	泰国	13	5	马来西亚	458.83
6	印尼	10	6	土耳其	438.74

续表

2018 年中国民营企业对"一带一路"沿线国家并购投资项目数量及金额 TOP10					
排序	国家	项目数量（件）	排序	国家	金额（百万美元）
7	越南、巴基斯坦	6	7	印尼	435.48
			8	捷克	295.7
9	阿联酋	4	9	巴基斯坦	265.62
10	哈萨克、土耳其	3	10	爱沙尼亚	175

2019 年中国民营企业对"一带一路"沿线国家并购投资项目数量及金额 TOP10					
排序	国家	项目数量（件）	排序	国家	金额（百万美元）
1	新加坡	34	1	新加坡	10226.23
2	印度	29	2	印度	2629.38
3	马来西亚	14	3	波兰	2530.81
4	以色列	10	4	阿联酋	530
5	泰国、越南	9	5	以色列	322.55
			6	越南	278.04
7	印尼、柬埔寨	6	7	马来西亚	101.37
			8	泰国	64.1
9	阿联酋、菲律宾、波兰、乌兹别克	4	9	印尼	55.49
			10	柬埔寨	53.9

附录表 6-3　2013—2019 年中国民营企业在"一带一路"沿线国家绿地投资情况

2013 年中国民营企业对"一带一路"沿线国家绿地投资项目数量及金额 TOP10					
排序	国家	项目数量（件）	排序	国家	金额（百万美元）
1	新加坡	6	1	泰国	307
2	波兰、罗马尼亚	4	2	罗马尼亚	98.65
			3	波兰	74.2

续表

2013 年中国民营企业对"一带一路"沿线国家绿地投资项目数量及金额 TOP10

排序	国家	项目数量（件）	排序	国家	金额（百万美元）
4	印度、俄罗斯、乌兹别克	3	4	乌兹别克	26.8
			5	新加坡、阿联酋	20
7	印尼、马来西亚、泰国	2	—	—	—
10	捷克、蒙古、缅甸、菲律宾、越南、巴林、土耳其、阿联酋、白俄罗斯、乌克兰	1	—	—	—

2014 年中国民营企业对"一带一路"沿线国家绿地投资项目数量及金额 TOP10

排序	国家	项目数量（件）	排序	国家	金额（百万美元）
1	印度	9	1	印尼	2419
2	印尼	7	2	俄罗斯	2270
3	俄罗斯	4	3	波黑	635.59
4	越南、土耳其、阿联酋、巴基斯坦	3	4	马其顿	400
			5	印度	339.653
			6	马来西亚	258.79
			7	越南	218
8	匈牙利、立陶宛、新加坡、马来西亚、缅甸、菲律宾、泰国、科威特、沙特	2	8	巴基斯坦	122.5
			9	匈牙利	114.1
			10	菲律宾	73.7

2015 年中国民营企业对"一带一路"沿线国家绿地投资项目数量及金额 TOP10

排序	国家	项目数量（件）	排序	国家	金额（百万美元）
1	印度	33	1	印度	7254.82
2	俄罗斯	12	2	印尼	6358.5
3	泰国	10	3	马来西亚	964.89
4	马来西亚	8	4	泰国	851.82

续表

2015 年中国民营企业对"一带一路"沿线国家绿地投资项目数量及金额 TOP10

排序	国家	项目数量（件）	排序	国家	金额（百万美元）
5	印尼、新加坡	7	5	越南	442.5
			6	巴林	434.4
7	越南	4	7	巴基斯坦	355
8	乌兹别克	3	8	俄罗斯	333.16
9	巴林、巴基斯坦、阿联酋、哈萨克	2	9	尼泊尔	300
			10	塔吉克	288.71

2016 年中国民营企业对"一带一路"沿线国家绿地投资项目数量及金额 TOP10

排序	国家	项目数量（件）	排序	国家	金额（百万美元）
1	印度	37	1	埃及	21278.5
2	俄罗斯	14	2	印度	11148.3
3	马来西亚	12	3	柬埔寨	2416.8
4	新加坡、埃及	11	4	印尼	1806.51
			5	马来西亚	1666.03
6	泰国	10	6	越南	1164.36
7	波兰	6	7	以色列	604.8
8	柬埔寨	5	8	泰国	534.12
9	越南、阿联酋、斯里兰卡	4	9	阿联酋	441.9
			10	新加坡	387

2017 年中国民营企业对"一带一路"沿线国家绿地投资项目数量及金额 TOP10

排序	国家	项目数量（件）	排序	国家	金额（百万美元）
1	印度	19	1	印尼	3311.8
2	俄罗斯	15	2	阿曼	2478
3	新加坡	14	3	俄罗斯	1562.9
4	马来西亚	8	4	巴基斯坦	1523.1

2017 年中国民营企业对"一带一路"沿线国家绿地投资项目数量及金额 TOP10					
排序	国家	项目数量（件）	排序	国家	金额（百万美元）
5	印尼	6	5	印度	1220.73
6	埃及、越南	5	6	马来西亚	672.8
			7	新加坡	438
8	泰国、塞尔维亚、阿曼	3	8	白俄罗斯	423.1
			9	哈萨克	271.9
			10	泰国	208.7

2018 年中国民营企业对"一带一路"沿线国家绿地投资项目数量及金额 TOP10					
排序	国家	项目数量（件）	排序	国家	金额（百万美元）
1	印度	42	1	印尼	3871
2	新加坡	18	2	菲律宾	3805.5
3	俄罗斯	15	3	印度	3031.11
4	越南	12	4	埃及	1425.2
5	印尼、泰国	11	5	塞尔维亚	1059.312
			6	马来西亚	887.94
7	马来西亚	10	7	哈萨克	701.5
8	菲律宾	9	8	老挝	637
9	埃及、波兰、阿联酋、哈萨克	8	9	泰国	626.4
			10	新加坡	624.8

2019 年中国民营企业对"一带一路"沿线国家绿地投资项目数量及金额 TOP10					
排序	国家	项目数量（件）	排序	国家	金额（百万美元）
1	印度	49	1	俄罗斯	12236.61
2	俄罗斯	20	2	印度	3278.98
3	越南	15	3	越南	2786.91
4	新加坡	12	4	埃及	1722.6
5	塞尔维亚	10	5	沙特	1177.3

续表

2019 年中国民营企业对"一带一路"沿线国家绿地投资项目数量及金额 TOP10					
排序	国家	项目数量（件）	排序	国家	金额（百万美元）
6	阿联酋	9	6	阿联酋	746.146
7	马来西亚	8	7	泰国	483.2
8	泰国	7	8	塞尔维亚	427.24
9	印尼、波兰	6	9	印尼	309.8
			10	新加坡	302

由于原始数据库数据缺失，2013 年除前六国外，中国民营企业对"一带一路"沿线其他国家的绿地投资金额均为 0。

参考文献

1．国家统计局网站：http://www.stats.gov.cn/。

2．国家外汇管理局网站：http://www.safe.gov.cn/。

3．国家信息中心"一带一路"大数据中心：《"一带一路"大数据报告（2018）》，商务印书馆 2018 年版。

4．国务院国有资产监督管理委员会、财政部：《企业国有资产交易监督管理办法》，见 http://www.gov.cn/gongbao/content/2016/content_5115848.htm。

5．刘伟、苏剑：《中国经济安全展望报告 2020：供求双萎缩下的经济形势与政策》，中国经济出版社 2020 年版。

6．全国人民代表大会：《中华人民共和国外商投资法》，2019 年 3 月 15 日，见 http://www.npc.gov.cn/npc/c30834/201903/121916e4943f416b8b0ea12e0714d683.shtml。

7．全国人民代表大会：《中华人民共和国外资企业法》，2000 年 10 月 31 日，见 http://www.gov.cn/banshi/2005-08/31/content_69774.htm。

8．商务部新闻办公室：《商务部合作司负责人谈 2020 年一季度我国对外投资合作情况》，2020 年 4 月 21 日，见 http://www.mofcom.gov.cn/article/ae/sjjd/202004/20200402957267.shtml。

9．王碧珺、路诗佳：《中国海外并购激增，"中国买断全球"论盛行——2016 年第一季度中国对外直接投资报告》，《IIS 中国对外投资报告》2016 年第 1 期。

10．王永中、徐沛原：《中国对拉美直接投资的特征与风险》，《拉丁美洲研究》2018 年第 3 期。

11．薛军、魏玮：《中国民营企业海外直接投资与宏观经济的协动性分析》，《统计与决策》2019 年第 20 期。

12．薛军等：《中国民营企业海外直接投资指数 2017 年度报告——基于中国民营企业 500 强的指数分析》，人民出版社 2017 年版。

13．薛军等：《中国民营企业海外直接投资指数 2018 年度报告——基于中国民营企业 500 强的指数分析》，人民出版社 2019 年版。

14．薛军等：《2019 年度中国民营企业海外直接投资指数——基于中国民企 500 强的数据分析》，人民出版社 2020 年版。

15．杨挺等：《2019 年中国对外直接投资特征、趋势与展望》，《国际经济合作》2020 年第 1 期。

16．中国一带一路网站：https://www.yidaiyilu.gov.cn/。

17．中华人民共和国商务部：《境外投资管理办法》，2014 年 9 月 6 日，见 http://www.mofcom.gov.cn/article/b/c/201409/20140900723361. shtml。

18．中经网统计数据库网站：https://db.cei.cn/。

19．Bank for International Settlements 网站：https://www.bis.org/。

20．Bureau van Dijk: "M&A Review Global Full year 2016"，见 https://zephyr. bvdinfo. com/version － 201776/home. serv? product ＝ zephyrneo&loginfromcontext＝ipaddress。

21．BvD-Zephyr 数据库网站：https://zephyr.bvdinfo.com/。

22．CrinoR, "Employment effects of service offshoring: Evidence from matched firms", *Economics Letters*, 2010.

23．fDi Markets 数据库网站：https://www.fdimarkets.com/。

24．IMF（国际货币基金组织）网站：http://www.imf.org/external/index.htm。

25．IMF: "World Economic Outlook"，见 https://www.imf.org/en/Publications/WEO/Issues/2020/04/14/weo-april-2020。

26．Kemp M.C., "Foreign investment and the national advantage", *Economic*

Record, 1962.

27. MacDougall D., "The benefits and costs of private investment from abroad: A thepretical approach", *Economic Record*, 1962.

28. Mario L., Anderson J.E. and Yotov Y.V., "Trade Liberalization, Growth, and FDI: A Structural Estimation Framework", *Annual Conference 2017(Vienna): Alternative Structures for Money and Banking*, 2017.

29. OECD（经济合作与发展组织）网站：http://www.oecd.org/。

30. OECD, "ISIC REV.3 Technology Intensity Definition", 见 www.oecd.org/sti/inno/48350231.pdf。

31. Paniagua J., Erik F. and Juan S.B., "Quantile regression for the FDI gravity equation", *Journal of Business Research*, 2015.

32. United Nations Conference on Trade and Development (UNCTAD), "World Investment Reports", 见 http://unctad.org/en/pages/DIAE/World%20Investment%20Report/WIRSeries.asp。

后 记

每当写后记之际，我首先想到的还是我们的研究团队和团队中每一个小伙伴，在这里首先让我道一声"辛苦了!"

指数报告已经连续出版发行了三载，团队对小伙伴们也不断提出更高的要求，反过来说，小伙伴们也在每一次完善指数报告中都得到了升华。让我感动更激动不已的是，当每期报告的最终稿还未提交出版社之时，小伙伴们又在酝酿着下一个更高的目标和更大的挑战。中国民营企业海外走出去相关数据是残缺不全的，但我们团队没有放弃，反而视这个鸡肋为机遇，每年我们都给自己设定一个目标去攻坚。老队员都清晰记得，从2017年开始，第一本指数报告最大的突破是大家找到了中国民企海外直接投资的数据源，并且固定了指数报告的模式和写作风格；第二本指数报告的最大的亮点是利用代码完成了对数据库表格的处理；在撰写第三本指数报告时，尽管我们仍然沿用民营500强数据分析，但是团队已经完成了全样本数据的整理，并在此基础上进行了民企OFDI和中国宏观经济指标的协动性分析以及趋势预测和展望分析。今年是第四本指数报告，我们成功顺利地利用全样本数据替代了民企500强，同时书名也相应进行了变动。这里，首先要感谢睿智憨厚的李金永博士，4本指数报告的顺利完成以及全样本数据能够匹配成功都得益于将R语言学习带入研究课题并为此付出巨大贡献和辛勤汗水的小李博士。今年，我和团队还要特别感谢常君晓博士，从2018年开始接替苏二豆博士连续两年协助我编撰指数报告，从懵懂入门到熟练老道，从言听计从的小队友到团队里发挥"Leadership"的核心人物，都承载着君晓博士多年来任劳任怨的辛勤付出。

我们非常注重团队建设，力争培育包括学术型在内的方方面面的人才，在团队里尽量争取让每位小伙伴体悟到仅仅只有积极主动是不够的，团队的核心竞争力需要"Leadership""Teamwork"和"Information share"。相信每位小伙伴都得到了锻炼。

我们团队一直尝试着达到"讨论课—调研实习—国际交流与合作"的兼顾平衡。其中，国际化也许是我们团队的最大亮点。在一般团队或者博士生导师并不太愿意推荐学生海外留学的大环境里，我们至今推荐派遣了苏二豆博士、申喆良博士（申请中）和康宁硕士出国留学。同时，团队从2017 年开始，每年派遣一名博士生前往日本大和综研进行暑期研修。团队除了每年利用寒暑假（疫情 2020 年有间断）带领学生走出象牙塔进行社会实践之外，还于 2018 年暑期前往香港调研"跨境资本流动"情况，均收到良好效果。团队尽可能创造条件提升小伙伴们在国际学术交流方面的能力，带领学生参加国际研讨会，以及海外投稿（已经刊发 5 篇、待发 3篇）。最值得一提的是，2019 年，经过反复协商，我们团队代表南开大学经济学院同中国社会科学院国际合作局和财经战略研究院以及日本大和综研共同设立了一项高水平的中日两国三方长期国际合作项目。该共同研究的题目是"中日宏观经济形势分析"，社科院蔡昉副院长和大和综研川村雄介副理事长分别任中日双方负责人，我担任协助社科院国际合作局的项目协调人。项目计划除每年发布合作报告之外，每年举办一场题为"中日宏观经济运行趋势国际论坛"的国际研讨会，2019 年的论坛已于 12 月 13日在北京成功举办。在首届中日两国三方"跨年度中日宏观经济运行趋势国际论坛"上，李金永博士和我代表南开大学经济学院参加并做了嘉宾演讲。

翘首未来，精进不怠，就在前几天，我和我的小伙伴们一道明确了以下三个目标。

1. 不断强化数据库建设，坚持每年持续发布指数报告，保持和巩固该领域"唯一"地位。

2. 努力打造一个"南开中国 OFDI 指数"的品牌，不仅要做到及时把握和公布，而且将尝试性地力争将趋势预测做到令人信服的水平。

3. 继续推进"中日两国三方国际合作"，力争将三方论坛及其年度研究报告"可持续"。

本报告由薛军负责总体设计、数据筛选整理具体安排、数据分析和文字写作以及书稿总纂，常君晓和常露露协助。常君晓为数据筛选、图表整合及文字分析小组负责人，李金永为数据处理小组负责人，申喆良为趋势预测分析小组负责人，郭城希和解彤彤为书稿格式校对负责人。正文部分的文字分析初稿提供者分别是：解彤彤（序章、补论 1），郭城希（第一章、第二章第五节），曹鲁杰（第二章第一至三节），郭亚南（第二章第四节、第三章第一至二节），徐玉兰（第三章第三至四节、第四章第一节），赵娜（第四章第二至四节），常君晓（补论 2），申喆良（补论 3），吴雨婷和李婉爽分别协助校对了文字工作。另外，苏二豆、陈晓林、郑毓铭参与协助处理了数据筛选等工作。

感谢人民出版社的刘松弢编辑对本书的诸多指导、细致建议和辛勤付出，也感谢该社好友鲁静主任一如既往的大力支持！

庚子年至今，相信我们每个人都经历了太多的"活久见"。新冠肆虐，国际混沌，但玄学讲紫气已经开始东移，60 年一甲子，只要我们活得够长，都可以看到。

愿疫情匿迹，祈华夏昌盛！

薛　军

2020 年 8 月 24 日

庚子年暑期于东京寓所

责任编辑：刘松弢

图书在版编目（CIP）数据

中国民营企业海外直接投资指数年度报告（2020)/薛军 等 著．—北京：
　人民出版社，2021.7
ISBN 978－7－01－023234－8

Ⅰ．①中… Ⅱ．①薛… Ⅲ．①民营企业-海外投资-直接投资-研究报告-
　中国-2020 Ⅳ．①F279.245

中国版本图书馆 CIP 数据核字(2021)第 043616 号

中国民营企业海外直接投资指数年度报告（2020）

ZHONGGUO MINYING QIYE HAIWAI ZHIJIE TOUZI ZHISHU NIANDU BAOGAO(2020)

薛军 等 著

人民出版社 出版发行
（100706 北京市东城区隆福寺街 99 号）

中煤（北京）印务有限公司印刷 新华书店经销

2021 年 7 月第 1 版 2021 年 7 月北京第 1 次印刷
开本：710 毫米×1000 毫米 1/16 印张：20
字数：287 千字

ISBN 978－7－01－023234－8 定价：60.00 元

邮购地址 100706 北京市东城区隆福寺街 99 号
人民东方图书销售中心 电话 （010）65250042 65289539